VB-MAPP

语言行为里程碑评估及安置计划

Verbal Behavior Milestones Assessment and Placement Program
- GUIDE -

上册·指南

（第2版）

原著　Mark L. Sundberg, Ph.D., BCBA-D

主译　〔美〕黄伟合　李　丹

译者　〔美〕黄伟合（西佛罗里达州立大学，美国 Creating Behavioral
　　　　　　　+ Educational Momentum 公司）
　　　李　丹（爱佑慈善基金会，武汉麟洁儿童心理康复门诊部）
　　　沈　薇（武汉麟洁儿童心理康复门诊部）
　　〔美〕Woan Tian Chow（美国 Applied Behavior Consultants 公司）

北京大学医学出版社

YUYAN XINGWEI LICHENGBEI PINGGU JI ANZHI JIHUA (SHANGCE·ZHINAN)

图书在版编目(CIP)数据

语言行为里程碑评估及安置计划:第2版.上册,指南/(美)马克·桑德博格(Mark L. Sundberg)原著;黄伟合,李丹主译. —北京:北京大学医学出版社,2017.6(2025.6重印)

书名原文:Verbal Behavior Milestones Assessment and Placement Program, Guide

ISBN 978-7-5659-1617-5

Ⅰ. ①语… Ⅱ. ①马… ②黄… ③李… Ⅲ. ①语言障碍-儿童-教育康复 Ⅳ. ①G762

中国版本图书馆CIP数据核字(2017)第102170号

VB-MAPP, Verbal Behavior Milestones Assessment and Placement Program – Guide, second edition
Copyright 2007-2014, Mark L. Sundberg, Ph.D., BCBA-D
EESA, Early Echoic Skills Assessment
Copyright 2007-2014, Barbara E. Esch, Ph.D., BCBA-D, CCC-SLP
All rights reserved. No Part of this material protected by these copyrights may be reproduced or used in any form or by any means, electronic, mechanical, photocopying, recording or by information storage or retrieval system.
Simplified Chinese translation copyrights @ 2014 by Peking University Medical Press. All rights reserved.

北京市版权局著作权合同登记号：图字：01-2014-3474

语言行为里程碑评估及安置计划（第2版·上册·指南）

主　　译：黄伟合　李　丹
出版发行：北京大学医学出版社
地　　址：（100191）北京市海淀区学院路38号　北京大学医学部院内
电　　话：发行部 010-82802230；图书邮购 010-82802495
网　　址：http://www.pumpress.com.cn
E-mail：booksale@bjmu.edu.cn
印　　刷：北京瑞达方舟印务有限公司
经　　销：新华书店
责任编辑：陈　然　　责任校对：金彤文　　责任印制：李　啸
开　　本：889 mm×1194 mm　1/16　印张：15　字数：430千字
版　　次：2017年6月第1版　2025年6月第10次印刷
书　　号：ISBN 978-7-5659-1617-5
定　　价：95.00元

版权所有，违者必究

（凡属质量问题请与本社发行部联系退换）

第 2 版前言

《VB-MAPP 指南》的第 2 版对第 1 版进行了更新，本书通过如下的一些变化而得到改进：澄清了一些有关目标能力方面的内容，进一步阐述有关说明、评分程序和安置内容，增加了新的参考文献，以及做了某些调整以提高评分的一致性。此外，我还做了一些努力以帮助评估者们更好地理解有关的理论和应用的问题使他们能用斯金纳关于语言行为的分析（1957）作为语言评估和干预的指南。自从 VB-MAPP 在 2008 年第一次出版以来，在有些里程碑中出现了一些变化。具体说来，增加了两个新的里程碑（社会行为和社会游戏的第 1 里程碑和功能特性类别听者技能的第 9 里程碑）和调整了另外 13 个里程碑。读者从 www.avbpress.com/downloads 可以找到对这些里程碑所作调整的清单。对这些里程碑的有些调整，已经反映在《指南》和《概况》的各个重印版中了。另外，在里程碑 1 分和半分的评分标准中出现了 61 处变化。还有，任务分解的说明部分加入了一些澄清以区别作为达到一个里程碑之早期步骤的任务和那些独立于一个具体里程碑但可作为"支持性能力"的任务。VB-MAPP 中的这些调整与改善，是这一体系使用者的反馈和各种现场测试活动共同作用的结果。我要感谢多年来为我提供反馈和参与编辑的所有人，特别是 Rebecca Godfrey 博士和 Cindy Sundberg。

Mark L. Sundberg
2016 年 5 月

第 1 版前言

VB-MAPP 得以翻译成中文版，我感到很荣幸。这一关于语言、学习和社会技能的专著是过去 40 年所积累的成果，并已帮助了无数患有孤独症和其他发展障碍的儿童。本著作奠基于应用行为分析这一循证干预的心理学领域，而这一领域又主要是以斯金纳（B. F. Skinner）博士的研究工作为基础的。

目前，许多美国孤独症专业人员和政府部门已在使用 VB-MAPP。在美国各地的许多公立和民办的孤独症儿童教育机构目前也都在使用这一评估干预体系。例如由宾夕法尼亚州教育部拨款成立的 PATTAN 孤独症项目，在全州 350 多个教室中成功地推广使用了以 VB-MAPP 为基础的语言行为程序(www.pattan.org)。VB-MAPP 也在世界各国得以应用。本书有 12 种语言的版本已经出版或正在出版，其中包括阿拉伯语、法语、意大利语、日语、波兰语、葡萄牙语、俄语和西班牙语。

我要在此感谢黄伟合博士和李丹医师以及他们的翻译团队对本书所做的高质量的翻译工作。这种翻译过程的一个重点是用专业而通俗的语言来表述行为心理学，而黄伟合博士在应用行为分析和孤独症干预领域出版了大量专著，是该领域的专家。此外，黄博士还具有 20 多年的孤独症儿童治疗工作的经验，并且对其他众多的专业人士做了各种评估与干预技术的培训。在过去的 10 多年中，李丹医师也是中国国内对孤独症儿童采用循证干预的前驱者之一。他们对本书的翻译将使专业人员和家长们更加容易地去帮助那些患有孤独症和其他沟通技能迟缓的儿童。我还要感谢 Woan Tian Chow 博士在本书翻译项目早期阶段所做的工作。地处美国加州首府 Sacramento 应用行为顾问公司的 Joseph E. Morrow 博士和 Brenda J. Terzich-Garland 女士 也为翻译项目的早期工作提供了良好的支持。

我要在此表达对中国所有孤独症孩子的家庭和为他们服务的专业人员良好的祝愿。我们的经验表明，在语言和社会技能的干预程序中采用应用行为分析和斯金纳关于语言行为的分析能够促进那些孩子们显著进步。

2014 年 6 月

原著者简介

马克·桑德伯格（Mark Sundberg）是一位博士级持照行为分析师。他早年师从杰克·迈克尔博士并于 1980 年在西密歇根大学获得应用行为分析的博士学位。他是《语言行为里程碑评估及安置计划》(VB-MAPP) 一书的作者，同时也是《评估基本的语言与学习技能》和《对孤独症与其他发展性障碍孩子的语言教育》等书的共同作者。他至今已发表有 50 多篇专业论文并且为各种学术专著撰写了 4 个篇章。桑德伯格博士是《语言行为分析》这一专业杂志的创始人和前任编辑，曾经两次担任北加州行为分析学会的主席，曾任国际行为分析学会出版部的主任，并曾担任斯金纳基金会理事会的理事。桑德伯格博士在国际学术会议与美国国内学术会议上做过数以百计的专业报告、组织过大量研讨会，并且在各大专院校中教过 80 多门关于行为分析、语言行为、手语和儿童发展的课程。他还是一位有着 40 多年临床经验的持照心理学家，为公办和私立的孤独症学校提供专业咨询。桑德伯格博士曾经于 2001 年获得西密歇根大学颁发的"心理学系杰出校友奖"，于 2013 年获得国际行为分析学会语言行为特殊兴趣分会颁发的以杰克·迈克尔命名的"对语言行为的卓越贡献奖"以及其他荣誉称号。

致　谢

斯金纳（B. F. Skinner）对人类行为（1953年）和语言（1957年）开拓性的分析经受了时间的考验。在关于人类学习和语言的众多理论体系中，斯金纳的理论引申出了对孤独症和其他智力残障儿童和成人进行评估和治疗的最为有效的方法。过去50多年中，许多人作了大量努力将斯金纳对语言行为的分析(1957年)应用到VB-MAPP所涉及的语言评估中。作为传授斯金纳分析的良师和将此用于实际的先行者，杰克·麦克尔博士（Dr. Jack Michael）堪称领路人。我要在此感谢杰克做我的老师和教导者。

约瑟夫·斯普拉德林博士（Dr. Joseph Spradlin）是第一个把斯金纳对语言行为的分析用于对智力残障人士进行语言评估的人。他发明了帕森斯语言样本(Spradlin,1963)并且激励了其他人与他一起努力将斯金纳的分析用于语言评估之中。斯普拉德林博士的先驱工作为本书奠定了坚实的基础。

VB-MAPP经历了40年的研究与发展。20世纪70年代，我作为西密西根大学杰克·迈克尔的一名研究生，在卡拉麦竹峡谷多重残障中心(KVMC)完成了我关于语言行为评估项目的第一版。我要感谢在那段时期KVMC的许多工作人员参与了在那里进行的50多个关于语言行为的研究项目。我特别要感谢在1979年版语言行为评估和干预项目中我的合作者David A. Ray，Steven J. Braam博士，Mark W. Stafford，Thomas M. Rueber和Cassandra Braam博士。我要感谢KVMC的前主任杰里·萧克博士（Dr. Jerry Shook）对我的帮助和支持；感谢Louise Kent博士从语言病理学家的角度教我有关语言的问题；感谢Norm Peterson博士和Scott Wood博士给我留下众多令人深思的问题。我还要感谢A. Charles Catania博士和Ernie Vargas博士为这本书的各种版本所做的编辑工作，以及感谢James W. Partington博士和Mary Ann Powers博士对1998年ABLLS版的评估项目所做的贡献。此外，我还要感谢前STARS学校的工作人员多年来对我研究的协助和提供有关反馈，并感谢学校中孩子和家长教我学会了许多极有价值的经验教训。

VB-MAPP得益于许多行为分析师、语言病理学家、物理治疗师、特教老师、心理学家和特殊需要孩子家长们的意见。我很感激他们为改善本书质量提的许多建议并且希望他们会对经其帮助塑形后的内容感到满意。我在此要特别感谢前几年与我一起在许多公立学校教室里工作的同事：Mary Ann Powers博士、Rikki Roden、Kaisa Weathers、Shannon Rosenhan、Shannon Montano和Eileen Cristobal-Rodriguez。

VB-MAPP因其所经历的极有价值的现场测试和来自美国和加拿大各个团体的反馈，从而就其理念而言是一个较好的学习、语言和社会技能的评估项目。我要感谢Carl Sundberg博士、Michael Miklos、William Galbraith博士、Anne Cummings博士、Rebecca Godfrey博士和Brenda Terzich等人与我一起分享他们的时间、资源和专业知识。此外，我也要感谢Lisa Hale、Cindy Sundberg和Carl Sundberg博士对大量正常发展儿童所做的现场测试。这些现场测试的结果提供了关于语言学习和社会行为各个方面的重要的新信息。

我要特别感谢Barbara E. Esch博士的惠让使其"早期仿说技能评估"(EESA)成为VB-MAPP的一个分测试，并感谢她作为一名语言病理学家和由Jack Michael博士亲自教出的行为分析师为本书中的程序提供的许多建议。

行为分析、语言学、发展心理学是大师云集的领域，而这部指南从头到尾引用了许多他们的著述。我要特别感谢Douglas Greer博士通过他在哥伦比亚大学教育学院大量的研究项目而推动语言行为的应用。我也要感谢Vince Carbone博士和Patrick McGreevy博士。他们的著述使得语言行为得以发展并引起人们对此的兴趣。

我要感谢 Steve Payne 和 Patricia E. Young 极有技巧地并富于艺术地把我的 VB-MAPP 从原来的一般形式发展到现在的彩色分类的排版。我也要感谢我的两个儿子 John 和 Dan 对 VB-MAPP 所做的帮助。最后但绝非不重要，我要谢谢我的太太 Cindy 在过去 30 年中绝不动摇地支持 VB-MAPP 并为此做出多方面的贡献，其中包括对这部书稿的无数次的编辑修订。

《VB-MAPP 指南》的第 2 版包括了一些更新和改善。本书通过如下的一些变化而得到改善：澄清了一些目标能力，进一步阐述有关说明、评分程序和安置内容，增加了新的参考文献，以及作了某些调整以提高评分的一致性。此外，我还作了一些努力以帮助评估者们更好地理解有关的理论和应用的问题使他们能用斯金纳关于语言行为的分析（1957）作为语言评估和干预的指南。自从 VB-MAPP 在 2008 年第一次出版以来，在有些里程碑中出现了一些变化。具体说来，增加了两个新的里程碑（社会行为和社会游戏的第 1 里程碑和功能特性类别听者技能的第 9 里程碑）和调整了另外 13 个里程碑。读者从 www.avbpress.com/downloads 可以找到对这些里程碑所作调整的清单。对这些里程碑的有些调整，已经反映在《指南》和《概况》的各个重印版中了。另外，在里程碑 1 分和半分的评分标准中出现了 61 处变化。还有，任务分解的说明部分加入了一些澄清以区别作为达到一个里程碑之早期步骤的任务和那些独立于一个具体里程碑但可作为"支持性能力"的任务。VB-MAPP 中的这些调整与改进，是这一体系使用者的反馈和各种现场测试活动共同作用的结果。我要感谢多年来为我提供反馈和编辑的所有人，特别是对 Rebecca Godfrey 博士和 Cindy Sundberg 表示感谢。

Mark L Sundberg

2014 年 5 月

目　录

第一章　对语言评估的一种行为学方法 1
　　关于 VB-MAPP ………………………… 1
　　在研究中使用 VB-MAPP ……………… 2
　　评估的重要性 …………………………… 2
　　斯金纳的语言行为分析 ………………… 3
　　基本的语言操作元素 …………………… 4
　　十六个里程碑领域的概述 ……………… 5
　　总结 ……………………………………… 12

第二章　实施里程碑评估和任务分析及
　　　　支持性能力的基本指南…… 13
　　学习和语言的里程碑 …………………… 13
　　实施评估 ………………………………… 13
　　确认"操作水平" ………………………… 14
　　测量方法 ………………………………… 15
　　测试材料 ………………………………… 16
　　VB-MAPP 里程碑评估表的计分方法 … 19
　　VB-MAPP 的任务分析和支持性能力 … 22
　　总结 ……………………………………… 23

第三章　里程碑计分说明：第一阶段 … 25
　　提要求 …………………………………… 25
　　命名 ……………………………………… 28
　　听者反应 ………………………………… 30
　　视觉感知能力和样本配对（VP-MTS）… 32
　　独立游戏 ………………………………… 34
　　社会行为和社会游戏 …………………… 36
　　动作模仿 ………………………………… 38
　　仿说 - 早期仿说能力（EESA）分测试 … 40
　　自发性的语音行为 ……………………… 43

第四章　里程碑计分说明：第二阶段… 47
　　提要求 …………………………………… 47
　　命名 ……………………………………… 49
　　听者反应 ………………………………… 51
　　视觉感知能力和样本配对（VP-MTS）… 53
　　独立游戏 ………………………………… 56

　　社会行为和社会游戏 …………………… 58
　　动作模仿 ………………………………… 60
　　仿说（EESA）分测试 ………………… 62
　　功能、特性、类别的听者反应
　　（LRFFC） ……………………………… 64
　　对话 ……………………………………… 66
　　教室常规和集体能力 …………………… 68
　　语言结构 ………………………………… 71

第五章　里程碑计分指南：第三阶段… 73
　　提要求 …………………………………… 73
　　命名 ……………………………………… 75
　　听者反应 ………………………………… 78
　　视觉感知能力和样本配对（VP-MTS）… 80
　　独立游戏 ………………………………… 82
　　社会行为和社会性游戏 ………………… 84
　　阅读 ……………………………………… 86
　　书写 ……………………………………… 88
　　对功能、特性和类别的听者反应
　　（LRFFC） ……………………………… 90
　　对话 ……………………………………… 93
　　教室常规和集体能力 …………………… 95
　　语言结构 ………………………………… 97
　　算术 ……………………………………… 99

第六章　障碍评估的计分说明………103
　　障碍评估的计分 ………………………… 106
　　障碍评估的评分指南 …………………… 106
　　　1. 负面行为 …………………………… 106
　　　2. 教学控制困难（逃离或
　　　　　躲避要求） ……………………… 107
　　　3. 提要求技能的缺乏、薄弱或
　　　　　有缺陷 …………………………… 108
　　　4. 命名技能的缺乏、薄弱或有缺陷 … 109
　　　5. 动作模仿的缺乏、薄弱或有缺陷 … 110
　　　6. 仿说技能的缺乏、薄弱或有缺陷 … 110
　　　7. 视觉感知能力和样本配对的缺乏、薄弱
　　　　　或有缺陷（VP-MTS） …………… 111

8. 听者技能（LD 和 LRFFC）的缺乏、
   薄弱或有缺陷 ……………… 112
9. 对话技能的缺乏、薄弱或有缺陷… 112
10. 社会能力的缺乏、薄弱或
    有缺陷 ……………………… 113
11. 依赖辅助 …………………… 114
12. 猜想式反应 ………………… 115
13. 扫视技能有缺陷 …………… 116
14. 不能作出条件性辨别 ……… 116
15. 不能泛化 …………………… 117
16. 薄弱或非典型的
    动机操作（MO） …………… 118
17. 对行为有要求就会使得
    动机变弱 …………………… 119
18. 强化物依赖 ………………… 120
19. 自我刺激 …………………… 120
20. 表达清晰度的问题 ………… 121
21. 强迫性行为 ………………… 121
22. 多动 ………………………… 122
23. 缺乏目光接触和对人的注意 … 123
24. 感觉性防御 ………………… 123
总结 …………………………… 124

第七章　转衔评估的计分说明………125

执行转衔评估的指导方针 …………… 125
转衔评估的计分方法 ………………… 126
第一类转衔：VB-MAPP 得分和
  学业独立性 ………………………… 128
  1. VB-MAPP 里程碑评估总分 …… 128
  2. VB-MAPP 障碍评估总分 ……… 128
  3. 在 VB-MAPP 障碍评估中负面行为和
     教学控制方面的得分 …………… 129
  4. 在 VB-MAPP 里程碑评估中教室常规和
     集体能力方面的得分 …………… 129
  5. 在 VB-MAPP 里程碑评估中社会行为和
     社交游戏方面的得分 …………… 130
  6. 在学业任务方面的工作独立性 … 131
  第一类得分的总结 ………………… 131
第二类转衔：学习模式 ……………… 131
  7. 在时间、环境、行为、材料和人物
     方面泛化各种能力 ……………… 131

  8. 起强化作用的物品和
     事件的范围 ……………………… 132
  9. 获得新能力的速度 ……………… 133
  10. 新学能力的保持 ………………… 133
  11. 在自然环境中学习 ……………… 134
  12. 未经训练就能表现出在语言操作元素
      之间的转换 ……………………… 135
  第二类得分的总结 ………………… 135
第三类转衔：自理能力、自发性和
  自我指导 …………………………… 135
  13. 对变化的适应性 ………………… 135
  14. 自发性行为 ……………………… 136
  15. 自我玩耍和休闲能力 …………… 137
  16. 一般的自理能力 ………………… 137
  17. 如厕技能 ………………………… 138
  18. 进餐技能 ………………………… 139
  第三类得分的总结 ………………… 139
对 VB-MAPP 转衔评估的解释……… 139

第八章　对第一阶段评估的解读：
安排课程及撰写个别化
教育计划目标…………141

如何解读 VB-MAPP 里程碑评估的
  总体结果 …………………………… 141
解读得分处于第一阶段孩子的
  VB-MAPP …………………………… 142
撰写个别化教育计划（IEP）的目标 … 142
对得分主要处于第一阶段孩子的
  特别考虑 …………………………… 144
回合式训练（DTT）和自然环境
  训练（NET） ………………………… 144
辅助性沟通 …………………………… 145
总结 …………………………………… 146
解读第一阶段里程碑的分数和个别化
  教育计划的建议目标 ……………… 146

第九章　对第二阶段评估的解读：安排
课程及撰写个别化教育
计划目标…………161

对得分基本处于第二阶段孩子的
  特别考虑 …………………………… 163

回合式训练（DTT）和自然环境
　　训练（NET）……………………164
融合与社交…………………………164
总结…………………………………164
解读第二阶段里程碑的分数和个别
　　化教育计划的建议目标…………164

第十章　对第三阶段评估的解读：安排课程及撰写个别化教育计划目标………………191

对于得分基本处于第三阶段孩子的
　　特别考虑………………………193
教育形式……………………………193
融合与社交…………………………194
总结…………………………………194
解读第三阶段里程碑的分数和个别化
　　教育计划的建议目标……………194
结论…………………………………219

参考文献………………………………221

第一章

对语言评估的一种行为学方法

呈现在这本指南里的《语言行为里程碑评估和安置计划》（VB-MAPP）以及相伴的《概况》根基于斯金纳的《语言行为》（Skinner，1957），一个在语言研究领域的划时代的分析。斯金纳的书为研究语言提供了一个可理解的，但又非常细致的方法，它来源于可靠的以经验为基础的学习原理，并且经受了时间的考验（Andresen，1990；Schlinger，2008）。除了斯金纳的语言研究之外，他在行为心理学和学习方面的开创性工作导致了被称为应用行为分析的专业领域（Cooper，Heron，& Heward，2007；Morris，Smith，& Altus，2005；Skinner，1953）。

应用行为分析（ABA）已经提供了许多成功的应用以解决孤独症及其他智力残障儿童的语言和学习上的问题（例如：Guess & Baer，1973；Halle，Marshall，& Spradlin，1979；Koegel & Koegel，1995；Krantz & McClannahan，1993；Leaf & McEachin，1998；Lovaas，1977，2003；Maurice，Green，& Luce，1996；Wolf，Risley，& Mees，1964）。VB-MAPP整合这些ABA的程序和教导方法以及斯金纳的语言行为分析，以便为所有语言发展迟缓的儿童提供一个以行为为基础的语言评估程序[*]。

关于VB-MAPP

在这本《指南》里呈现了VB-MAPP的五个部分。第一个部分是**VB-MAPP里程碑评估**，其设计意图是提供一个孩子现有的语言和相关技能的代表性样本。这个评估包含了170个可以测量的学习和语言里程碑，依序和均衡地跨越3个语言发展阶段（0～18个月，18～30个月和30～48个月）。所评估的能力包括提要求、命名、仿说、对话、听者技能、动作模仿、独立游戏、社交和社会性游戏、视觉感知和样本配对、语言结构、集体和教室能力，以及早期学业。在里程碑评估中还包括了Barbara E. Esch博士研发的早期仿说能力评估（EESA）分测验。

第二个部分即**VB-MAPP障碍评估**提供了一个包含24个常见于孤独症及其他智力残障儿童之中的关于学习和掌握语言之障碍的评估。这些障碍包括行为问题、教学控制、有缺陷的提要求、有缺陷的命名、有缺陷的仿说、有缺陷的模仿、有缺陷的视觉感知和样本配对技能、有缺陷的听者能力、有缺陷的对话、有缺陷的社交能力、依赖辅助、猜想式回答、有缺陷的扫视能力、有缺陷的条件性辨别、不能泛化、动机微弱、对行为有要求就会减弱动机、依赖强化物、自我刺激、发音清晰度不足、强迫性行为、多动行为、无法与人对视，以及感觉防御。通过识别这些障碍，临床治疗人员能发展出特定的干预策略来帮助克服这些问题，从而导致更有效的学习。

第三个部分是**VB-MAPP转衔评估**，其中包含18个评估领域来帮助判断孩子是否正在取得有意义的进展，是否已经具备在一个较少限制的教育环境中学习的能力。这个评估工具能为孩子的个别化教育计划团队做出决策和设置优先顺序提供一种可测性方法，以满足孩子对教育的需要。这个评估

---

[*]VB-MAPP可用于任何有严重语滞后的个人，而与其年龄没有直接关系。对于年龄较大的人来说，有些项目须加以调整或者撤消（如在游戏领域的某些早期能力诸如使用因果性玩具的游戏等），但那些核心的语言和社会技能并没有与众不同之处。为了便于阅读，本书中使用了"孩子"或者"儿童"。

由 VB-MAPP 的其他几个部分的总结性测量以及可以影响转衔的其他各种能力所组成。这个评估包括在 VB-MAPP 里程碑评估中的测量总分、在 VB-MAPP 障碍评估中的测量总分、负面行为、教室常规和集体能力、社交能力、独立学习、泛化、强化物的多样性、获得新能力的速度、保持、在自然环境中学习、转换能力、对改变的适应性、自发性、独立游戏、一般的自理能力，如厕技能和进餐技能。

第四个部分是 **VB-MAPP 任务分析和支持性能力**，它提供关于能力的进一步分解，可用以作为更完整和持续的学习和语言能力的课程指南。其中大约有 750 项能力分布在 VB-MAPP 的 14 个领域中。在里程碑已得到评估并且一般性能力已经确认后，任务分析和支持性能力可以提供关于特定孩子的进一步信息。确认于任务分析里的技能包括目标领域的各种各样的支持部分。在 VB-MAPP 的这一部分中包括了两种能力，其中的任务分析是指那些与特定里程碑直接相关并且代表着通往那个里程碑的早期步骤。而支持性能力指的是除了特定的里程碑以外一个孩子必须掌握的大量语言、学习和社会方面的能力。这些技能的重要性可能还没达到里程碑或个别化教育计划目标的程度，但其中每一个都在转变一个孩子并使其技能接近普通发展儿童的过程中扮演了重要的角色。它们同样也给父母和老师提供各种各样的活动，从而在各种教育和社会环境中促进能力的泛化，维持，自发，保持，扩展，及功能性的应用。

包含在 VB-MAPP 中的有关学习和语言技能的任务分析提供了一个平衡发展的语言行为课程的新顺序。概而言之，VB-MAPP 的这四个部分体现了我和同事在过去 40 多年的研究、临床工作、现场试验和修订（Partington & Sundberg, 1998；Sundberg, 1980, 1983, 1987, 1990；Sundberg & Michael, 2001；Sundberg & Partington, 1998；Sundberg, Ray, Braam, Stafford, Rueber, & Braam, 1979）。

第五个也是最后一个部分是 **VB-MAPP 安置和个别化教育计划目标**，它们分别与上面的四个评估相对应。安置指南对里程碑评估里的 170 个里程碑中的每个里程碑提供了具体的方向并为个别化教育计划的目标提供了各种建议。有关安置的建议能帮助方案设计者平衡干预方案，并确定包括必要干预的所有相关部分。

在研究中使用 VB-MAPP

VB-MAPP 的设计目的是从经验性方面测试孩子的语言和社会技能，一些已经发表的科研论文也为此目的而使用了 VB-MAPP（如：Grannan, & Rehfeldt, 2012; Gunby, Carr, & LeBlanc, 2010; Kaitlin et al., 2013）。VB-MAPP 也被用于为各种语言干预机构提供关于学生进步的效果数据（如：Dipuglia & Miklos, 2014, May; Sundberg, Hall, & Elia, 2014, May）。读者还可在 www.avbpress.com 网站的问答部分发现更多的用了 VB-MAPP 的科研项目。

评估的重要性

评估的主要目的是确定一个孩子的技能的基础水平，并且与他同龄的普通发育的孩子进行比较。如果一个干预方案确有必要，那么评估的数据应该为确定一个个别化教育计划（IEP）和语言课程中的基本要素提供关键的信息。评估应该提供以下方面的指导：①什么能力必须是干预的重点；②干预方案应从能力的哪一个水平开始；③在学习和掌握语言方面有什么障碍需要得到解决（如不服从的行为、鹦鹉学舌或不能泛化）；④如果有必要的话，什么样的辅助性沟通是最好的；⑤一个对孩子来说什么具体的教学策略可能是最有效的（如分段回合教学、自然环境教学）；和⑥什么类型的教育环境最能满足孩子的需要（如在家里、1：1 的课堂、小团体或融合性教育）。

为了从 VB-MAPP 中获得最大的收益，评估人员对行为分析的原则和斯金纳的语言行为分析必须要有基本的理解。为读者提供行为分析的概述超出了这本指南的范畴，感兴趣的读者可参考涉及这个主题的有关教科书（例如：Cooper, Heron, & Heward, 2007；Malott & Trojan, 2008；Martin &

Pear，2003；Miltenberger，2004；Vargas，2009）。然而，这一章将对斯金纳的语言行为分析和如何将它运用到评估孩子的语言及相关能力之上作一简短的概述（关于斯金纳分析的更多细节和及其在教育和特殊教育中的应用，读者可参考 Sundberg，2007 和 Vargas，2009）。

斯金纳的语言行为分析

斯金纳（1957）提出语言是习得性行为，作为应用行为分析之基础的行为的基本原则同样也适用于语言行为。在斯金纳（1957）看来，人们获得其表达和理解语言的能力，与他们学习其他如阅读、抓握、爬行和走路等行为的方法相同。包括在声带活动之内的运动行为，通过这些运动对他人（包括婴儿自身）产生的影响而得到塑形。宝宝啼哭，成人用不同的方式关注（即强化）他。啼哭因此逐渐成为一种社会沟通的方式（更为完整的分析见 Bijou & Bear，1965）。语言有其特殊的性质，因为它包含了讲者（那些说话的人）和听者（那些对讲者做出回应的人）之间的一个社会性互动。

"语言行为"这一术语

斯金纳在为他的语言分析寻求一个名字时，选择了"语言行为"这一术语，因为他发现"说话"这个术语太局限（如手势也可以交流），而"语言"这个术语太一般（如在"英语语言"中的所指为整个社区所有讲者的实践）。因此，他选择"语言行为"，用此术语来涵盖所有形式的沟通，如手语、图片交换（PECS）、书面语言、手势或其他任何沟通行为可能采取的形式。并且其重点是讲者和听者个体，而不是整个语言社区的实践（例如，说英语的讲者而不是英语的语言规则）。

讲者和听者的区别

在《语言行为》一书中的一个重要主题是，斯金纳在讲者行为和听者行为之间做了明确的区分。与大多数传统方法不同的是，斯金纳首先关注了讲者（说话的这个人）的行为，但又没有忽视听者。他建议不使用"表达性语言"和"接受性语言"等术语来作为区分讲者和听者的方式，因为这暗示着这两种类型的"语言"仅仅是同一基本认知过程的不同表现（Skinner，1957，pp.2-7）。但重要之处在于教导孩子不仅要对一个讲者做出反应，同时自己也要作为一个讲者而在语言上有所行为，而这是两种不同的技能。在大多数情况下，学习一种行为类型促进另一种行为类型的学习，但并非总是如此，对一些语言发展落后的孩子来说，尤其是如此。

形式和功能

对斯金纳的语言行为分析最常见的误解之一也许是认为他完全拒斥了传统的结构语言学说及其关于名词、动词、介词，形容词等的分类系统。事实并非如此。他的观点是除了确定人所发出的词组或短语的形态和结构外，还必须说明引发这些词汇的原因。这才是争论的焦点。人们通常把语言发生的原因归结于一个假定的认知处理系统（如识别、解码、储存等比喻），或者归结于由内在基因所架构的生物性结构，而不去考虑环境变量。然而，正如在结构语言学里那样，对语言的描述仍然是测量和研究语言的一个关键部分。语言的这两个方面被概括为语言的形式特性和语言的功能特性（Catania，1972，1998；Skinner，1957）。形式特性包含了语言行为的结构或形态（亦即所发出的特定的词语和短语），而功能特性则包括了语言行为的原因（即为什么这些特定的词汇得以发生）。对语言的完整说明必须考虑这两个不同的方面。斯金纳（1957）是这样陈述的：

> 我们的第一个责任是简单的描述：什么是人类行为中这一分支的形式？一旦这个问题至少得到了初步的解答，我们就有可能发展到所谓的解释阶段：什么条件与这一行为的发生有

关——什么样的变量产生了作为其功能的行为？（p.10）

结构语言学领域专门研究对语言的描述（形式的特性）。所谓通过下面几个方面可以测量语言的形式：① 语素：构成一个单词的单个说话声音；② 词素："一个有单独意义"的单元；③ 词汇：组成一种特定语言的词汇总数；④ 句法：将字、短语或从句组织成句子；⑤ 语法：遵循一个特定语言的既定使用习惯；和⑥ 语义：字词的"意思"是什么。

对语言的形式描述还包含将词语分类为名词（人物、地点或事件）、动词（动作）、介词（事物之间的空间关系）、形容词（物品的特性）、副词（动词或形容词的特性）、代词（代表名词的词语）、连词（连接名词或动词短语的词）和冠词（名词的修饰词）。对语言的形式描述还有很多其他的方面，例如介词短语、从句、动名词、时态标记、虚词、谓语，以及说话的清晰度、节律、语调、音高和重音（e.g., Barry，1998）。另外，句子是将所说出来的词汇类别遵循一个语言社区的既定句法和语法排列而成的。

大多数常用于孤独症或其他智力残障儿童的语言测试往往仅仅评估语言的形式特征（Esch, LaLonde, & Esch, 2010），而忽视语言的功能特征。即使在语言纠正学领域，目前也有建议要既重视形式也重视功能（Hegde, 2010）。

语言行为的功能分析

斯金纳在《语言行为》（1957）中基本出发点是，语言是习得行为，而其主要原因与导致非语言行为的原因一样是来自于环境的变量（如刺激控制、激励操作、强化、消退等）。在《语言行为》的第一章中，斯金纳提出了他所确定的一种对"语言行为的功能性分析。"这种功能性分析与通常运用于行为问题治疗的描述性和（或）功能性的分析非常相似（例如：Iwata, Dorsey, Slifer, Bauman, & Richman, 1994; Neef & Peterson, 2007）。斯金纳书中的前八章对语言行为的功能性分析和他称为的"语言操作基本元素"（见下文）作了定义。这本书的剩余部分详细分析了这些基本原素如何组成更复杂的语言成分，像思考、解决问题、记忆、句法、语法、文献、自我修正、写作和科学的语言行为。

分析的单元

在评估孩子的语言技能和发展出干预方案时，如何测量其语言的问题是一个重要的方面。如上所述，传统的语言测量方法包括记录语言的形式特性（如名词、动词、句子长度和词汇量等）。而在语言行为分析中的分析单元则包括了言语的形式特性和功能特性两个方面，也就是说形成了基本的前因 - 行为 - 结果的框架（见表 1-1）。斯金纳把这些单元称为"语言的操作元素"，他并把一个特定个人所掌握的语言操作元素称为"语言技能"（1957, pp. 19-22）。

表 1-1 传统的分析单元和行为的分析单元

传统的分析单元
行为的形式特性：
单词、短语、句子、言语的平均长度（MLU）

行为的分析单元
在功能性背景中的行为的形式特性
（前因和后果）
前因 ⟶ 行为 ⟶ 后果
基本的语言操作元素

基本的语言操作元素

在斯金纳看来，一个完整的语言技能是由多种不同的讲者行为和听者行为所构成的。斯金纳关于讲者行为的功能性分析的核心是在提要求、命名和对话之间的区别。传统上把这三种语言行为都归类为"表达性语言"。在斯金纳看来，这种实践掩盖了这些语言的不同功能类型之间的重要区别。除了这三个基本的语言操作元素，斯金纳（1957）还提出了仿说、阅读、听写和抄写等关系。表1-2对每个语言操作元素（包括听者技能）做了一般性描述，以下材料为每种语言技能提供了更为详细的分析。

表 1-2　基本的语言操作元素的一般描述

提要求	要求你所想要的强化物。因为你想出去，所以你提出想要鞋子的要求。你也可以为了去除你不喜欢的物品或动作而提要求（如说"停止！"）
命名	命名或确认物品、动作、事件等。说"鞋子"是因为你看到了你的鞋子。
对话	在你的语言只受其他语言控制的情况下回答问题或进行对话。说"鞋子"是因为别人说"你脚上穿的是什么？"。
听者技能	遵循指令或服从其他人的要求。当别人要求"去拿你的鞋"时，能去拿自己的鞋。
仿说	重复所听到的内容。在别人说"鞋子"后能说"鞋子"。
模仿	模仿别人的大动作（因为它们与手语相关）。当别人轻轻碰击两个拳头时你也轻碰两个拳头。（"鞋子"的手语）
阅读	阅读书写的字。当看到书写的文字"鞋子"时说"鞋子"。
抄写	当别人写了"鞋子"后，能写"鞋子"。
听写	拼写别人所说的字。在听到别人说"鞋子"时，能写出"鞋子"。

十六个里程碑领域的概述

提要求（mand）

　　提要求是语言的一种类型，据此一个讲者要求（或陈述、诉求、暗示等）他所需要或想要的。比如，当一个孩子饥饿时，要求一些吃的东西，这类语言可以归类为提要求。斯金纳（1957）选择了提要求（mand）这一术语，是因为它简明扼要并且与普通英语单词"指令（command）"、"命令（demand）"、"批评（reprimand）"和"必要（mandatory）"很相似。从术语上说（Skinner，1957，pp.35-51；Micheal，1984，1988），提要求指的是，语言行为形式（也就是说，一个人说了什么）是在动因机制（MO）（也就是说，一个人想要什么）和特定的强化物（也就是说，一个人得到了什么）的功能性控制之下。例如，缺乏食物将（a）使食物有强化物的功效，（b）引起像要求"饼干"这样的行为，其前提是这个提要求的行为在过去带来了饼干。重要之处在于记住：动机可强可弱，可以是习得的也可以是天生的，可以是为了得到想要之物或活动也可以是为了去除不想要之物或活动。Micheal（2007）用一般概念"动机操作"（MO）来概括所有这些方面（和其他方面）。例如，要强化某人动机以求得到或消除某物，或可称为"建立性操作"（EO），而要减弱某人动机，或可称为"消除性操作"（AO）（如使其饱和）。本书将用MO这一概念，来说明关于强化的价值有着不同的程度（读者如欲了解Michael关于动机分析的更多细节，可参看Miguel 2013年的论文）。

　　加强一个要求的特定强化物与相关的动机（MO）有直接的关系。比如，一个孩子的动机是让人推他荡秋千，特定的强化物就是别人推他。这种行为形式可能以各种不同的提要求方法得以表现，如手势、哭、将某人推到一边、伸出手或说"推"。如果过去在动机、一个行为和特定强化物之间有一种功能性联系，那么所有上述行为都可用来要求别人推他荡秋千。这里的重点是，"沟通"不仅仅是局限于词语。事实上，那些语言技能微弱，迟缓或有缺陷的孩子们的许多问题行为严格说来都是在提要求（例如：Carr & Durand，1985）。

提要求对早期语言的发展和对孩子与他人的日常交流都是很重要的。提要求是孩子所掌握的第一种沟通形式（Bijou & Bear，1965；Novak，1996）。早期的提要求常常是在一个孩子饿了、困了、疼痛、冷了或害怕时以目光接触或区别性哭声表达出来的。随着孩子的成长，哭和目光接触也可以用来要求玩具、关注，帮助，移动物品和人，或除去不喜欢的刺激。普通发展的孩子很快就学会了用词语或其他通常的沟通方式替代哭泣。提要求让孩子控制的不仅仅是得到强化物，更是开始建立讲者和听者的角色，而这些角色是将来语言发展的基础。

斯金纳（1957, P.36）指出，提要求是唯一的一种使讲者直接受益的语言行为，意思是提要求（常常）使讲者获得他所想要的东西，如食物、玩具、活动、关注，或消除厌恶的刺激。因为提要求满足孩子当下一个及时性需求，结果它们变成强有力的语言行为的形式。由于这些特殊的效果，年幼的孩子常常提许多的要求。孩子最终学会要求很多不同的强化物，包括使用像"什么""谁"和"哪里"等词语来要求语言信息，在此同时，孩子所掌握的新的语言行为也与日俱增（Brown，Cazden，&Bellugi，1969）。最后，孩子提的要求变得相当复杂，并且在社会互动、对话、学习行为、就业和人类行为的几乎每一个方面都扮演着一个关键的角色。

在关于一个孩子的最初信息中，最有价值的一个部分可能就是他现有的提要求技能的性质。考虑到提要求在正常的发展中，尤其是在语言和可能的负面行为发展中的作用，分析孩子现有提要求的能力有助于揭示出许多问题。评估者的任务是确定孩子提要求技能的准确性质。评估提要求时最困难的部分是，引发要求的动机变量不是显而易见的。例如，当一个孩子想要得到关注时会哭，但确定和量化"要求关注"可能是困难的。有些动机是更为明显，比如：一个孩子想要和伸手去拿某个玩具。这可以确定至少在那时得到玩具的动机是强烈的。

提要求的控制因素也可能是多重的，因为其前因变量可能是多重的，如想要的物品（使行为具有命名的成分），有些相关的语言刺激如"你想吃什么？"（使行为具有对话的成分），一个仿说性的辅助如"说饼干"（使行为更像仿说而不是提要求），或这些变量的结合。评估孩子提要求技能的人要能确定和区分这些不同来源的前因控制，这很重要。所有孩子都有一些必须被满足的基本需求，而孩子一定会以某种方式与他人沟通这些需求。提要求评估的目的是确定孩子是使用词语、手势、手语还是图片让别人知道这些需求。最主要的问题是：孩子如何使其他人知道他的需要和要求的？另一些需要考虑的问题包括：孩子是否做出负面行为以使这些需要得到满足？反应是否依赖一些辅助，如仿说性辅助，或以是/不来回答的辅助（如"你想喝水吗？"）？孩子提出的要求是否仅仅是一小部分，而实际上他有很多的动机？孩子要求的是否像是他真正想要的？对这些问题的回答将可帮助建立个别化的提要求干预计划的优先顺序。

命　名

命名是语言的一种类型，讲者以此将名字授予周边自然环境中的事物、动作、属性等。讲者通过任何感官形式与这些"非语言性刺激"有着直接的接触。例如，孩子因为看见了一只狗而说"狗"，这种类型的语言行为应可归类为命名。或者，孩子听到一声狗叫时说"狗"，这也应归类为命名，因为其前因刺激是非语言性的。斯金纳（1957）选择命名这个术语，是因为它表明了讲者与自然环境有所接触。从专业上来说，命名是在非语言辨别刺激（SD）的功能性控制下的语言操作元素，它产生的是泛化了的有条件强化。命名联系与许多通常针对语言发展迟缓孩子的语言训练计划中的所谓"表达性的描述"有着非常接近的互代关系（例如，Lovaas，2003）。

在孩子的世界里有很多他最终必须学会命名的非语言刺激。照料者的名字，玩具，日常生活用品，孩子用品等常常组成孩子掌握的第一批命名（如妈妈、爸爸、椅子、桌子、书、鞋子、汽车、勺子、球或床）。非语言刺激表现为多种形式。例如，它们可能是静态的（名词）、瞬时的（动词）、物品间的关系（介词）、物品特性（形容词）或活动的特性（副词）等等。非语言刺激可以像一只鞋子那样简单，也可以像癌细胞那样复杂。一种刺激的形态可能有多种非语言的特性，而语言行为则可能受这些多重特性的控制，像在命名中："红色的消防车在小桌子下面"那样。非语言刺激可以是可观察的（如汽车）也可以是不可观察的（像疼痛），既可以是微妙的（如眨眨眼）也可以是明显的（像霓虹灯），也可以是许多非语言刺激共有的特性（像尺寸，颜色），等等。考虑到物质世界中非语言刺激的这些多变性和普遍性，也就不难理解命名是语言学习中一个重要的主题了。

命名技能对语言的发展非常重要，所以它常常被看做是需要直接训练的唯一元素。然而，现有的大量研究显示：在对语言发展迟缓孩子的早期语言干预中，要求和对话反应不可能从仅仅训练命名中发展出来（关于这个方面的研究综述可参看 Sautter & LeBlanc, 2006）。教导命名的目标，是在非语言刺激控制下引发出语言反应（即使得非语言刺激成为引发出特定词语的区别性刺激）。如果一个孩子有较强的仿说技能，那命名的训练可能就容易许多（或者，如果孩子具备好的动作模仿技能可能会使他学习手语变得更为容易）。语言训练者可以在提供一个新的非语言刺激（如一棵树）的同时提供一个仿说性辅助（如"说树"），并且区别性地强化一个正确的反应，然后再撤退仿说性辅助。然而对于某些孩子来说，命名训练要困难得多，并可能需要一些特别的程序。一旦掌握了命名的技能，就可将控制转换为提要求（如要求去爬树）或对话（如当周围没有树时，谈论爬树），当然在某些情况下，孩子也可能先掌握提要求或对话，然后再转换为命名关系。

评估一个孩子的命名技能相对来说是直截了当的。当孩子面对一个物品、动作、特性等时，他能否提供这些刺激的名称？如果他可以，那么在行为学术语中就可以说特定刺激对孩子的行为发挥着刺激性控制（它是一个 SD）的作用。随着刺激变得更复杂（如那些与动词、形容词、介词、连词有关的刺激或多重的刺激），往往可见的现象是在语言发展的不同阶段刺激性控制变得微弱。评估的这个部分之目标，是确定对命名的非语言刺激性控制在哪里较强以及到哪里开始减弱。一旦确认了这些界限，关于命名技能的语言教学的优先重点就得以建立。

对　话

对话是语言的一种类型，讲者以此对他人的话语做出语言反应（他也可以对他自己的话语做出对话反应）。一般来说,对话包括"谈论"未在现场的事物或活动。例如,作为听到某人说"在车轮上的是…"的结果，说"公共汽车"就是对话行为。对"你昨天干什么了？"问题的回答也是对话。普通发展儿童非常频繁地以唱歌，讲故事，描述活动，解释问题等形式来进行对话。对话也是很多普通认知能力的重要组成部分,（比如别人问"植物生长需要什么？"时,说"水、土壤和阳光。"或在听到"五加五等于……"后，回答道"十"）。对话技能看似无穷无尽，事实证明普通成人在他们的语言技能中有成千上万的对话连接，在他们每天的生活里会说出无数的对话（但其中许多可能如"思考"那样是隐晦的）。

从技术术语上说，对话是指一个语言区别性刺激（SD）引发出一个与语言刺激没有一对一对应关系的语言反应（Skinner，1957，pp，71-78）。没有一对一对应意味着语言刺激和语言反应不是相互匹配的，这与在仿说和阅读关系（见下面）中的那种一对一对应关系不一样。就像所有的语言操作元素（除了提要求以外）一样，对话产生的是泛化了的有条件强化。例如在教育环境中，对正确回答的强化通常包含某种形式的泛化了的有条件强化，例如像听到老师说"对了"，得到好成绩，或有机会进入到下一个问题或阶段等。

对话技能促进对其他语言或非语言行为的掌握。对话行为有助于讲者对话语和句子做出迅速和准确的反应，从而在维系一个交谈中起着重要的作用。例如，一个孩子在某个环境中听到大人说"海滩"。如果"海滩"这个词语可以引出孩子数个其他的词语，如"游泳""水""沙"和"水桶"，那他更能够"理解"大人谈论的话题。人们可以说那个孩子是在思考着海滩从而具有相关的语言反应能力来谈论去海滩的事。

有很大比例的语言发展落后的孩子未能掌握功能性的对话技能。其中有很多原因，但是一个可以预防的原因是，一般人并不是把对话视为一个独立的语言技能或并不对此进行评估。人们常常假设，对话技能像提要求技能一样，会从训练命名和听者技能的基础上直接发展起来。通常，等到发现孩子的对话，社交和语言技能微弱或有缺陷时，很长时间的死记硬背的反应，负面行为，对语言刺激不能做出语言反应的经历，以及与社会隔离等因素就很可能使他难以发展出功能性的对话技能。普通孩子在掌握了牢固的提要求、命名和听者技能后开始掌握对话行为。对很多孩子来说，可在 2 岁左右出现对话并被别人观察到。然而，很多早期的对话交往很简单，像歌曲、动物的声音、1~2 个单词的对话联系和关系。更复杂的对话反应像回答多重成分问题（如你住在哪里？），要到 3~4 岁才能出现。确定孩子现有对话技能的性质并进而设计一个个别化干预计划，是非常重要的。

提要求，命名和对话之间的差异

在提要求、命名和对话之间有几个重要的差异。首先读者必须注意，同样一个词语可以作为要求，命名，或对话而出现（见表 1-2）。例如，孩子看到他的妈妈时可以说"妈妈,"（命名），或在他想要他的妈妈时，说"妈妈,"（提要求），或听见某人说"爸爸和……"时，说"妈妈"（对话）。斯金纳指出在提要求、命名和对话之间的差异是，同样一个词语（反应形态）可由不同的前因和后果变量控制，仅仅因为掌握了在一类前因控制下的行为反应，并不意味该行为在另一类控制下也会出现（关于各种语言操作元素的独立性的经验研究综述，参看 Oah & Dickinson，1988；Sautter & LeBlanc，2006）。

这个差异的实际意义是，对这三种技能需要进行单独的评估，同样对每一个语言技能都需要进行训练。举例来说，我们不能因为一个孩子能够命名，如当他看到海绵宝宝时能说海绵宝宝，就错误地假设同一孩子在动机因素存在但并没有看到海绵宝宝的时候也能够要求看海绵宝宝的电视节目，或者在没有看到海绵宝宝时也能够从对话的角度来回答"谁住在海底的菠萝里？"的问题。虽然在这三个例子里"海绵宝宝"的反应形态是一样的，但这三个技能是功能上不同的操作行为（Skinner，1957）。

人们因为各种不同的原因而说话，但人们之所以说话大多数是由三个主要环境变量中的一个（或更多）所诱发的，这三个环境变量是：个人动机（要求）、物理环境的某些部分（命名）和他们面临的其他语言刺激（对话，仿说，阅读）。例如，通过以下几种方式一个对话可以包括提要求、命名和对话：①提要求技能允许讲者提出问题；②命名技能允许讲者谈论客观呈现的物品或事件；③对话技能允许讲者回答问题和讨论（和考虑）客观上并未呈现的物品或事件。对这三种主要控制源的功能分析，对于评估和用于发展语言技能的干预程序来说有着重大的价值。然而重要的是，家长或专业人员应能区分各种动机变量（控制提要求），区别性刺激 SD（控制所有其他的语言技能）。此外，能够区分非语言区别性刺激（控制命名）和语言区别性刺激（控制对话、阅读、仿说、听写和抄写）也是非常重要的。关于这些区别的更多讨论，参看 Michael（2007）和 Surdberg（2007）。

仿 说

仿说是语言的一种类型，讲者借此重复另一个讲者（或自己）的声音、单词或短语。例如，一个孩子在听到他的妈妈说"小猫"后说"小猫"，这就是仿说行为的表现。重复词语、短语和其他的听觉语言刺激，是所有讲者在日常交谈中的常见形式。从技术上讲，仿说技能是受控于与反应相匹配（具有一对一的对应关系）的语言区别性刺激。仿说行为可产生泛化了的有条件强化，如表扬和关注（Skinner，1957，p.56）。重复他人语音和其他词语的能力对语言发展是必不可少的。一位家长可能说"那是一只熊！你能说熊吗？"如果孩子能够反应说"熊"，家长就会说"对了。"最后，孩子会学习不需要仿说性辅助而说出熊（命名）。这种现象常常在几次回合训练之后就会出现。仿说技能对教导语言落后孩子的语言是非常重要的，且在教导孩子更复杂的语言技能的过程中起了关键的作用（例子可参看 Lovaas，1977，2003）。

VB-MAPP 中关于仿说技能的评估，是与语言病理学家 Barbara E.Esch 博士发明的早期仿说技能测试（EESA）分量表一起完成的。EESA 也包含了一个关于普通发展儿童的说话语音、复合发音、词语和短语之发展顺序的指南。然而，对于语言落后和发音不准的孩子的建议是，应该为他们寻求语言病理学家的服务。

动作模仿

动作模仿可以有与仿说行为一样的语言特性，这一点可以通过动作模仿在聋儿获得手语过程中的作用而得到证明。例如，一个孩子可能首先学习模仿要饼干的手语，然后能够不需要再一次的仿说性辅助也会要求饼干。模仿也是教导有听力但没有口语的孩子学习手语的关键（Sundberg，1980）。很多孩子没有好到足以适合于口头语言课程的仿说技能，但大量的时间却花在试图教他仿说行为而不是教他更有用的语言行为类型如提要求和命名。孩子如有较强的模仿技能，老师就可以立即使用手语来教他更高级形式的语言（如提要求、命名和对话）。手语可以让一个孩子迅速学会与他人交流，而不是使用不恰当的行为（如发脾气等）来得到他想要的东西。一个孩子模仿他人大动作之能力在他获得其他一些如自理能力、注意力、教室、日常活动、甚至仿说等等技能的过程中也可起到重要的作用。另外，模仿也有助于发展其游戏和社交行为，以及其他形式的集体活动（如美工、音乐）。

模仿评估的最主要目标是确定孩子是否能在大人的要求下模仿其他人的动作。例如，如果一个大人拍自己的手，孩子会拍手吗？孩子可能需要一个像"这样做"之类的语言辅助才能做出反应，但是在评估过程中不应该给其任何身体的辅助或特定的语言辅助，如说"拍手"。（注意，特定语言辅助的出现会使反应实际上成为部分的听者行为；如果有词语说了出来，就很难确定引发反应的相关前因）。这个部分评估的一个结果，连同仿说技能和配对评估的结果一起，可以为确定孩子是否需要辅助性沟通（AC），以及最适合特定孩子的辅助性沟通提供重要的信息。

认字（阅读）

认字行为（Skinner，1957）是能够确定一个文字说什么的实际技能，但它并不一定是对所读内容的"理解"性阅读。理解所读的内容通常涉及其他的语言和非语言技能，像对话行为（如理解）和听者辨别（如执行指令或服从）。例如，在看到"书"这个书写文字时说"书"就是认字行为。而懂得书是供人看和读的东西就不是认字行为了，它是对话行为。理解通常被认定为理解性阅读。斯金纳为这个技能部分选用了认字这个术语，是因为"阅读"这个术语在同一时间涉及很多过程。从术语上来说，认字行为包含一个语言刺激和一个语言反应之间一对一的对应关系，但这两者间没有形式上的相似性（即不像仿说，模仿和抄写那样准确的匹配）。在某种意义上，在认字行为里的那个书写单词和相应的说出单词之间有一个"符号"，为了阅读孩子必须学会这个符号。（Michael，1982b）。

很多语言落后的孩子通过教导获得阅读技能。一小部分诊断为孤独症的孩子被认为具有"高词汇"并且常常在很少教导下就掌握了全部词汇、语音阅读和拼写，至于理解则一般来说不是缺乏就是薄弱。VB-MAPP 里程碑评估包含了对认字技能和阅读理解的早期测量。其中包括对书本和听读故事表现出兴趣，辨识字母和阅读自己名字的能力，以及将一些书写文字与图片和图片与文字互相配对的能力。VB-MAPP 的其他领域（对话）评估孩子对所听到故事的对话性理解。另外，VB-MAPP 关于阅读的任务分析为认字和理解性阅读的初步能力提供了一些额外的支持活动。这部分评估的目的是测定前阅读和早期阅读的技能是否如同普通发展的3~4岁孩子那样正在形成。

听写（拼写）和抄写

听写是拼写别人口头说的那些字词（Skinner，1957）。斯金纳又把这个行为称为记录，其关键技能不仅仅包含手写字母，也包括精确地拼写口说的词语。在专业术语里，听写是一种语言类型，其中口头语言刺激控制着书写、打字或手指的拼写反应。听写像认字操作那样，在刺激和反应结果之间有着一对一的对应，但两者没有形式的相似性。例如，当被要求拼写"帽子"这个口说词语时，"帽子"是一个反应，而"帽－子"是一种听写。刺激和反应性结果间有着一对一的对应关系，但它们彼此并非同样意义上的模式或形体上的相似（或曰形式的相似性）。拼写英语单词是一项很难掌握的技能。在英语里很多单词不像它们发音那样地拼写；因此塑造一个适当的辨别技能常常是困难的，甚至很多成人也为这项技能而苦恼。

抄写和仿说、模仿是同一类技能（Michael，1982b）。抄写字母和词语是模仿的一种形式，而没有任何理解的含义。从术语上说，抄写是一种由语言刺激控制的语言反应，两者之间有着一对一的对应和形式的相似性（一种完美的匹配）。最后的书写、打字或手指拼字母和词语等能力是拼写和写作的一个关键成分。

孩子学习书写的开始过程往往是涂鸦、涂色和在书写工具和书写平面之间进行有因果关系的活动。VB-MAPP中关于视觉感知和样本匹配的任务分析部分对上面提到的这些行为有所评估。有控制的书写常常在3岁之后才出现。对有控制书写的评估出现在VB-MAPP的第三阶段（如临摹形状、在界限内写字、抄写字母和写出自己的名字）。这部分评估的目的是确定孩子是否能显示出一些早期的书写技能和确定这些技能是否与那些普通发展的3~4岁孩子相当。

听者反应

有很多不同的行为可被归为听者技能这个项目。在人们正在说话的时候要有所注意，作为讲者的一个听者，对讲者的行为要有所反应，除此以外还有一个"理解"讲者说什么的方面。这种理解可通过语言和非语言的反应来测量。如果孩子的反应是语言性的，它应被视为对话，从而在对话的部分得到评估；但如果反应是非语言性的，它就应被列为听者行为（或通常所谓的接受性语言或接受性命名）。

评估听者行为的最常用方法是确定一个讲者的语言行为是否引起孩子的一个特定的非语言反应，例如执行一个目标活动（如拍手），或遵循一个指令（如去洗手间拿一张面巾纸）或从一个物品组合中选择某一个物品(如你能找到棕色的小动物吗？）。评估的语言任务逐渐地变得更复杂，即包括动词，形容词，介词，副词，和这些语言部分中几个组成的多重组合。评估中这一部分的目的，是通过测量孩子的非语言行为与他人话语的关系来确定孩子对这些话语的理解能力。

对于功能、特性和类别的听者反应（LRFFC）

在孩子语言技能发展中的一个重要里程碑是理解他人所说的更为复杂和抽象的词汇、短语和句子。他人所说之话的一个方面是，他们常常谈论某些事物和活动而不特别提及其名称。比如说，一个人可能用一些相应词语来谈论棒球比赛，如"球棒""手套""球""垒""扬基队"和"全垒打"，但他可能从不说"棒球赛"这几个字。日常对话的很多方面是通过包括事物与活动的功能（如"你用球棒干什么？"），它们的特性（如"用木头做的长长的东西是什么？"），或它们的类别（如"你需要用什么来打棒球赛？"）来描述事物或活动。孩子听者技能的一部分包括当人们在描述和谈论某些事物和活动但没有具体提到其名时，也能做出正确的非语言性反应。

评估功能、特性和类别的技能既要求有一系列渐趋复杂的语言刺激也要求有一个渐趋复杂的视觉组合。其目的是确定什么时候问题变得太难，和/或组合变得太复杂。比如，评估开始时用简单的语言刺激像"你吃……"，同时展示给孩子一个其中包括3～4个物品的组合，其中一个是食物。此时任务是看看在仅仅给予短语"你吃……"时,孩子是否能选择食物。语言刺激逐渐地变得更为复杂，而组合也逐渐变得越来越大并开始包括在某些方面看上去很相似的物品（如同样的颜色、形状、功能）。例如，当厨房抽屉里装有凌乱的厨具时，要求孩子去"找一个你用来喝汤的东西"，这要比从一个包括有鞋子、小马和调羹的整齐组合中拿起一把调羹是一个更为困难的任务。

视觉感知能力和样本配对（VP-MTS）

很多智力测试都包含与各种视觉辨别任务有关的部分，如：部分－整体的拼图、积木的摆设、规律性、顺序和样本配对。其中有些测试是计时的，以确定孩子做出关键性的辨别和恰当的反应有多快。许多技能是直接或间接地与视觉辨别能力有关。比如，许多标准的接受性语言测试所共有的听者辨别要求孩子对各种视觉刺激进行观察和辨别。这部分评估的目的是确定孩子视觉感知能力的水平，因为这些能力与许多任务有关，其中最显著的是样本配对的任务。

独立游戏

为了理解这个评估，有必要在两种游戏类型即独立性游戏和社会性游戏之间做出区别。独立游戏指的是自发地进行具有自然强化性的行为（Vaughan & Michael，1982）。通俗地说，行为本身就是娱乐性的。对孩子来说,行为显得是快乐和愉悦的,而不需要用外来的强化物来维持该行为。也就是说，活动本身有自我维系的强化特性（即它是一个自动强化的行为）。例如，孩子可能独自坐在游戏场地内将小汽车开进玩具车库内，而无需来自大人的辅助或强化，或年龄较大的孩子可能用乐高积木搭建一个建筑。独立游戏可塑造许多重要的技能（如手眼协调、产生因果的关系、视觉辨别），而且让孩子富有成效地使用其自由时间。这样就有助于避免一些常常因无聊而寻求注意所引起的负面行为，和减少自我刺激行为。另外，适当游戏技能的发展对教导孩子专注于任务是非常重要的，并为其社会行为做了准备，因为社会行为常常包括各种共同游戏的技能。教孩子学会一整套游戏技能可使他在同伴中更有价值，并让他得到正面的关注。

社会性行为和社会性游戏

孤独症诊断的一个重要部分是其社会性发展的不足。在所谓的"社会行为"里有几个方面的成分。大部分社会行为与语言有关，如向他人提关于信息的要求，命名当下环境中存在的刺激物，对同伴的问题作出对话的回应，以及倾听同伴的谈话。举例来说，一个孩子可能会问"你在画什么？"（提一个关于信息的要求）；第二个孩子会答道："一艘宇宙飞船"（一个命名和一个对话）。第一个孩子问"你想再画一个吗？"（要求）；第二个孩子说"我没有纸了。"（一个命名，但可能也是一个要求），如此等等。社会性游戏包括与他人（大人和同伴）的互动，和通过其他个人得到社会性强化。更高级的社会性游戏行为如角色扮演，假装游戏，和棋类游戏等，同样也包含语言行为。这些方面的评估在第二阶段和第三阶段里进行。第一阶段的目标是锁定那些有助确定孩子的社会行为是否与普通发展孩子第一阶段水平相匹配的具体行为。幼儿在想得到成人注意和互动方面有着非常强的社会性倾向。他们常以各种各样的方式寻求注意。然而，如果一个孩子表现出行为暗示他厌恶身体的接触，或者一般来说他人对他没有强化性质，那么他就会表现出社会孤立性，或用负面行为来终止社会性互动。

自然的发声行为

声音游戏和咿呀学语对语言发展是极其重要的。咿呀学语会增强声带肌，使孩子有可能通过控制这些肌肉发出特定的声音，最终发展成词语。这种控制使发声行为最终变成仿说、提要求、命名和对话反应。咿呀学语和语音游戏的缺乏减少了必要的练习，但是增加声音发生的努力常常可以是非常成功的。对于没有咿呀学语的孩子应该做听觉测试，以便确定孩子的听觉系统是否有物理性的异常。

教室常规和集体能力

教室常规能帮助建立大量的重要技能，例如模仿同伴（如当其他孩子排队时排队）、遵循集体指令（如"大家排队了"）、自助技能（如使用纸巾）、减少对辅助的依赖、促进独立和自主。一旦孩子能遵循基本的教室常规并能在没有太多大人辅助的情况下从一个活动转换到另一个活动，就要把重点转移到在集体教学模式里学习具体的技能。由于在一个较少限制的环境里的大多数教学形式是集体指令，所以孩子能在集体环境中学习并取得有意义的进步是非常重要的。

虽然许多孩子显著地得益于老师与学生1∶1的教学比例，但这种教学模式的全天候使用对孩子可能不是最有利的。最明显的问题也许是，由于长期由大人仔细地控制刺激性条件和强化物发放，使大人获得了对行为的高强度的刺激性控制。但孩子在1∶1模式下获得的成功，也可能使他难以在通常的老师和学生配备比例的社交和教育中做出反应。例如，这些通常的环境和集体教学形式可能不会包含辅助，无错误教导或精心安排的强化物发放。然而在这样的安排里，孩子可以得到很多重要的社交和学习的机会，在教育程序的一定阶段中，集体教学可能是非常有价值的。

语言结构

语言发展的一个重要标志是孩子获得更复杂的单词，短语，和句子结构。有很多方法可用来测量这些能力的出现，例如发音的清晰度，词汇量，语音的平均长度（MLU），恰当的句法，对名词、动词使用各种修饰语（如形容词、介词、副词），语形变化的类型（如对复数的词缀和时态标记）等，评估的这一方面的目的，是确定孩子所说语言的性质以及这些语言和各种语言发展里程碑相匹配的程度。

算 术

有很多不同的技能组成通常所谓的算术技能。例如，早期算术技能包括测量大小、计点数量、作为听者确认特定的数字，命名数字，将物品数量与书写数字进行配对，等等。对这些早期算术能力的评估出现在VB-MAPP的第三阶段中。这个部分评估的目的是确定孩子是否能表现出一些早期算术能力以及这些能力是否与普通发展3~4岁孩子的能力相当。

总　结

在过去50年中，行为分析对孤独症或其他发展障碍孩子的治疗已经做出了很大的贡献。最显著的是用源自于应用行为分析的行为教导程序帮助建立了一个有效的教学方法（例如：Lovaas, 1977；Maurice, Green, & Mace, 1996；Wolf, Risley, & Mees, 1964）。这一章描述了斯金纳的语言行为分析是如何通过为语言评估和干预计划提供一个关于语言的行为分析之基础，从而增加了这种成果（Sundberg 和 Michael, 2001）。这一章也论述了VB-MAPP的五个部分，简短概述了斯金纳的语言分析（有关具体内容，请参看Sundberg, 2007），和描述了VB-MAPP里程碑评估的各个领域。下一章将包括关于VB-MAPP里程碑评估之操作的一般说明及其所附之书VB-MAPP《概况》里与任务分解和支持性能力之计划有关的基本内容。

第二章

实施里程碑评估和任务分析及支持性能力的基本指南

VB-MAPP 里程碑评估的目的是要确认孤独症及其他智力障碍儿童现有的语言及相关的技能（它对于那些语言能力非常有限的青少年和成人也有其价值）。这个评估的结果，连同 VB-MAPP 障碍评估和转衔评估的结果一起，将为一个干预方案的短期和长期目标以及干预重点提供建议。这一章包括实施 VB-MAPP 里程碑评估和使用任务分析和支持性能力的基本指南。

学习和语言的里程碑

里程碑标志着通往更高目标道路上的重要之点。对于语言落后的孩子来说，共同的目标是要达到与他同龄的普通发展同伴相应的语言能力水平。通过确认里程碑，干预方案的重点可能更明确，方向更清楚。个别化教育计划的目标要能够与这些里程碑相对应，从而有助于避免过于强调小技能或从发展上说并不适合的步骤。尽管对每一个语言操作元素和相关技能的完整任务分析是重要的和有价值的，但对于评估进步和设定目标来说，里程碑更有意义和更易于操作，并且提供了更好的整体性课程指导。

在 VB-MAPP 里程碑评估里所提出的里程碑，是通过各种来源广泛的超过 50 个发展量表加以平衡从而选择和排序。然后，依据斯金纳的语言行为分析对这些里程碑做重新分类（现有的发展图表中没有一个包括关于提要求或对话语言的序列，但却有着很多关于这些技能的例子）。很多儿童发展书籍也被用作参考和指南，其中包括 Bijou 和 Bear（1961，1965，1967），Brazelton 和 Sparrow（2006），Novak（1996），和 Schlinger（1995）等著述。另外，作者本人在过去 35 年中在大学教导儿童发展课程、指导儿童发展实验室、进行语言研究、和对各种各样的儿童进行语言评估的经验也提供了指导。这些里程碑还时常依据现场试验的数据和来自行为分析师、语言病理学家、心理学家、职业治疗师、特殊教育老师和语言发展落后儿童家长的反馈而进行调整。

实施评估

这个评估工具包含了 16 个各自独立的对语言和与语言相关之能力的评估。大多数领域与斯金纳关于语言操作元素的分类（如仿说、提要求、命名、对话）相一致。标准的语言测试，如说话的平均长度（MLU）、词汇量和对各种句法和语法规则的运用（附加词）以及各种听者技能和视觉感知技能也得到评估。另外，还有关于发声、游戏和社会能力的测量。对 16 个领域的技能是根据发展的序列在三个发展阶段里分别展开的。第一阶段包含 9 个测量，其设计与普通发展的 0~18 个月大的儿童所表现出的学习和语言能力近似一致。第二阶段包含 12 个测量，其设计与普通发展的 18~30 个月大的儿童所表现出的学习和语言能力近似一致。第三阶段包含 13 个测量，其设计与普通发展的 30~48 个月大的儿童所表现出的学习和语言能力大致相似。有些测试在三个阶段都有呈现，如提要求、命名和听者技能，而另一些测试只在相关的阶段中才出现，如第一阶段中的语音，第二和第三阶段中的对话和根据功能、特性、类别的听者反应（LRFFC），以及第三阶段中的阅读、书写和算术等。

在每个阶段每个领域的得分近似平衡。也就是说，在第一阶段中提要求方面得的 5 分，从发展上说与第一阶段中在命名、仿说和听者反应等方面所得的 5 分属于相同的水平。例如，一名普通发展的 18 个月大的儿童可能会提出大约 10 个不同的要求，能够命名 10 个左右的非语言刺激物，和作为听者能够理解大约 20 个词汇。这个模式贯穿整个 VB-MAPP，唯一的例外是非常早期的发育阶段（0～6 个月），此时的游戏、社交和视觉感知技能的发展显著领先于仿说、模仿和命名技能的发展。因此，这些早期的测量可能看起来有一点不平衡。将这些测量与普通发展相匹配的努力应该视为接近性的，因为所有儿童发展的速度不同，在语言发展，尤其是对话、社交、和认知能力方面的发展有着显著的差异性。

一旦孩子达到一个特定的里程碑，重要的是不能因此假定关于这个能力的训练就结束了。而应看到这个能力应向更高级的水平发展。例如，假设一个孩子能达到命名里程碑中 2～7 的程度（"命名 10 个动作"），他仍需要学习更多关于动作的命名，将这些命名泛化并且用到自然环境的活动中去，学习与名词接合来命名动作，与同伴互动时命名动作，作为要求、对话来使用这些词，最后能够阅读这些词并按所读之词而行动。VB-MAPP 的安置和个别化教育计划的目标（第八、九、十章）将进一步描述各个里程碑并根据每一个里程碑的实现而提供一般性的课程指导。

被试个人的年龄和诊断

VB-MAPP 可以用于任何一个语言落后的个人，而不管其年龄和具体的诊断。虽然这个项目的重点很明显是针对幼儿和患有孤独症及其他发展障碍的儿童，但对此可稍作调节就可用于青少年和成人，以及用于其他类型的如表达性和接受性语言障碍的语言滞后，或那些由脑外伤引起的语言障碍（Sundberg，San Jun，Dawdy，& Arguelles，1990）。所使用的例子、材料和特定的测试项目应可调整以符合适当的年龄（例如，许多游戏里程碑可舍弃不用），但是这并不改变语言获得的一般进展，也不改变或对所有语言操作元素和相关能力领域进行评估的必要性。

谁能执行 VB-MAPP 的评估？

语言评估并非容易之事。尽管 VB-MAPP 按其设计已经是尽可能地便于操作，但如一位成人要执行这一评估仍然需要有几个方面的必要技能。以下为一位评估者应该具备的五种技能：①至关重要的一个方面是评估者必须对斯金纳（1957）的语言行为分析有基本的理解。例如，为了评估孩子的提要求能力，评估者必须理解什么是提要求以及提要求与动机操作（MOs）是如何联系的；②关于行为分析的基本知识，例如，能够对各种辅助的细微之处有所意识并能确认一个反应是否为不经意的辅助所控制，这对于确定一个孩子真实掌握的能力是什么极为重要；③评估者对基本的语言学结构的熟悉也很重要；④评估者要熟悉普通发展儿童的语言发展进程；⑤评估者对孤独症和其他发展性残障要有非常好的理解。最后，评估者必须阅读学习这本指南，并且实践操作这一评估工具，这与其他任何语言评估工具的要求一致。有事实表明，一种包含诸如示范、上手操练、和反馈的"行为技能培训程序"有助于提升个人在执行 VB-MAPP 评估中的准确性（Barnes, Melor, &Rehfeldt, 2014）。一个人在上述方面技能越好，她或他从评估中的所得就越多。

为了利用各位专业人员的专业知识，在评估各个独立技能时可有多人参与（如语言结构和仿说最好可由语言病理学家来评估）。另外在评估过程中，有些孩子如有父母或照料者陪同或协助可能会感觉更放松。如果那些了解孩子的人也能在场并提供相关的信息（只要信息是准确的），评估的完成也可能会快一些。对泛化的评估也需要其他人的参与。

确认"操作水平"

评估的目的是确定儿童在语言和相关能力方面的某些特定能力（如对动词的命名、提出关于信息的要求、与同伴的社交互动）是有还是缺乏。一种能力的基线水平（孩子现在所知道的）在行为学术语中被称为"操作水平"，而这个评估在于试图确定每一个孩子各个方面能力的操作水平。VB-MAPP 里程碑评估里的很多项目可能远低于一个特定孩子的操作水平（如对一个能够命名 100 个物品的孩子来说，第一阶段命名的要求就是如此），如果评估者熟悉这个孩子，并且有其学习历史的数据，或有可靠的信息来源（如来自父母、家庭治疗师、老师），这些项目可能不需要正式的测试就能完成。因此在下面三章中包括的具体计分说明中，如果一项任务很明显地低于孩子的操作水平，测试者应可快速地对此计分并转移到下一个任务去。当评估之任务接近孩子在某个能力方面的操作水平时（例如命名相关的形容词），就有必要用更加正式的测试来确定孩子在此能力方面的操作水平。如果孩子在连续三个里程碑中没能得分，那么停止评估是完全合理的（一个上限）。然而，有些孩子可能表现出不均衡的技能，即可以完成发展序列外的某个技能（如阅读、算术），对其具有的这些技能应给予分数。

测量方法

评估过程中在多大程度上经验性地测量每一个里程碑，要取决于对一个特定孩子进行评估的目的。如果 VB-MAPP 是用于正式的研究或结果性研究，那么评估应该以更严格的方式执行，包括仔细记录和测量每一个技能并通过第二个人做信度测量。然而，这个工具更常运用于临床或教育的目的，而其目标在于尽可能迅速和有效地建立一个适合于被试孩子水平的干预计划。针对这种使用类型，关于某个特定孩子的信息可以用各种方法收集，包括与父母和熟悉孩子的其他人访谈。如果这些人可以提供关于某些技能的可靠信息（如独立游戏），这将加速评估过程。然而，有些技能的评估需要受过训练的专业人员的仔细观察（如不需辅助就能提要求、对话技能、语言结构）。对于 VB-MAPP 障碍评估来说尤其是如此。每个情况都不一样，那些与孩子工作之人必须选用最好的方式来确定孩子技能的水平和干预程序的优先顺序。

对于很多能力的评估，可以简单地观察它们是否能在自然环境中出现。例如，评估者通过对孩子在一个游戏环境中的观察就可以对其许多游戏和社会技能进行评估。孩子是否与他人互动？是否对其他人提要求或模仿他的同伴？某些技能需要在一个特定的时间范围内来评估，例如坐下参加小组活动的时间长度。另外一些技能则最好通过特定的测试来评估，其中包括能够命名"长"和"短"或"大"和"小"。有些技能既可以通过观察，也可以提供测试来评估，例如，对所缺之物提出要求。在 VB-MAPP 里程碑的计分表上针对每一个里程碑以及在任务分析里和技能追踪计分表针对所有的技能，都明确规定特定的测量方法。关于四种测量方法的更为详细的信息概述如下。

正式的测试（T）：一个正式测试包括给孩子具体提出一个任务和记录他的反应。例如关于命名之里程碑第 1 阶段第 5 里程碑中要求孩子能"命名任何 10 件物品"。正式测试将包含为孩子逐一提供各项物品的同时用语言辅助"这是什么？"然后记录孩子的反应是正确的还是错误的。其目标是直接测定孩子是否能表现出目标能力。

观察（O）：观察包括看看某个技能在各种环境情况下的发生，而评估者并不正式提供任何的刺激（这种测量没有时间限制）。例如，关于命名里程碑的第 1 阶段第 4 里程碑要求孩子能"自发地命名（没有语言辅助）2 个不同的物品"。一个相应观察不过是在数据表上记下一个自发命名的发生。这里的目标是确定是否在没有语言辅助下有任何命名发生。

正式测试或观察两者选一（E）：评估者可以通过对孩子进行正式的测试或直接的观察来获得相关的数据。例如，关于提要求的第 6 里程碑要求孩子能"在没有辅助的情况下（除了"你要什么？"）要求 20 个不同的缺乏之物"。在自然环境中对提要求的观察可以为计分提供必要的信息（例如孩子在玩洋娃娃的时候说"奶瓶在哪里？"），或者评估者可以直接测试这项技能，其方法是给孩子他所想得到之物的一部分（如洋娃娃），但却不给他另外一个部分（如奶瓶）。

计时观察（TO）：目标反应必须在一个有限的时段中出现。例如：关于社会行为和社会游戏的第 1 阶段第 5 里程碑，要求孩子能够"在 30 分钟内，自发跟随同伴或模仿他们的大动作达 2 次"。为了在这个测量项目中得分，孩子需要在规定时间内表现出这些行为，而不需要成人的辅助。然而，这个时段可以分解为各自分开的观察时段，比如在两个 15 分钟的休息时间中进行观察。

强化和计分

对孩子的正确反应应该使用因人而异的适当强化程序给予强化。在许多情况下相近的行为可以得分，但也要注意在计分表中注释／记录部分加以记录。如：在测试命名技能时，当评估者给孩子一本书时，孩子一致地说"sh……"（"书"的不完整说法）。这个命名在功能上是正确的，但在形式上是不足的。这个反应应该算作知道命名书。但如果孩子把很多东西都称为"sh……"，那么这个反应在功能上是不正确的。很明显超过孩子技能水平的任务就不需要测试了，例如一个孩子只能命名少许名词，在此阶段对他就不必测试命名代词了。

测试环境和实施时间

正式的测试和观察可以在教室里、家里或社区内执行，对完成整个评估没有时间限制（除了计时观察）。总的实施时间取决于孩子的一般水平、他的合作性、和已准备的材料等等。但如用里程碑而不是整个任务分析的话会显著地加快评估过程。某些孩子可能在一个环境比在另一个环境里（如家庭而非学校）更为适应。幼儿可能在地板上会做得更好，而年长的已经在学校的孩子可能在桌面上会做得更好。然而，某些环境可能会更有助于确定孩子的技能水平。例如，一间游戏室对于测试样本配对来说可能会更容易让孩子分心，但对测试独立游戏和社会游戏来说却再好不过了。

测试顺序

对能力的测试应该按所提供的各种能力领域的顺序进行，但测试者可以先测试一些仿说，然后测试一个提要求，再进行一些关于命名的测试等。虽然从本质上说先后顺序并不重要。但一些较高编号的任务显然是建立在较早阶段成功的基础之上的（如命名的数量）。目的是确定孩子是否能表现出目标技能，而交叉形式可能更有利维持孩子的注意。另外，有些技能涉及到同样的材料，可以一起评估，其例子包括命名，听者辨别，和样本配对等。对实施评估的一些额外建议则列于表 2-1 中。

辨别障碍

对潜在障碍的评估与关于里程碑的评估应该同步进行（见第六章）。有些问题可能是非常明显，家长和其他了解孩子的人对此都有报告（如行为问题、自我刺激、多动）。然而，有些更微妙的问题（如不正确地提要求、对辅助的依赖、猜想式回答、不能泛化等）可能需要训练有素的专业人员来辨识这些具体问题。VB-MAPP 这个部分的评估仅在于迅速确定障碍是否存在以及它是否需要得到进一步的分析。

测试材料

里程碑的使用大大减少了进行评估所必须的材料的数量。很多必要的物品可能已经在教室里或家里了，某些评估可以在自然环境里进行，如游戏室、操场、院子、公园等。现将每一个阶段建议使用的材料清单列于表 2-2 中。另外一些关于材料的建议见 170 个里程碑的每一个里程碑的具体说明（见第三、四、五章）。

表 2-1　给测试者的小窍门

- 在评估开始之前，让孩子家人完成一份强化物调查表。利用来自调查的信息使你熟悉孩子的兴趣，例如他所喜欢的和熟悉的活动、歌曲、电影、点心、家庭宠物，和家庭成员等。这些信息对识别潜在的物品以用于对提要求、命名、听者辨别（LD）的评估也很有用。
- 与孩子建立亲密的关系。要多给孩子一些时间，并且将你自己与有趣的活动和奖励物的发放联系在一起，这样，孩子才会轻松地与你一起。另外在开始时，也要把你的要求保持在最低的限度，然后谨慎地往前推进。
- 控制测试的物品和强化物。
- 强化正确的反应。使用适合一个孩子的强化时间表。
- 强化所期望的行为。对于孩子的集中注意、安静坐好、眼神交流和微笑要给予间歇性的强化和自然但又显著的社会性强化，使用描述性的赞扬语如："看得真棒""你太酷了"。
- 使用孩子偏爱的和孩子可能感兴趣的新物品。必要时可以使用具有自我刺激性的物品。
- 当你表扬孩子时要微笑。给孩子一个看你的理由。
- 为测试选择使用强有效的常见于孩子年龄组的强化性活动和物品。尽管孩子的能力可能与他的生理年龄不相称，但大多数孩子无论其功能发展水平如何都学会某些适龄的技能。例如，如果你测试一个14岁的已经表现出早期对话技能的孩子，你最好别用"一闪一闪的小……"这首歌作为对话性的填空，而应选择一首人所熟悉的流行歌曲，或孩子喜爱的电视节目的主题曲。
- 在测试早期要求能力时要遵循孩子的动机（MOs）。例如，如果一个孩子想玩秋千，那就走近秋千从而确定他是否会要求"秋千"或"推"。这可能需要一些设计，如抓住秋千或不立即推他，你不必说"你想要干什么？"而是使用时间延迟法，看看这种情况是否可以激发孩子提要求"秋千"或"推"。
- 使用的材料要么是中性的，要么是针对孩子性别特点的。在测试和教导提要求、游戏及社会技能时，最好的结果可能来自于运用适合特定性别的活动。一个小女孩可能通过涂指甲油或像妈妈一样化妆打扮而得到强化。一个小男孩可能更喜欢混战的游戏。使用孩子感兴趣的活动通常能引发在其他条件下未被发现的提要求、命名、对话、听者反应、动作模仿、游戏和社会技能。
- 使用恰当的热情水平。为了得到孩子自发的和正确的反应，使用比较热情的声调，但又不要过于夸张。
- 允许短时间的休息。你可以测试每个技能的几个部分从而将整个评估分成几个阶段，其间给予短暂休息。这尤其适用于在桌面上进行的如样本配对之类的测试。评估可以慢慢地进行。目的是要得知孩子能做什么；没有时间方面的限制。
- 在给予短暂休息时，不要让孩子玩你准备的最有效的强化物。当你准备重新开始时，要给孩子一个恢复测试的理由。
- 对自发性的发声和手势要给予认可和有所反应。对孩子的幽默报以笑声、微笑、点头、并鼓励孩子继续做出反应。
- 保持全部过程的趣味性，通过快乐和迷人的方法将强化物传递给孩子，从而使你自己与强化物联系起来。例如，让强化物像飞机一样飞到孩子面前，将强化物放在玩具汽车里开过桌子，或像魔术师一样假装将强化物从孩子的耳朵里拿出来。
- 交替呈现孩子已知的任务和更具挑战的任务。
- 偶然提供无条件的（无须努力的）强化物。
- 在进行评估时避免过度的暗示或辅助。这会掩盖孩子真实的操作水平。
- 如果必要的话，给孩子3～5秒做出反应。
- 如果必要的话，重复问题或布置任务2次或3次。
- 使用最少到最多的辅助程序评估孩子的能力水平。这可以帮助确定什么是孩子能独立做的或仅需最少辅助而做的事。
- 始终以正确的反应和正面的评语来终止测试或课程。

表 2-2　材料清单

所有阶段
- 用于计时的秒表、计时器，或有计时秒针的手表
- 用于记录和计数行为反应的铅笔和数据表
- 适合于孩子的强化物（如泡泡、小点心、饮料、发条玩具、玩具弹簧、弹出式玩具、各种游戏、iPad）

第一阶段
- 家庭成员，人物，宠物，和孩子较熟悉的日常用品的图片
- 普通物品：与孩子每天在生活中会接触到的物品（如牙刷、杯子、勺子、球、填充动物玩具）
- 嵌入拼图：两三件适合1~3岁的孩子
- 积木：4个标准尺寸的积木，任何颜色
- 图画书：与发展年龄相符的3本书
- 插杆及相应底板
- 适合1~3岁孩子的嵌塞盒

第二阶段
- 能鼓励孩子对缺少部分提要求的物品（如一盒果汁而没有吸管、有轨道但没有火车、土豆先生的头但没有身体部分、有泡泡水却没有泡泡棒、没有吹气的气球）
- 用于命名的图画书，图画卡片或生活小照（日常生活中看得见的物品、活动、动作），样本配对（相似的物品，如在一个有一幢房屋一个铃铛和一匹马的组合中有三张关于花的图片），关于功能、特性、类别的听者反应（能发出特定声音的动物，如牛、鸭子、狗、猫、猪）有相似功能或同一类别的物品之图片（如衣服、餐具、盘子、家具、食物、车辆、乐器、玩具、学校用品），和有同样颜色和形状之物品的图片（如红苹果、红色汽车、红色仓库和圆形的球、圆形的气球、圆形的桔子）
- 完全相同的物品：用于样本配对的25组物品（如勺子、玩具汽车、鞋子、孩子喜欢的卡通人物的图片）
- 相似颜色物品组合：用于对相似颜色分类的三件物品（如红色玩具汽车、红色帽子、红色玩具消防车、黄色香蕉、黄色气球、黄色玩具卡车）
- 用于分类的形状相似，但颜色不同的物品组合（如红色正方形、蓝色正方形、红色圆形、蓝色圆形）
- 相似但不同的物品组合（如篮球和足球）
- 一系列用于在一个组合中进行样本配对的相似物品：25个（如在一个组合中有3~4个勺子、同时有一把黄油刀和一把叉子）
- 儿童剪刀、固体胶、蜡笔和纸张
- 能发出环境中声音的物品（或录音）（如电话铃声、摇铃、婴儿的哭声、狗叫声、汽车喇叭）
- 嵌入拼图：适合1~3岁孩子的4~5件拼图
- 套环
- 用于独立游戏的玩具（如得宝积木、火车、玩具屋和娃娃）
- 用于假扮和社会性游戏的小道具（如茶具组、模拟食物、娃娃、消防员帽子、公主面纱、纸板盒）

第三阶段

- 各种颜色和形状的卡片：用于命名和样本配对的各五件卡片
- 类似于第二阶段所需要的那些图画书，图卡和/或照片
- 适合 2 ~ 5 岁年龄的嵌入式拼图
- 积木造型卡片：25 个造型选项
- 用于排序的彩色积木
- 字母卡片
- 1 ~ 5 的数字卡片
- 关于顺序和短故事的系列卡片
- 大小排列卡
- 代表相对性形容词和度量的物品（如：轻和重、干净和脏的、热和冷、湿和干、大和小、长和短）
- 用于评估计数和较多较少的十件小物品（如：豆子、巧克力豆）
- 初学者的图片识字卡（三四个字母，如"狗"和"猫"）
- 横格纸和铅笔
- 美工用品（如蜡笔、图画用纸、涂色书、横线纸、剪刀、胶水、串珠、用于分类的物品）
- 社区职业人员的图片或书籍（如警察、护士、医生、消防员、教师、邮递员、建筑工人、汽车司机、救护车司机）
- 独立游戏的玩具（如拼图、得宝积木、拆装玩具、火车和轨道、娃娃家、娃娃和家具、美工用品）
- 儿童的服装或一个供打扮的娃娃，附带有拉链、钦纽、钮扣、皮带扣、领带、魔术贴
- 三本与发展水平相当的活动书籍（如点连线、迷宫、图片搜寻）

VB-MAPP 里程碑评估表的计分方法

该表格的空间可以用于四次分别实施的 VB-MAPP 里程碑的评估（图表 2-1），但如有需要可以另外再加实施评估的次数。一般来说，VB-MAPP 可每年或每学年实施一次，主要记分表应用于建立涵盖学生所有领域和水平的概况。在主要记分表里各种领域的顺序并不反映技能之掌握的顺序，而是取决于在所有三个阶段中将相似技能排列一起的试图。例如，提要求出现在所有三个阶段中的第 1 列。而在第一和第二个阶段中的第 7 列出现了模仿，在第三个阶段中的第 7 列出现了阅读，这是因为对于已经掌握早期技能的孩子来说，模仿不再是一个关键的评估目标。尽管模仿仍然很重要，但在第三阶段中这些技能应作为日常生活或其他功能性活动的一部分而融入到自然环境中去（如：模仿玩耍、游戏、运动、自我服务、学习活动和其他形式的社会行为）。阅读、书写和算术出现在第三阶段，而不是在第一阶段和第二阶段，因为在那些早期阶段中它们不是关键的评估技能。

只有在大人要求能够一以贯之地的引发出行为或大人确切地观察到该行为时，才可以将此能力作为正确来记分，这一点是非常重要的。或者，如果目标是行为的自发性，那就要求只存在相关的变量（如一个动机操作），而没有无意识的辅助。这些辅助部分地涉及行为心理学中所谓的刺激控制，而在语言评估和语言训练中，很多重要的决定都建立在刺激控制存在或缺乏的基础之上。例如，一个假定为"自发性的要求"却可能受控于区别性刺激如眼神的辅助，而不是受控于动因因素如想用一支马克笔来画画。对于评估人员来说，宁可是过于保守而不是相反。假设孩子有某个技能但事实上孩子却没有该技能，或者这种技能依赖辅助，属于死记硬背，或在某种方面是有缺陷的，这样的

图表 2-1　一份已填写的里程碑计分总表样本

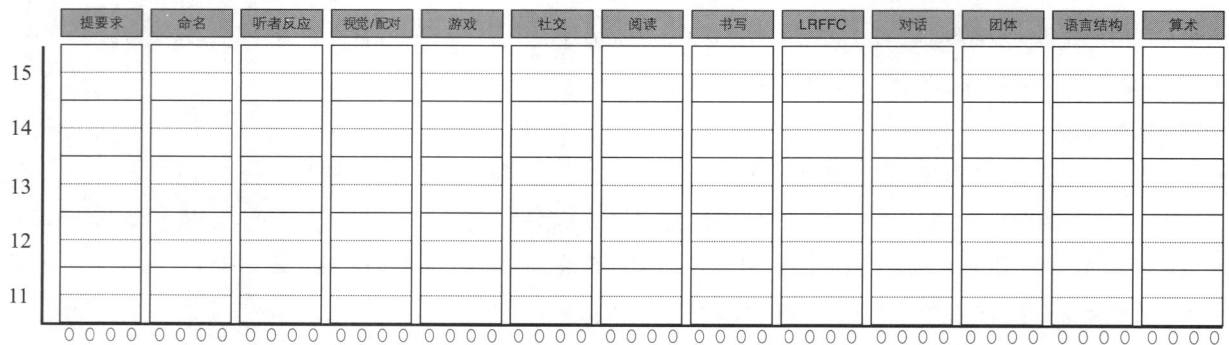

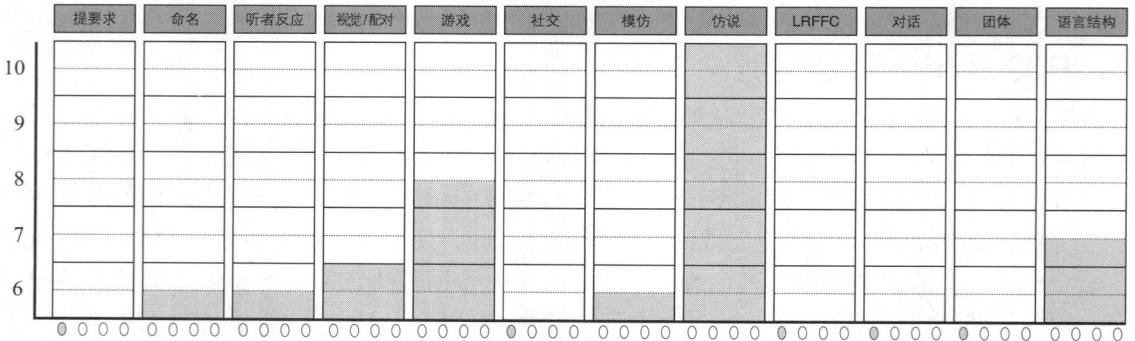

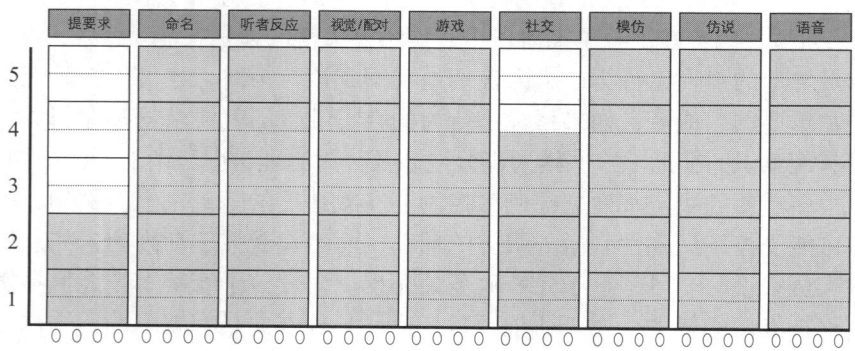

假设将会影响以该目标技能为基础的其他各种技能的发展。

每一个独立项目都有四个方格（见图表2-2）。每一个方格用于每一次评估的实施（如将评估的基线分数记在第一个方格中）。对每个技能的计分有三个选项：0分，½分，或1分。对每一行为要根据在每一个特定里程碑计分说明部分里所确认的标准来给分（见第三、第四、第五章）。如果孩子得了0分，将一个0放在个别项目的计分表里。假如这个项目不是测试项目（如对于一个早期学习者来说阅读并非测试项目），那就将一个0放在方格里。在将数据转移到评估其他部分的过程中有两个步骤。首先，将一个技能领域的所有得分相加从而得到总分，就像表中的命名总分为"4½"（图表2-2），再将这个分数放在这一技能领域上方的标示着"总分"的相应方格里。然后，合计某个技能领域在每个阶段的所有得分，并将所得到的总分移到里程碑计分总表上的相应计分部分中。

下一个任务是用不同颜色代表每一次实施的VB-MAPP里程碑的评估，从而完成里程碑计分总表（见图表2-1）。从每一个单独项目得来的数据应该转移到里程碑表格，其方法是用为每次实施评估制定的特别颜色在相应的方格填色（如：对于第一次评估的所有方格可用黄颜色来填充）。如果得分是1，填满整个方格。如果得分是½，则从低端开始填充半个方格，留出上面一半方格为空白。如果得分是0，则留出整个方格为空白。注意某些早期的技能可能会得到0分或½分，而后面的技能可能会得到1分（即散布的技能）。因此，对每一个方格的记分是单独地来完成的，也就是说这不是一个累加的分数。每一个部分下面有一个圆圈来代表每一次的测试，可以用这个圆圈来表明该技能已经得到测试，但是孩子在这个部分没有得到任何分数。

图表 2-2　一份已完成的第一阶段命名的评估表样本

命名　　　　　　　　　　　　　　　　　　　　　　　　　　　总分：| 评估 第1次 第2次 第3次 第4次 |
| 4½ | | | |

孩子能够命名人物、物品、身体部位、或图片吗？

评估 第1次 第2次 第3次 第4次	
1	1. 能在仿说或模仿辅助下命名两个强化物（如人物、宠物、角色或喜欢之物）（T）
1	2. 能命名任何4个物品而不需要仿说或模仿的辅助（如人物、宠物、角色、或其他物品）（T）
1	3. 能命名6个非强化物（如鞋子、帽子、勺子、车、杯子、床）（T）
1	4. 能自发地命名（没有语言辅助）2个不同的物品（O）
½	5. 能命名10个物品（如常见物品、人物、身体部分、或图片）（T）

评论/记录

VB-MAPP 的任务分析和支持性能力

　　VB-MAPP 概况里有 35 页是关于里程碑评估的 16 个领域中的 14 个领域的任务分析和支持性能力（对仿说能力和自发性语音行为没有提供任务分析和支持性能力）。任务分析能力可理解为与目标里程碑直接相连并为达到该里程碑之早期步骤的那些能力。而支持性能力对里程碑补充的是一些重要的与里程碑共同发展的语言、学习和社会能力。这些支持性能力并不是一个特定里程碑的必要前提，也不一定要按照它们所呈现的顺序来加以培养（任务分析的能力作如此要求）。然而，《概况》该部分中所包含的支持性能力是干预程序的一个重要部分。

　　《概况》中各里程碑的框架中综合了任务分析和支持性能力。例如，提要求里程碑的 5-M 要求孩子"在无辅助下（除了"你想要什么？"）提出几种不同的要求，所要的物品可在眼前（如苹果、秋千、车、果汁）"。VB-MAPP 概况这部分中的任务分析和支持性能力包含了五个另外的能力（5-a 到 5-e）。与里程碑相关"早期步骤"之任务分析的一个例子是 5-b，这一任务的要求是"没有语言辅助而能够提出 3 个不同的要求——可能有一个目标物的辅助。"另外，与该里程碑并非直接相连的支持性能力的一个例子是 5-e，这一任务的要求是"即使没有强化物，也能连续提出 2 次要求（坚持）。"这些支持性能力非常重要，必须加以发展。它们对于一个具体的 IEP 目标来说是既可有也可无的，但当一个孩子发展到一定程度时却有必要将其纳入到他的干预程序中去。

　　在 VB-MAPP 的这一部分中确认的能力约有 750。如上所述，这些能力非常重要，但是在评估中对它们之运用的方法与对里程碑所运用的方法却有所不同。一个评估应该是各种能力的样本。里程碑评估的设计着眼于孩子学习语言早期阶段中的那些与普通发展儿童相对应的重要语言、学习和社会能力，而同时又不被这些能力的具体细节所困扰。如果人们认同使用 the Assessment of Basic Learning and Language Skills 中的全面任务分析对评估的价值（Partington&Sundberg, 1998），那么他们就会发现 VB-MAPP 这一部分中关于任务分析和支持性能力的内容很熟悉，当然这些能力在本书中得到了显著地扩展，其顺序得以重新调整，以与普通发展儿童学习语言和社会能力的经历有着发展意义上的吻合（见 Sundberg&Sundberg, 2011）。

　　任务分析与支持性能力与里程碑评估一样也出现于三个相同的发展阶段，并且也用特定的颜色标示以与特定的评估相匹配。这两种能力根据每个里程碑而制定，每个里程碑以黑体字出现于阴影背景中，其阴影的背景颜色与特定阶段的颜色标志相匹配。各个任务与里程碑及其阶段相一致，并通过里程碑号码和适合于该任务的一个字母加以标示。例如，提要求阶段"1-a"的标准是"建立目光接触（注视转移），以此要求关注或其他的强化物达 2 次"。这个阶段最后的里程碑（提要求 1）以黑体字 1-M 来标示，而这与贯穿在 VB-MAPP 不同部分的关于第一阶段提要求的里程碑 1 是一样的。

　　对任务分析和支持性能力的测试系统与上面已有描述的对里程碑的评估测试是一样的。评估一个特定技能的四种方法是：① 正式的测试（T）；② 观察（O）；③ 测试和观察两者选一（E）；和 ④ 计时观察（TO）。这个表格右边的纵列可用于标志已"掌握"的任务要求，其中可以用打勾或在此写入完成的日期。很多技能需要进一步的分解，教导这些技能将需要数据表以更有效地跟踪发展和评估表现。一旦达到了一个任务的要求，即可在与该任务（如 1-a）相对应的技能追踪表的方格中注明。有些人可能喜欢在重复评估里程碑时（如为了个别化教育计划）来填写这些方格，而不是在孩子掌握每个技能后就填写这些方格。

　　清单中的有些技能多次出现在任务分析和支持性技能的各个部分之中，在不同的技能及其阶段中，这些任务可能显得互相近似甚至等同。这样做法是为了帮助辨认有些特定技能在一个环境中可能较强，而在另一个领域可能较弱。例如，在提要求阶段 1-a 中的任务是"建立目光接触（视觉转移），以此要求关注或其他的强化物达 2 次"，而在社会技能 1-c 中的任务即"朝向熟悉的人或与其有目光接触达5次"可能看起来像是同样的目标，但这两者是不同的，因为所考察的是在两个不同控制源下的同一行为。

当一个孩子因为有强烈的要求关注的动机而提要求的时候，孩子更有可能建立目光接触以使他的需要得到满足；然而当对关注的动机较低的时候，他对别人可能兴趣甚少并且没有目光接触，可是在这种情况下仍有必要确认他是否看人。这些微小的差别是非常重要的，因为它能提供关于目标能力如何在发展的信息，也因为如果该能力有各种成分则普通发展孩子所应有之。同样的"目光接触"技能，在后面一个阶段中也有评估即在交谈时是否与同伴有目光接触，而在VB-MAPP的其他一些部分中也有出现（包括在障碍评估中）。

总　结

语言和社会能力评估仅仅是孩子现有能力的一个样本。在斯金纳（1957）关于语言的框架下，普通的语言和社会能力里程碑可以为实施评估提供一个方便和全面的工具。另外，通过确认里程碑，干预程序的重点可以变得更清楚，方向更明确，从而使拟定个别化教育计划的目标变得更加容易。本章为实施VB-MAPP里程碑评估、任务分析和支持性能力提供了一系列概括性的说明，同时也提出了一份建议性的材料清单和一份"评估者技巧"的清单。下面的三章将描述170个里程碑中的每一个里程碑的具体的计分说明和计分标准。第三章从第一阶段开始。

第三章

里程碑计分说明：第一阶段

这章包含实施 VB-MAPP 里程碑评估第一阶段的具体说明。这些说明包含每一个里程碑的目标、建议使用的材料、各种例子、以及评分标准。对于执行评估的人员来说，任务在于确认每一个能力的"操作水平"（也就是说，目前的表现程度或者"基线"水平），以便来确认干预程序从何开始。如果一个测试项目明显低于一个孩子的能力水平（这就意味着这个项目过于简单），可以让孩子在这个里程碑得 1 分，然后进入到下一个里程碑。如果这个孩子接近了一个技能领域的操作水平，那就有必要对他进行更为仔细和深入的测试。如果这个孩子在连续三个里程碑中未能有任何得分，那就有理由停止对他的测试（然而，有些孩子也许会在诸如阅读和算术等方面表现出零散的技能，那就应该对他所知道的方面给予分数）。

第一阶段的提要求包括三个种类的行为形式：语言、手吾、和 PECS 等图片沟通（Frost& Bondy, 2002）。在提要求的早期阶段，这三种不同的行为形式可以用一种非常相近的方式来发挥功能。然而，随着语言变得越来越复杂，特别是涉及命名和对话的时候，挑选图片就变得不很方便而有必要得到特殊的考虑，在第一阶段的安置和 IEP 目标中将对此进行描述（第八章）。为了帮助阅读下述内容，除了关于提要求的第一节以外，其他各项里程碑和各种例子中仅仅使用口语行为。然而，在所有个案中手语都隐含于其中，在有些个案中，图片系统可以得到同样的使用（如：提要求，样本配对，听者辨别，对功能、特性、类别的听者反应）。

评估者有必要熟悉在第一章（和 Sundberg 2007 年论文）中所讨论的斯金纳关于语言行为分析的基本要素，以及在第二章中所阐述的一般说明。再强调一遍，评估一种具体技能的四种方法是：① 正式测试（T）；② 观察（O）；③ 观察或测试（E）；和 ④ 限时观察（TO）。有关各种测量方法的细节可参考第二章。

提要求 — 第一阶段

提要求 1-M	发出 2 个话语、手语、或图片，可能需要仿说、模仿，或其他辅助，但不需要肢体辅助（如饼干、书）（E）

目标： 为了测定一个孩子是否能在仿说辅助下提出要求。对于一个使用手语的孩子或一个使用图片的孩子，那个孩子可否在模仿辅助或指向辅助下提出要求？如果早期的提要求是薄弱的，有限的，或通常需要肢体辅助，就有必要对孩子的确切水平进行更细致的评估。

材料： 收集和计划对于孩子有强化作用的各种物品或活动。

例子： 当一个孩子想要一块饼干时他说"饼干"，但他需要一个仿说辅助以作出反应。一个使用手语的孩子,当他想要和看到一块饼干时他做出"饼干"的手语,但是他需要一个模仿辅助,也许可能需要听到这个词以作反应。对于一个使用图片的孩子,当他想要和看到一块饼干时能够选取一个饼干的图片,但是他需要一个指向辅助以作出反应。关于要求动作的一个例子可以是要求别人推他荡秋千。

得 1 分: 如果孩子在大人提供仿说辅助时如当饼干在眼前时大人提示"饼干"后,能对所想要的物品或活动给于回应共达 2 个,给孩子 1 分。对于一个使用手语的孩子,如果当大人提供一个模仿辅助或说出词语(对话辅助)时他给予回应,给他 1 分。对于一个使用图片系统的孩子,大人可能指向目标图片,并语言辅助孩子把它拿起来。如果孩子需要肢体辅助以完成手语或选取一个图片或图画,便不要给孩子任何分数。

得 ½ 分: 如果孩子只能提出一个要求,给他 ½ 分。

提要求 2-M	在无辅助下(除了"你想要什么?")孩子能提出 4 个不同的要求,所要的物件可在眼前(如音乐、彩虹弹簧、球)(E)

目标: 为了测定孩子是否无需仿说辅助便能提出要求,以及对于一个使用手语或图片的孩子,那个孩子是否无需模仿或指向辅助便能提出要求。

材料: 收集与计划对孩子有强化作用的物品或活动。

例子: 当一个孩子坐在秋千上并想要别人推他的时候,能够说或手语表示"荡秋千",并且他无需仿说辅助或模仿也能如此表达。

得 1 分: 如果孩子能对 4 个不同的强化物提出要求,便给 1 分。条件是无需大人说出目标词(仿说辅助),或者给予模仿或指向辅助,或对于一个使用手语的孩子,无需大人说出那个词语(对话性辅助)。所要的物品或活动可在眼前,诸如"你要什么"(或类似的语言)的口头辅助也是允许的。

得 ½ 分: 如果孩子能提出 3 个这些类型的要求,给他 ½ 分。

提要求 3-M	能将一个强化物泛化于 2 个人、2 个环境与 2 个不同的例子,从而成为 6 个要求。(如向爸爸和妈妈、在屋里和屋外、对红瓶子里的和蓝瓶子里的泡泡分别提出要求)(E)

目标: 为了测定孩子提要求的技能是否能泛到不同的人、环境和材料。我们的目的是要确定在非常早期的语言训练方面,孩子学会在略有不同的状况下提出相同的要求。许多语言迟缓儿童常见的一个问题是语言行为变得机械化并且在新的或不同的条件下不能出现,但是泛化训练可以帮助预防这种学习障碍。

材料：	使用几种有强化作用的不同类型的物品或活动，例如几种不同类型的饼干、汽车、球或书籍，或者有秋千的游乐场。同时，要评估在不同的环境中，对不同的人所提出的要求。
例子：	一旦孩子能够要求一种类型的汽车，如：一个绿色的火柴盒车，他是否会要求其他不同颜色、大小或类型的汽车？孩子在一个办公椅上能够要求"转"，他是否会在不同会转的椅子上要求"转"？孩子向一个工作人员要求"泡泡"，他会向其他工作人员要求"泡泡"吗？孩子能够在运动房里要求"跳"，他会在其他教室里要求"跳"吗？
得 1 分：	如果孩子能对 6 个不同强化物的要求泛化于 2 个人、2 个环境与 2 个不同的例子，便给他 1 分。
得 ½ 分：	如果孩子能对 3 个不同强化物的要求泛化于 2 个人、2 个环境与 2 个不同的例子，便给他 ½ 分。

提要求 4-M	自发性地提出（没有口头辅助）5 项要求，所要的物件可在眼前（**TO：60 分钟**）
目标：	为了测定在没有大人引发提要求反应（也就是辅助后的提要求）的情况下孩子是否能提出要求。要求的主要控制来源必须是动机操作（MO），而不是大人的辅助。
材料：	在孩子的自然环境中存在的强化物。
例子：	孩子看到其他孩子玩弄一个机灵鬼弹簧从而要求"机灵鬼弹簧"。孩子想到外面从而要求"出去。"
得 1 分：	如果孩子在 1 个小时的观察时间里自发性地提出 5 次要求（并且至少有两个不同的要求）（没有"你想干什么"或类似的辅助），便给他 1 分。
得 ½ 分：	如果孩子在 1 个小时的观察时间里自发性地提出 5 次要求但始终用同一个字来提要求，便给他 1/2 分。

提要求 5-M	在无辅助下（除了"你想要什么"）提出 10 种不同的要求，所要的物件可在眼前（如苹果、秋千、车、果汁）(**E**)
目标：	为了测定孩子是否能在没有仿说辅助的情况下便能要求 10 个不同强化物，对于使用手语或图片的孩子，测定他是否能在没有模仿或指向辅助的情况下也能提出相同的要求。
材料：	收集与计划对孩子有强化作用的物品或行动。
例子：	孩子能在没有辅助的情况下要求"书""泡泡""汽车""糖果""上去""小玩具""音乐"和"旋转"。

得 1 分： 如果孩子能够提出 10 个不同的要求而不需要大人的辅助，如：说出目标语词，给予模仿或指向辅助，对于使用手语的孩子，无需大人说出语词（对话语言辅助），便给 1 分。想要的物品可以在眼前，语言的辅助"你想要什么"（或相似的语言辅助）也是允许的。孩子的提要求也可以表现为去除他所不喜欢的东西，例如可以包括说"不"或"这是我的"。

得 ½ 分： 如果孩子提出 8 个不同的要求，便给他 ½ 分。

命名—第一阶段

命名 1-M	能在仿说或模仿辅助下对 2 个物品进行命名（如人物、宠物、角色、或喜爱的物件）（T）

目标： 测定一个特定的非语言刺激（如孩子的妈妈）是否能够引发"妈妈"这个词（或接近的词）。孩子的第一批命名的词语通常会是要求的一部分，因为年幼的孩子倾向于命名那些对他们有强化意义的东西，例如她们的父母、兄弟姐妹、宠物、最喜欢的角色、玩具等。也许难以分辨"妈妈"这个语言是要求还是自主命名，但是那并不要紧，因为在此早期阶段，目标是测定孩子是否能够辨别两种不同的非语言刺激，例如他的妈妈和爸爸。如果他对每个人都喊"妈妈"，这个技能就不予计分。

材料： 用孩子日常环境中存在的各种自然强化物和物品。

例子： "狗狗""妈妈""爸爸""埃尔莫""海绵宝宝""朵拉"等。

得 1 分： 如果孩子在测试时，在有或没有仿说的辅助下（如"这是谁""那是什么"）就能命名 2 个物体，便给 1 分。

得 ½ 分： 当孩子在测试时，在有或没有仿说的辅助下就能命名 1 个物体，便给他 ½ 分。但是如果他将所有东西都命名为一个名称便不给分。

命名 2-M	对任何 4 个物件进行命名而不需要仿说或模仿的辅助（如人物、宠物、角色或其他的物件）（T）

目标： 为了测定孩子能够命名的技能是否在增长，以及在测试过程中大人能否不需要提供仿说或模仿（对手语者而言）的辅助而引起孩子的命名。在此阶段，这些命名仍然可能是要求的一部分。

材料： 使用在孩子的自然环境中存在的通常物品和强化物。

例子： "蜘蛛侠""尼莫""汽车""娃娃""果汁""书"等。

| 得 1 分： | 测试时，如果孩子能够在没有仿说的辅助下命名 4 个物体，便给他 1 分。 |

| 得 ½ 分： | 测试时，如果孩子能够在没有仿说的辅助下命名 3 个物体，便给他 1/2 分。 |

| 命名 3-M | 命名 6 种非强化物（如鞋子、帽子、勺子、汽车、杯子、床等）(T) |

| 目标： | 为了测定命名是否可以脱离动机之控制来源，以及命名技能正在增长。 |

| 材料： | 使用在孩子的自然环境中存在的物件。 |

| 例子： | "桌子""椅子""书""衬衫""门""猫""狗'"碗"等。 |

| 得 1 分： | 如果测试时孩子无需仿说辅助就能命名 6 个物件，便给他 1 分。如果他的命名反应也是要求的一部分，便不予计分（如他说"书"，因为他看见并且想要那本书）。 |

| 得 ½ 分： | 如果孩子能命名 5 个物件便给他 1/2 分。 |

| 命名 4-M | 自发地（没有各种语言辅助）命名 2 样不同物件（TO：60 分钟） |

| 目标： | 为了测定命名是在没有大人辅助去命名的情况下发生的。一般来说，孩子开始命名物件是在没有辅助或设计强化物的情况下呈现的，因为正确的命名物体对孩子有自动的强化意义（如"朵拉！"）。 |

| 材料： | 使用在孩子的自然环境中存在的普通物件。 |

| 例子： | 孩子看到蜘蛛侠的照片并说"蜘蛛侠"，这并不是一个要求，而是因为他喜欢看见并说"蜘蛛侠"（自动强化）。 |

| 得 1 分： | 如果孩子在为时 60 分钟的观察过程中自发地命名（没有语言或非语言的辅助）2 个不同物件，便给他 1 分。 |

| 得 ½ 分： | 如果孩子在为时 60 分钟的观察过程中自发命名 1 个物件，便给他 ½ 分。 |

| 命名 5-M | 能命名 10 个物件（如常见的物件、人物、身体部位或图片）(T) |

| 目标： | 为了测定命名技能是否正在增长。 |

| 材料： | 使用在孩子的自然环境中存在的普通物品（包括图片）。 |

| 例子： | "鼻子""眼睛""卡车""树""袜子""汤匙""球""蜡笔""剪刀"等。 |

得 1 分：	如果当测试时孩子无需仿说辅助就能命名 10 个物件，便给他 1 分。
得 ½ 分：	如果孩子能命名 8 个物件便给他 1/2 分。

听者反应 — 第一阶段

听者反应 1-M	能通过与讲者的眼光接触而注意讲者的声音达 5 次（**TO：30 分钟**）
目标：	为了测定语音是否成为孩子关注人和进行目光接触的区别性刺激（SD）。同时，测定孩子是否能辨别语音和环境中其他的声音之间的差异。
材料：	无。
例子：	当一个大人与孩子一起玩时，大人对孩子唱歌或说话，这个孩子会不会看这个大人的眼睛，或是否在某种程度上似乎对语音感兴趣（如微笑）？这并不意味着孩子理解这个人在说什么，而仅仅看孩子是否对语言上的听觉刺激做出反应。
得 1 分：	如果在 30 分钟内当他人说话时孩子能与讲者有眼光接触达 5 次，给 1 分。
得 ½ 分：	如果在 30 分钟内当他人说话时孩子能与讲者有眼光接触达 2 次，给 1/2 分。

听者反应 2-M	在听到自己名字后能做出反应并达到 5 次（如看着讲者）(**T**)
目标：	测定孩子在全天过程中能否在他所听到的自己的名字与其他语音刺激中做出辨别。这是孩子早期听觉理解中的最普通形式之一，这个反应会出现是因为孩子的名字频繁地与大人的注意力，肢体的接触，以及各种强化物结合在一起。
材料：	无。
例子：	当孩子眼望别处时大人喊他的名字，他会转过头看着大人。
得 1 分：	在一天中 5 次不同的回合中，孩子在听到大人叫他名字后，能通过眼神接触来注意大人，便给 1 分。
得 ½ 分：	这项技能没有 1/2 分。

听者反应 3-M	当家庭成员、宠物，或其他强化物以两个一组的组合呈现时孩子能看向、触摸或指向正确的对象，达 5 种不同强化物（如："埃尔莫在哪里""妈妈在哪里"），(**E**)
目标：	测定孩子作为一个听者是否能够辨别各种语言刺激，并且能将这些语言刺激与相应的非语言刺激相联系。孩子在他们发展的早期就学会区分父母和陌生人，相应

的语言刺激（如："妈妈"和"爸爸"）就往往成为第一批对其听者行为有区别性刺激控制力的词语。其他的强化物像喜欢的宠物、毛绒玩具、卡通人物或玩具，同样能够帮助建立早期的听者技能。

材料：	使用在孩子自然环境中的强化物。
例子：	椅子上的一个朵拉娃娃，大人说："朵拉在哪"孩子就会看着朵拉。
得1分：	如果孩子能正确地辨别大人所单个命名的5个不同的家庭成员、宠物或其他的强化物，便给1分。
得½分：	如果孩子能正确区分2个不同的强化刺激，便给1/2分。

听者反应4-M	在没有视觉辅助下，能依据指令完成4个不同的形体动作（如："你可以跳吗""拍手给我看"）(T)

目标：	测定孩子的大动作行为是否在大人的语言刺激控制下（没有模仿的的辅助）。
材料：	动作清单。
例子：	当大人说"跳"，孩子会跳。当大人说"拍手"，孩子会拍手。当大人说"举手"孩子会举起手臂。
得1分：	假如在测试时语言刺激要求的是一个具体的动作出现2次，而孩子能够据此表现出正确的动作行为，并且表现出4种不同的动作而没有猜测，便给1分。这里的关键在于只有当语言刺激能够单独地引发正确的行为才能对这一行为进行计分。比如，"亲一下"的单词能够引发亲的行为，但如大人将自己的脸颊凑近孩子，或者是噘唇，亦或是指着自己的嘴唇，或者是其他任何视觉方式的辅助，那么很可能是这些视觉刺激而不是口头语言，成了刺激控制的源泉。
得½分：	假如在测试时，孩子能表现出2个正确的粗大动作行为并且各达2次，便给1/2分。

听者反应5-M	在4个一组的组合中选择正确的物品，并达到20个不同的物件或图片（如："把猫给我""摸鞋子"）(T)

目标：	确定口头语言是否能够引起①扫视有各种选择的组合和②选择正确的物品。早期辨别的组合可以在自然环境中，但是同样需要在更加正规的教学环境中（即地板上或桌子上）。
材料：	使用孩子自然环境中普通物品，像包含帽子、书、勺子、球的组合，或包含鞋子、袜子、娃娃和杯子的组合。

例子：	当桌上有一些玩具时大人说"给我帽子"孩子能够成功地从展示的组合中选择帽子。或者，当一些人在房间里大人说"周叔叔在哪儿"，孩子能够直接看着，或者走到周叔叔那里。
得 1 分：	如果在测试的第 1 或第 2 个回合中，孩子能在 4 个一组的组合里正确辨别并达到 20 个不同的物品，便给 1 分。当孩子必须辨别性看着测试项目以表现出听者技能从而得到分数的时候，评估者必须注意的是有一个可供孩子从中辨别的组合，并且孩子的行为明显地针对目标刺激物。
得 ½ 分：	如果孩子在测试的第 1 或第 2 个回合中，就能在 4 个一组的组合中正确辨别并达到 15 个不同的物品，便给 1/2 分。

视觉感知能力和样本配对
（VP-MTS）— 第一阶段

视觉 / 配对 1-M	视觉上能追踪移动的刺激物达 2 秒并达 5 次（**TO：30 分钟**）
目标：	为了测定孩子是否注视并在视觉上追随移动的刺激物。
材料：	在孩子的自然环境中常见的刺激物。
例子：	如果喜爱的宠物进入房间，孩子会望着宠物并看着它穿过房间。
得 1 分：	如果孩子在 30 分钟的观察中，能视觉追踪移动的刺激物达 2 秒共有 5 次，便给 1 分。
得 ½ 分：	如果孩子在 30 分钟的观察中，能视觉追踪移动的刺激物达 2 秒共有 2 次，便给 ½ 分。

视觉 / 配对 2-M	用拇指和示指（食指）抓起小物件（钳形抓法）达 5 次（**O**）
目标：	为了测定孩子是否有有效的眼-手协调能力，能成功地伸向并使用他的拇指和示指抓住小物品。
材料：	在自然环境中常见的适龄玩具和普通物品。
例子：	孩子看到了蜡笔并伸向它，同时用他的拇指和示指将它拿起。
得 1 分：	如果在观察时间内，孩子能成功地表现手眼协调能力的细小动作，例如伸向并抓取小的玩具或其他物品 5 次，便给 1 分。
得 ½ 分：	如果孩子通常需要 2 次或更多的尝试才能成功得到在他面前的小件物品，便给 ½ 分。

| 视觉 / 配对 3-M | 视觉上注意一个玩具或书本达 30 秒（不是一种自我刺激）(O) |

目标： 为了测定孩子是否能在没有辅助下，持续一段时间地对玩具、物品或活动保持视觉注意力。

材料： 适龄的玩具和书籍。

例子： 当给于一个按钮弹跳式玩具时，孩子会在没有辅助下关注玩具 30 秒。

得 1 分： 如果孩子能持续注意一个特定的，并有可能是强化性的视觉刺激物 30 秒，便给 1 分。如果孩子注意的总是相同的物品，或其他可能被归类为孩子自我刺激的物品（如孩子用以自我刺激的棍子），便不予计分。

得 ½ 分： 如果孩子能注意一个特定的视觉刺激物 15 秒，便给 1/2 分。

| 视觉 / 配对 4-M | 完成以下或其他类似的活动达 2 项：放置 3 个物品在容器中、堆叠 3 块积木或将 3 个环圈挂在桩子上（E） |

目标： 为了测定孩子是否具有眼 - 手协调能力，精细动作的操控，视觉辨别，和独立完成这些活动的动机。

材料： 积木、形状嵌塞盒、环圈和桩子、容器。

例子： 将积木或形状放入敞开的容器或形状孔内、堆积积木、把环圈挂在桩子上，或把物件放入容器内。

得 1 分： 如果当观察或测试时，孩子能成功地独立完成以下任何 2 个活动，把 3 个物件放入容器之内、堆积 3 块积木、把 3 个环圈挂在桩子上等，便给 1 分。

得 ½ 分： 如果当观察或测试时，孩子能成功地独立完成以下任何 1 个活动，把 2 个物件放入容器之内、堆积 2 块积木、把 2 个环圈挂在桩子上等，便给 1/2 分。

| 视觉 / 配对 5-M | 配对任何 10 个相同的物品（如嵌入式拼图、玩具、物件或图片）(E) |

目标： 测定孩子是否能将相同的物品进行视觉上的配对，是否有精细动作的技能从而能独立完成任务。这个行为可以在少许语言辅助和特设强化物下进行。

材料： 配对嵌入式拼图；形状球；配对的玩具，如车、小塑像、人物、动物、积木、图片等物件。

例子：	给孩子看一个海绵宝宝小塑像后，他能从一小组小塑像中选择另一个配对的海绵宝宝小塑像。孩子把一块蓝色球状的拼图片放置在一个与之有相同蓝色球背景图片的拼图框中。
得 1 分：	如果孩子能成功地在数目为 3 的组合中配对 10 个物件，便给他 1 分。
得 ½ 分：	如果孩子能在数目为 3 的组合中配对 5 个物件，便给 1/2 分。

独立游戏 — 第一阶段

游戏 1-M	触摸和探究物体达 1 分钟（如：看着一个玩具、将它翻转、按下按钮）(TO：30 分钟)
目标：	测定孩子是否对物品感兴趣（也就是说，从物品中得到强化）并能独立地操作这些物品来作为一种娱乐的形式。简而言之，"玩"或探索的行为对孩子来说是"有趣的"，不需要大人来安排结果就能出现（因此，强化物是自然地，不是特设的）。
材料：	对孩子起强化作用的各种物品，以及在孩子的自然环境中可找到的普通物品。
例子：	孩子拿着并看着玩具、物品、服装等，翻转这些东西，将它们从一只手转到另一只手，摇晃它们，视觉上探索它们，把它们与其他物品相碰，把它们放在一个特别的地方等。
得 1 分：	在 30 分钟的观察时间内，如果孩子能独立的操作，探索物品共达至少 1 分钟，便给 1 分。
得 ½ 分：	在 30 分钟的观察时间内，如果孩子能独立的操作，探索物品共达至少 30 秒，便给 1/2 分。

游戏 2-M	能独立地与 5 个不同的物件互动从而显示游戏中的变化（如：玩环圈、然后玩球、再玩积木）(TO：30 分钟)
目标：	测定孩子是否能玩各种物品和玩具。
材料：	在孩子的家庭和学校环境中能找到的普通玩具和物品。
例子：	孩子玩玩具校车 1 分钟，然后去玩钓鱼游戏 30 秒左右，接着玩塑料玩具 2 分钟，最后捡起水球。
得 1 分：	在 30 分钟的观察期内，如果孩子能独立的玩 5 件不同的物品并且共达至少 5 分钟，便给 1 分。

得 ½ 分：	在 30 分钟的观察期内，如果孩子能独立的玩 3 件不同的物品并且共达至少 5 分钟，便给 1/2 分。

游戏 3-M	能在一个新环境中进行探索活动和操作玩具 2 分钟（如：在一个新的游戏室）从而表现出泛化（TO：30 分钟）
目标：	测定孩子是否能在一个新的环境中会四处张望，探索玩具并玩玩具。这是泛化的一种形式。
材料：	在新环境中存在的物品（不是孩子必须的玩具）。
例子：	当孩子第一次进入到商场里一个儿童玩耍的区域后，他会四处看看有些什么后选择一些东西玩，短暂的玩玩后，会马上选择其他的东西去玩。
得 1 分：	在 30 分钟的观察期内，如果孩子能够独立的进行探索性的活动或接触新的玩耍区域 2 分钟，便给 1 分。
得 ½ 分：	在 30 分钟的观察期内，如果孩子能够独立的进行探索性的活动或接触新的玩耍区域 1 分钟，便给 1/2 分。

游戏 4-M	独立进行运动性游戏 2 分钟（如荡秋千、跳舞、摇晃、跳、攀爬）（TO：30 分钟）
目标：	测定孩子是否能够自发、独立地进行运动行为，并能通过自动的结果来维持。孩子是否能在没有大人辅助或强化物的引导下，自发地跳舞、跑步、攀爬？简而言之，这些行为的强化物自动地来自于这些形体活动本身。
材料：	公园，操场，游戏室，蹦蹦床等。
例子：	孩子滑下滑梯，在秋千上荡秋千，骑旋转木马，喜欢被追逐等。
得 1 分：	在 30 分钟的观察期内，如果孩子能够进行活动性游戏达 2 分钟，便给 1 分。
得 ½ 分：	在 30 分钟的观察期内，如果孩子能够进行活动性游戏达 1 分钟，便给 1/2 分。

游戏 5-M	能独立玩因果关系的游戏 2 分钟（如往容器中倒东西、玩弹出玩具、牵拉玩具等）（TO：30 分钟）
目标：	测定孩子的强化物是否来自于因果关系的活动，并且孩子是否能进行这些活动而不需要大人的辅助或强化物。
材料：	在孩子家庭中或学校环境中的常见的玩具和物品。

例子：	将物品放进和拿出容器，投掷东西，从柜橱里拿东西，按动按钮后使玩具发声，玩弹出的玩具，堆砌并推倒积木，推动物品看它们移动，拉玩具，扔东西等。
得 1 分：	在 30 分钟的观察期内，如果孩子能够独立地进行因果关系的游戏达 2 分钟，便给 1 分。
得 ½ 分：	在 30 分钟的观察期内，如果孩子能够独立地进行因果关系的游戏达 1 分钟，便给 1/2 分。

社会行为和社会游戏 — 第一阶段

社交 1-M	能够至少 5 次用目光接触来表示一种要求（TO：30 分钟）
目标：	测定孩子是否能用目光接触来要求社会性互动。
材料：	无。
例子：	家长进到房间，孩子会与家长有目光接触并且当家长走近时会发出微笑。
得 1 分：	在 30 分钟的观察期内，孩子能至少 5 次用目光接触来表示一种要求，便给 1 分。
得 ½ 分：	在 30 分钟的观察期内，孩子能至少 2 次用目光接触来表示一种要求，便给 1/2 分。

社交 2-M	2 次表达他要别人抱他或想玩身体接触之类的游戏（如爬到妈妈的腿上）(TO：60 分钟）
目标：	测定对于孩子来说与熟悉大人的身体接触是否也是强化物的一种，并且孩子会不会寻找这种强化物。
材料：	无。
例子：	孩子会接近大人并伸出他的胳膊要求搔痒，或者要人把他举起来。当在地上的时候，孩子会爬到大人的腿上、背上或肩膀上，并且看起来喜欢这样的肢体上的互动。虽然能让孩子得到这种乐趣的人可能不多，但是与熟悉的人们在一起时，他明显地喜欢这个肢体上的互动，表现为微笑、大笑，并会继续寻找这种形式的互动。
得 1 分：	在 1 小时的观察期内，如果孩子能够表示他要别人抱他或想玩身体接触之类的游戏达 2 次，便给 1 分。
得 ½ 分：	在 1 小时的观察期内，如果孩子能够表示他要别人抱他或想玩身体接触之类的游戏达 1 次，便给 1/2 分。

社交 3-M	自发地与其他的孩子有目光接触共达 5 次（TO：30 分钟）

目标： 测定孩子是否与同伴有目光接触。同伴是不是产生这个关注行为的区别性刺激（SDs）？

材料： 同伴。

例子： 当其他的孩子进到房间里，测试的对象会看他（并且有目光的接触）。

得 1 分： 在 30 分钟的观察期内，如果孩子能自发地与其他的孩子有目光接触达 5 次，便给 1 分。

得 ½ 分： 在 30 分钟的观察期内，如果孩子能自发地与其他的孩子有目光接触达 2 次，便给 1/2 分。

社交 4-M	自发地在其他孩子周围进行平行游戏共达 2 分钟（如靠近其他孩子坐在沙箱旁）（TO：30 分钟）

目标： 测定孩子是否能在没有辅助的情况下站在或坐在其他孩子旁边。

材料： 同伴和在孩子的家里或学校中出现的普通集体活动物品（如：过家家玩具套装、各类角色扮演玩具套装、沙盘）。（译者注：原著为 sandbox、water table、rice bin、playing table）

例子： 被观察的孩子会坐在其他孩子玩的区域中，但可能不会与这些孩子一起互动。被观察的对象也会站在装满豆子的桶及附近的孩子们的旁边玩豆子，但是可能不会与这些孩子产生互动。

得 1 分： 在一个自由游戏场合所做的 30 分钟的观察期内，如果孩子能自发（没有成人辅助）在其他孩子周围进行平行游戏共达 2 分钟，便给 1 分。

得 ½ 分： 在一个自由游戏场合所做的 30 分钟的观察期内，如果孩子能自发（没有成人辅助）在其他孩子周围进行平行游戏共达 1 分钟，便给 1/2 分。

社交 5-M	自发地跟随同伴或模仿他们的形体动作 2 次（如跟随同伴到游戏房去）（TO：30 分钟）

目标： 测定孩子是否能够在没有大人的辅助下模仿同伴的行为。

材料： 同伴

例子： 一个同伴站起来走向一件玩具，被观察的孩子能在没有被要求的情况下看着同伴也会站起来并跟随同伴走到另一个地方。当玩玩具火车时，一个孩子推着火车绕圈圈，被观察的孩子会模仿同伴而用自己的火车做同样的行为。

得 1 分： 在 30 分钟的观察期内，孩子能够自发地跟随同伴并模仿他们的粗大动作行为 2 次，便给 1 分。

得 ½ 分： 在 30 分钟的观察期内，孩子能够自发地跟随同伴并模仿他们的粗大动作行为 1 次，便给 1/2 分。

动作模仿 — 第一阶段

模仿 1-M	在"这样做"（如：拍手、举起双臂）的辅助下模仿 2 个粗大动作（T）

目标： 为了测定在得到如"这样做"的语言辅助时，孩子是否会模仿他人的粗大动作。

材料： 一份可能的适龄模仿行为的清单。

例子： 拍手、跺脚、举起双臂、敲打桌子和跳跃。

得 1 分： 如果孩子能模仿 2 个由大人展现的粗大动作，便给 1 分。就算动作只是接近相似，也算动作正确。

得 ½ 分： 如果孩子只模仿 1 个粗大动作，便给 1/2 分。如果他总是做出相同的动作，例如他总是拍手（当孩子在大人拍手之前拍手，就说明了这种问题），便不予计分。

模仿 2-M	在"这样做"的辅助下模仿 4 个粗大动作（T）

目标： 为了测定在得到如"这样做"的语言辅助时，孩子是否会模仿他人的粗大动作。

材料： 一份可能的适龄模仿行为的清单。

例子： 拍手、跺脚、举起双臂、敲打桌子和跳跃。

得 1 分： 如果孩子能模仿 4 个由大人展现的粗大动作，便给他 1 分。就算只是接近的动作，也算动作正确。

得 ½ 分： 如果孩子能模仿 3 个粗大动作，便给 1/2 分。

模仿 3-M	模仿 8 个形体动作，其中 2 个涉及物体（如：摇晃沙球、敲击木棒）（T）

目标： 为了测定孩子的模仿技能是否在增长，以及在涉及一个特定的物品时，孩子是否

能够模仿他人的行为。

材料：	可能性模仿行为的清单，以及一系列可以用于模仿特定动作的相同的物品。
例子：	大人拿起沙球并摇晃它，孩子在没有肢体辅助下模仿摇晃沙球的动作。
得 1 分：	如果孩子能模仿 6 个由大人展现的动作，和模仿 2 个涉及物品的大人动作行为（总共 8 个动作模仿），便给 1 分。就算动作只是接近相似，也算动作正确。
得 ½ 分：	如果孩子只模仿 6 个任何类型的动作，便给 1/2 分（如果孩子无法模仿任何涉及物品的动作，或所有模仿的动作都必须涉及物品，便在 VB-MAPP 里程碑评估表的"评论 / 注释"部分做记录。）

模仿 4-M	在 5 种情况下，自发性地模仿他人的动作行为〔O〕
目标：	为了测定孩子的模仿技能是否脱离了语言辅助。模仿训练的一个主要目标是发展自发性模仿，因为它对孩子在各种的情形下是很有价值的（如社会行为、工艺美术、教室常规）。
材料：	无需特定的材料。
例子：	大人往后拉回力车后它快速地向前发射，然后孩子自发地尝试用他的车模仿这种行为。
得 1 分：	如果孩子能在 5 种情况下自发性地模仿他人至少 2 种不同的动作行为，便给 1 分。
得 ½ 分：	如果孩子能在 2 种情况下自发性地模仿他人任何类型的动作行为，便给 1/2 分。

模仿 5-M	模仿 20 个任何类型的动作（如：精细动作、粗大动作、涉及物体的模仿）（T）
目标：	为了测定孩子的模仿行为是否变得更强并可以泛化。
材料：	可能性模仿行为的清单，以及一系列可以用于模仿特定动作的相同物品。
例子：	扭动手指、轻拍肩膀、摸脚趾、握拳、旋转陀螺，等
得 1 分：	如果孩子能模仿 20 种任何类型的动作行为，便给 1 分。
得 ½ 分：	如果孩子能模仿 15 种任何类型的动作行为，便给 1/2 分。

访说 - 早期仿说能力（EESA）分测试
原著为 Barbara E. Esch 博士，BCBA-D，CCC-SLP

目 的

早期语言能力是变化多端的。当被要求用语音模仿声音或词语时（如：说"妈妈"），有些孩子可能会难以或根本不能准确地仿说这些声音或词语。重复自己所听到的语言的能力对于学习如何说话和获得更复杂的语言形式是至关重要的。因此，即使孩子开始自己发出咿咿呀呀的声音或者是尝试说一些词语，评估他们在听到他人所示范后是否有能力发出这些声音仍然是非常重要的。

早期仿说能力评估（EESA）评价一个孩子能重复语音示范的能力。EESA 抽查从出生到 30 个月的孩子一般都掌握的这种仿说技能，而这种仿说技能有来自于语音音素，音节组合（词语和短语），以及语调特点（EESA 的操作手册包含在 VB-MAPP 的《概况》中）。作为 VB-MAPP 的仿说分测试，EESA 评估在 VB-MAPP 的第一阶段（0～18 个月）和第 2 阶段（18～30 个月）中的仿说技能。而在 VB-MAPP 的第 3 阶段中则没有仿说的分测试。

言语技能，从出生到 30 个月

早期语言技能通常包含很多发音错误。这其中的一些错误对清晰度的影响不太大（把"狗"说成"陡"），反之有些错误则使得词语几乎无法辨认（把"热狗，"说成"乐斗"）。即使在早期的语言学习者中，大多数的元音通常是准确而辅音可能在错误数月之后才能达到精确。

作为一般的指南，从出生至 30 个月的儿童在技能的获得上会遵循这些发展步骤：
- 首先获得元音和双元音
- 仿说技能大约在 11 个月的时候出现
- 音调的韵律特征、音长和音量在 6 个月的时候才为明显，在 23 个月的时候变得明确（但是精确度可能不一致）
- 辅音首先是出现在音节的开头（有些是在 18 个月的时候）
- 早期典型的辅音是 p, b, m, n, h, w，其后是 k, g, t, d, f, ng, 和 y
- 1 个和 2 个音节的词语和短语在 6～18 个月时出现；如果是 2 个音节，那通常是叠音（"ma-ma,""da-da"）
- 很多 2 个和 3 个音节的词语和短语在 18～30 个月时获得

EESA 部分

在 EESA 的五组测试项目的总分是 100 分。在前三组中的目标遵循了发展进程。第 1 组（25 分）抽查元音和双元音以及一些早期的辅音，这些能力通常是普通儿童在 18 个月之前时所获得的。第 2 组和第 3 组（各 30 分）分别包括了所有早期 2 个和 3 个音节组合的辅音。第 4 组和第 5 组共有 15 个项目。它们测试孩子去模仿说话的韵律特征的能力，如音调，音量，和元音音长。这些组别中的项目合在一起代表了 18～30 个月的普通儿童的说话能力。

谁来操作 EESA？

任何人都可以来实施 EESA，但最好的结果可能来自于语言病理学家，因为他们在聆听语言生成和确认表达清晰度与韵律差异方面有特别的训练。

哪些语言部分是打分的？

因为 EESA 是一个仿说技能的测试，测试者应该听不同于示范的语言成分。EESA 测试的部分包括元音、辅音、声音或者音节，以及音律特征即声调、长度和声音大小（以下是 EESA 的计分标准）。

如何实施 EESA？

一般说明

- 准备好重要强化物以确保得到孩子的合作
- 评估者测试一个或多个项目，有必要时给孩子以强化物
- 如果需要的话，EESA 可以分成几次来完成，一次测试几个项目

具体要求

- 要求孩子重复每一个测试项目（说"跳"）。如果孩子重复"说"这个词，就省略"说"这个指令词
- 在每个项目旁边的计分框中（见如下）填上合适的分数
- 如果最初的反应不准确或没有，可以给至多 3 次机会，然后记录最好的反应

EESA 的计分

每个组的评分标准都列在里程碑评估的 EESA 操作大纲中。此外，在 1~3 组中间的评分项目的例子如下。

如果一个反应其中所有声音都正确计 1 分。

如果仿说行为可辨认，但是有如下情况计 ½ 分：
- 不正确的辅音（"飞"说成"呸"）
- 缺少辅音（"猫"说成"拗"）
- 多余的音节（"哞"说成"哞哞哞"）

对于以下情况计 0 分：
- 无反应
  或者仿说行为表现为：
- 不正确的元音（"啊"说成"哦"）
- 漏掉音节（"妈妈，"说成"妈"）

仿说（EESA）分测试 — 第一阶段

仿说 1-M	在 EESA 分测试中至少得到 2 分

目标： 测定孩子是否能发出一些仿说行为。

材料： EESA 分测试。

例子： 当测试时，孩子能发出"哞"和"啊"。

得 1 分： 如果孩子在 EESA 分测试中得到 2 分或以上，便给 1 分。

得 ½ 分： 如果孩子在 EESA 分测试中得到 1 分，便给 1/2 分。

仿说 2-M	在 EESA 分测试中至少得到 5 分

目标： 测定孩子的仿说技能是否在增加。

材料： EESA 分测试。

例子： 当测试时孩子能说出"宝""陪"或"哇"。

得 1 分： 如果孩子在 EESA 分测试中得到 5 分或以上，便给 1 分。

得 ½ 分： 如果孩子在 EESA 分测试中得到 3 分，便给 1/2 分。

仿说 3-M	在 EESA 分测试中至少得到 10 分

目标： 测定孩子的仿说技能是否在增加。

材料： EESA 分测试。

例子： 当测试时，孩子能说出"宝宝""爸爸"或"拜拜"。

得 1 分： 如果孩子在 EESA 分测试中得到 10 分或以上，便给 1 分。

得 ½ 分： 如果孩子在 EESA 分测试中得到 7 分或以上，便给 1/2 分。

仿说 4-M	在 EESA 分测试中至少得到 15 分

目标： 测定孩子的仿说技能是否在增加。

材料： EESA 分测试

例子： 当测试时孩子能说出"啊欧""小狗"和"抱抱"。

得 1 分： 如果孩子在 EESA 分测试中得到 15 分或以上，便给 1 分。

得 ½ 分： 如果孩子在 EESA 分测试中得到 12 分，便给 1/2 分。

仿说 5-M	在 EESA 分测试中至少得到 25 分（第 1 组别中至少得 20 分）

目标： 测定孩子是否可以开始仿说完整的单词。

材料： EESA 分测试。

例子： 当测试时，孩子能仿说"开门""饼干"和"跳高"。

得 1 分： 如果孩子在 EESA 分测试中得到 25 分或以上，并在第 1 组中得到 20 分，便给 1 分。

得 ½ 分： 如果孩子在 EESA 分测试中得到 20 分，并在第 1 组中得到 15 分，便给 1/2 分。

自发性的语音行为 — 第一阶段

语音 1-M	平均每个小时自发性地发出 5 次声音（TO：60 分钟）

目标： 测定孩子是否不需辅助就能发出一些声音。

材料： 无。

例子： 孩子一小时内能发出几次"阿"的音。

得 1 分： 如果孩子每小时平均自发地发出 5 次声音，便给 1 分。测试者也可以用时段抽样数据记录的方式来测量这个行为（如果孩子发出的声音是一种自我刺激则不予计分）。

得 ½ 分： 如果孩子每小时平均能自发地发出 2 次声音，便给 1/2 分。

| 语音 2-M | 自发性地发出 5 种不同的声音，平均每个小时共达 10 个声音（TO：60 分钟） |

目标： 测定孩子是否能自发地发出不同的声音，并且频率是在增加的。

材料： 无。

例子： 孩子每小时能数次发出"啊""爸""妈""欧"和"嘎"的音，每小时达数次。

得 1 分： 如果孩子每小时能发音总计达 10 次（不包括自我刺激的声音），并且包含 5 个不同的音，便给 1 分。

得 ½ 分： 如果孩子每小时能发音总计达 10 次（不包括自我刺激的声音），并且包含 3 个不同的音，便给 1/2 分。

| 语音 3-M | 自发性地用多变化的语调发出 10 种不同的声音，平均每小时共达 25 个声音（TO：60 分钟） |

目标： 测定孩子发音的数量和频率是否是在增加的。

材料： 无。

例子： 孩子每小时能发出数次"衣""吧""大""啪"和"塔"的音，并且能用不同的音调。

得 1 分： 如果孩子能自发性地用多变化的语调发出 10 种不同的声音，平均每小时共达 25 个声音，便给 1 分。

得 ½ 分： 如果孩子能自发性地用多变化的语调发出 5 种不同的声音，平均每小时共达 25 个声音，便给 1/2 分。

| 语音 4-M | 自发性地发出 5 种不同的近似的完整词语（TO：60 分钟） |

目标： 测定语音游戏的频率是否在增加，并且整个的单词是否开始出现。

材料： 无。

例子： 孩子能发出"妈妈""大大""欧"（发狗的音时）、"吃""啊欧"，但是不一定发生在恰当的背景之中。

得 1 分： 如果孩子在 60 分钟的观察期内能自发地发出 5 个近似的单词，便给 1 分。

| 得 ½ 分： | 如果孩子在 60 分钟的观察期内能自发地发出 2 个近似的单词，便给 1/2 分。 |

语音 5-M	能自发地发出 15 个完整的字或词组并且音调和节奏都要恰当（**TO：60 分钟**）
目标：	测定孩子是否在语音游戏中开始发出更多完整的词组，并且音调和节奏都要恰当。
材料：	无。
例子：	孩子能发出"鞋子""拿来""在这里"和"拜拜"。同时孩子似乎也在"说话"，但是可能很难或无法理解所有的话语。
得 1 分：	如果孩子在 1 小时的观察期内能自发地发出 15 个可近似辨认的词语，便给 1 分。
得 ½ 分：	如果孩子在 1 小时的观察期内能自发地发出 8 个可近似辨认的词语，便给 1/2 分。

第四章

里程碑计分说明：第二阶段

这一章包含了实施 VB-MAPP 里程碑评估第二阶段的具体说明。在第二阶段中增加了四个新的领域：对功能、特性和类别的听者反应（LRFFC），对话，教室规则和集体能力，和语言结构。因为大多数 18 个月的普通发展儿童尚未获得这些技能，所以这些领域没有囊括在第一阶段中。此外，应该避免把它们作为得分主要在第一阶段的语言滞后的孩子们课程的一个部分。我们希望通过在第二阶段讨论这些能力从而表明对处于各个得分阶段的孩子应把哪些能力作为重点。有一个领域即自发性的语音行为在第二阶段中去掉了，因为对已经获得仿说技能的孩子来说该能力作为目标的意义有所减少。作为一个提醒，评估具体能力的四个方法是：① 正式测试（T）；② 观察（O）；③ 测试和观察均可（E）；和 ④ 计时观察（TO）。

提要求 — 第二阶段

| 提要求 6-M | 在无辅助下（除了"你想要什么？"）能要求 20 种不同的缺少的东西（如：当给予一根蜡笔时，能要求纸张）（E） |

目标： 测定当所想要的玩具或活动缺少了一部分时或想要之物不在时孩子是否能够提出相关要求。

材料： 收集对孩子有强化意义的具有多个部分的物品，比如培乐多彩泥组。移走一个玩具的一部分可以激发孩子对那个部分的要求动机（MO）。

例子： 孩子在玩培乐多彩泥组时，想做一个星星的形状，但是这个星星的模具被拿走了。当被问："缺少了什么"时，孩子是否能要求缺少的星星的模具？如果孩子喜欢用吸管喝果汁，给他一盒没有吸管的果汁来测试他是否能要求吸管。

得 1 分： 在没有辅助（除了类似于"少了什么"或"你需要什么"）的情况下如果孩子能主动就缺少的物品提出 20 个不同的要求，便给 1 分。很重要的一点是在这时缺少的物品必须是孩子觉得最有价值的（也就是说，对此物品必须有一个当下的动机操作在起作用）。

得 ½ 分： 没有辅助的情况下如果孩子能就缺少的物品提出 10 个不同的要求，便给 1/2 分。

| 提要求 7-M | 能要求他人做出 5 种不同的动作，而这些动作是为享受渴望活动所需要的（如：要求"开门"以到外面去，在秋千上时要求"推"）（E） |

目标： 测定孩子是否能要求为享受自己所喜欢的动作或活动所必须的动作。

| 材料： | 创建对于孩子来说有意义的活动或是包括一些特别动作的活动的清单。 |

| 例子： | 孩子坐在秋千上而且想要人推他时能要求"推我"。孩子想到外面去玩并站在门边时会提要求："开门"。孩子喜欢看陀螺旋转而能要求"转"。孩子因为喜欢被大人或者同伴追逐而能要求"抓住我"。 |

| 得 1 分： | 在观察过程或测试过程中，孩子在没有辅助的情况下（除了类似"你想要我做什么"之类的语言辅助）能要求做出 5 个不同的动作或是自己喜欢的活动中所缺少的行动，便给 1 分。很重要的一点是缺少的活动必须是孩子觉得有价值的（也就是说，对此活动必须有一个当下的动机操作在起作用）。 |

| 得 ½ 分： | 在观察过程或测试过程中，孩子在没有辅助（除了类似"你想要我做什么"之类的语言辅助）的情况下能要求他人做出 2 个不同的动作或是自己喜欢的活动中所缺少的行动，便给 1/2 分。 |

| **提要求 8-M** | **能够提出 5 个不同的要求，其中至少要包含 2 个或 2 个以上的单词（不包括"我想要"）（如"走快点""该我了""倒果汁"）（TO：60 分钟）** |

| 目标： | 测定孩子提要求的技能是否表现出多样化，而且其提要求的平均长度（MLU）是否在增长。 |

| 材料： | 一张能够帮助记录孩子长期以来提不同要求的数据单。 |

| 例子： | 孩子说："开门""没有鞋子"或"晚安"。 |

| 得 1 分： | 在 1 小时的观察或测试过程中，孩子能够提出 5 个不同的要求，其中至少要包含 2 个或 2 个以上的单词（不包括"我想要"），便给 1 分。应该保存一个孩子发出的不同要求的清单并将此用于达到这一里程碑的数据基础。 |

| 得 ½ 分： | 在 1 小时的观察或测试过程中，孩子能够提出 2 个不同的要求，其中至少要包含 2 个或 2 个以上的单词（不包括"我想要"），便给 ½ 分。 |

| **提要求 9-M** | **自发地提出 15 个不同的要求（如"我们一起玩""打开""我想要书"）（TO：30 分钟）** |

| 目标： | 测定孩子是否能够频繁地在不同的动机操作下提出相关要求，并且这些要求是由孩子发起（没有来自大人的辅助）。 |

| 材料： | 在孩子的自然环境中经常可见的具有强化意义的物品和活动。 |

| 例子： | 在没有大人的任何辅助下，孩子就能提出诸如"蜘蛛侠在哪里""我要起来""该我了""要多一点果汁"的要求。 |

得 1 分：	在 30 分钟的观察期内如果孩子能够自发地提出 15 个不同的要求（没有大人给予辅助），便给 1 分。这些要求必须受控于不同的动机操作。
得 ½ 分：	在 30 分钟的观察期内如果孩子能够自发地提出 8 个不同的要求（没有大人给予提示），便给 1/2 分。此外，如果孩子的要求包含不同的行为表现，但是具有相同的操作动机（也就是，他用不同的单词来要求同样的东西）也给 1/2 分。

提要求 10-M	没有经过特别的提要求训练就能提出 10 个新的要求（如：没有正式的提要求训练就能自发地说"小猫在哪里"）(O)

目标：	测定是否能通过从现有的语言能力例如命名和仿说的自然控制转换来获得新的要求。
材料：	在孩子的自然环境中经常可见的具有强化意义的物品和活动。
例子：	当另一个孩子拿起纸风车并朝它吹气，被观察的孩子在提要求训练时没有得到有关转风车情况下说"我要转"。这个孩子或许能够命名和听觉辨别"转"，但是在此之前，他从来没有要求过转风车。
得 1 分：	在未经有关词语之正规训练的情况下孩子能够学会提 10 个新的要求，便给 1 分。在日常数据表中记录每一个新的要求。
得 ½ 分：	在未经正规训练的情况下孩子能够学会提 5 个新的要求，便给 1/2 分。

命名 — 第二阶段

命名 6-M	当别人问"那是什么"时，能命名 25 个物品（如：书、鞋、汽车、狗、帽子）(T)

目标：	测定孩子在自然环境中是否能够学会命名更多的事物。
材料：	使用在孩子的自然环境中的普通物品（包括图片）。
例子：	当大人举起一个玩具汽车并问孩子"这是什么？"时，他能在第一个回合就说"汽车"。当大人指着鞋子并问孩子"那是什么？"时，他能在第一个回合就说"鞋子"。
得 1 分：	测试时，如果孩子能命名 25 个物品，便给 1 分。
得 ½ 分：	测试时，如果孩子能命名 20 个物品，便给 1/2 分。

| 命名 7-M | 通过测试或参照已泛化过的清单，能对 50 种物品的各 3 个不同的例子进行泛化命名（如：命名 3 种不同的汽车）（T） |

目标： 测定孩子是否能够学会泛化静态的刺激（名词）。

材料： 收集一套已知物品的各 3 种不同形式。

例子： 在孩子学会命名一个小的黄色塑料汽车之后，通过测试来看这个行为是否能泛化到其他可称之为汽车，但看起来又有所不同的物品上（即不同的尺寸、形状、颜色、图片等）。

得 1 分： 当测试时，如果能对 50 种物品的各 3 个不同的例子进行泛化命名，便给 1 分。如果有一个已经掌握的（已知的）泛化清单，而且有关分数又是一致的话，那么就可以使用这个泛化清单（如 www.avbpresss.com/downloads 中的 300 个常用名词清单，其中包含泛化例子）。

得 ½ 分： 当测试时，孩子能够对 25 种物品的各 3 个不同的例子进行泛化命名，便给 1/2 分。

| 命名 8-M | 当别人问"我在干什么？"（如：跳、睡觉、吃）等问题时，能命名 10 个动作（T） |

目标： 测定当别人要求孩子命名形体动作时，他能这么做。

材料： 在孩子的自然环境中，或在测试环境中的设计下，使用普通的移动性刺激。

例子： 当大人跳上跳下并问"我在干什么"时，孩子说"跳"。当大人滚球并问"我在干什么"时，孩子说"滚球"。其他可以使用的语言辅助包括"他在干什么"或"发生了什么"。

得 1 分： 当测试时，如果孩子能够命名 10 个动作，便给 1 分。

得 ½ 分： 当测试时，如果孩子能够命名 5 个动作，便给 1/2 分。

| 命名 9-M | 在测试时或从已知命名双词清单中，能够命名 50 个如动词加名词或者名词加动词的两种成分组合（如：洗脸、Joe 游泳、宝宝睡觉）（T） |

目标： 测定孩子在一个任务中能够注意并正确命名静态的刺激和动态的刺激（有 2 个组成部分的刺激和有 2 个组成部分的行为）。

材料： 使用已知的名词和动词。

第四章　里程碑计分说明：第二阶段　51

例子：　　当面对一个会跳的绒毛猴子和一个语言刺激如"你看见了什么"时，孩子说"会跳的猴子"或"猴子在跳"。当另一个孩子在拉玩具板车，而测试者给一个语言刺激"乔伊在干什么"时，被观察的孩子说"在拉车"。当孩子看见他的爸爸在笑并听到提问"他在干什么"时，孩子能够说"爸爸在笑"。

得 1 分：　　当测试时，如果孩子能够命名 50 个含有 2 个组成部分的名动词组合（或动名词组合），便给 1 分。如果有一个比较一致的已掌握的（已知的）名动词组合或动名词组合的清单，那么就可以使用这个清单（在 www.avbpress.com/downloads 的网页上，可以看到一份名词动词组合的清单）。

得 ½ 分：　　如果孩子能够命名 25 个含有 2 个组成部分的名动词组合（或动名词组合），便给 ½ 分。

命名 10-M	在测试时或从已知命名的积累清单中，能够命名总数为 200 个的名词和 / 或动词（或其他语言成分）（T）

目标：　　测定孩子是否能够持续地学习和保持新的命名。

材料：　　可使用书、场景、图片卡、和普通环境中的物品和活动。

例子：　　当大人拿起一个三明治并问孩子"那是什么？"时，他能在第一个回合中说"三明治"。当一个小宝宝在地上爬行时大人问这个孩子："他在干什么"时，孩子能说"爬"。

得 1 分：　　当测试时，如果孩子能命名 200 个物品和 / 或活动，便给 1 分。为此测试，可以用一个孩子已掌握的名词和动词的积累清单（如在 www.avbpress.com/downloads 网页上包含的 300 个词语清单）。此外，很多儿童的书籍，比如看图说画字典，都是很好的资源，因为他们包含了数以百计的物品的图片，而不需要寻找个别的图片就能很容易地用于测试孩子的命名技能。

得 ½ 分：　　当测试时如果孩子能命名 150 个物品或者活动，便给 1/2 分。

听者反应 — 第二阶段

听者 6-M	能够从每次展示的 6 种物品的随机组合中选择正确的目标，共能选择 40 个不同的物品或图片（如"找一找猫""摸摸球"）（T）

目标：　　测定孩子是否能够根据指令从一个更大的组合中找到越来越多的不同的物品。

材料：　　使用图片和 / 或在孩子自然环境中的普通物品。

例子：	孩子面对一组随意放置的 6 张图片，其中有一张是椅子，大人给予一个语言刺激"你能找到椅子吗"孩子能够选择椅子。
得 1 分：	当测试时，如果孩子能够在混放的 6 种物品中（不要排成一条直线）确认 40 个不同的物品或图片，便给 1 分。
得 ½ 分：	测试时，如果孩子能够在混放的 6 种物品中确认 25 个不同的物品或图片，便给 1/2 分。

听者 7-M	**泛化听者辨别能力（LD）即在一个数量为 8 的随机组合中找一物品的 3 种不同的形式（如孩子能找到 3 种不同形式的火车），共达 50 种物品（T）**
目标：	测定孩子是否已学会关于一些相同物品的不同形式的泛化听者辨别能力。
材料：	准备一系列已知物品的 3 种不同的形式（可以使用图画书，只要在至少 8 种不同物品的组合中包括目标物品）。
例子：	孩子能够选择 3 种不同的汽车（包括：不同的尺寸、形状、颜色、品牌等），而每一辆车都单独放在一个包含其他 7 项物品的组合中。
得 1 分：	如果孩子能在 50 件物品的 3 个不同形式中泛化听者辨别能力，便给 1 分。
得 ½ 分：	如果孩子能在 30 件物品的 3 个不同形式中泛化听者辨别能力，便给 1/2 分。

听者 8-M	**能在指令下执行 10 个特殊的形体动作（如："表演拍手给我看""你能跳一跳吗？"）（T）**
目标：	测定孩子是否能在要求下而不需要示范的辅助，就能执行一些不同的大动作。
材料：	一个常见动作的清单。
例子：	当一个大人说："跑"，孩子会跑。当大人说"表演一下哭"，孩子会揉眼睛并假装哭。当大人说"你能跺跺脚吗"孩子会跺脚。
得 1 分：	如果孩子能在要求下表演 10 个动作，便给 1 分。近似的动作也可以给分。
得 ½ 分：	如果孩子能在要求下表演 5 个动作，便给 1/2 分。

听者 9-M	**能够遵循 50 个由名词加动词组合和/或动词加名词组成的双重成分的指令（如：表演宝宝睡觉、推秋千）（T）**
目标：	确定孩子是否能正确地遵循包涵一个名词和一个动词的指令。很重要的是给予的

第四章 里程碑计分说明：第二阶段

指令是一个任务，孩子的反应包含两个成分，但又表现为一个反应单元（也就是说，一个双重成分的刺激和一个双重成分的反应）。

材料：	使用已知的名词和动词。
例子：	当面对桌上的一个物品组合（如汽车、吸管、蜡笔）并得到语言刺激"表演转蜡笔"时，孩子能够在没有任何附加的辅助下转蜡笔。
得 1 分：	如果孩子能够遵循 50 个 2 个组成部分的名词 - 动词组合和 / 或动词 - 名词组合的指令（听者辨别能力），便给 1 分。
得 ½ 分：	如果孩子能够遵循 30 个 2 个组成部分的名词 - 动词组合和 / 或动词 - 名词组合的指令（听者辨别能力），便给 1/2 分。

听者 10-M	能够根据所提供的名称而从书中、图片场景、自然环境中选择正确的物品，共达 250 件（通过测试或者从已知单词的累积清单表明）(T)

目标：	测定孩子的听觉词汇是否在增加并越来越复杂。另外的一个目标是要测定孩子是否学会扫视更大的更为复杂的视觉组合（如：包含相似的刺激的场景和书本）。
材料：	使用场景、书和普通的环境设置。
例子：	当看《晚安月亮》的书时，大人说"晚安，灯灯。你能找到灯在哪里吗"，孩子能够成功地在书上指出灯。
得 1 分：	如果孩子能根据所提供的名称在书上、场景图片或自然环境中选择 250 个不同的物品，便给 1 分。在这个测试中可以使用一个累积的已知听者辨别能力名词的清单（如在 www.avbpress.com/downloads 上的 300 个普通名词的清单），和儿童图画书籍。
得 ½ 分：	如果孩子能根据所提供的名称在书上、场景图片或自然环境中指认 150 个不同的物品，便给 1/2 分。

视觉感知能力和样本配对
（VP-MTS）— 第二阶段

VP-MTS 6-M	在一个 6 件物品的随机组合中，能够配对完全一样的实物或图片，共达 25 件物品（T）

目标：	测定孩子配对同样物品的能力是否在增长，以及他是否能够在越来越复杂的视觉

组合中发现相应的目标。

材料： 在孩子的自然环境中能找到的普通物品，以及与孩子相关的或者他所感兴趣的物品的图片。

例子： 当大人展示给孩子一个跳跳虎的雕像，孩子能从随机放置在桌上的6件物品的组合中找到跳跳虎。

得1分： 如果孩子能够在一个数目为6的随机组合中成功地配对完全相同的25组物品或图片（桌上的物品并不是成行的排列），便给1分。

得½分： 如果孩子能够在一个数目为4的随机组合中成功地配对完全相同的15组物品或图片，便给1/2分。

| VP-MTS 7-M | 能按照所给的范例对相同的颜色和形状进行配对，共达10种不同的颜色或形状（如：在得到红的、蓝的和绿的碗和一堆红的、蓝的和绿的小熊，孩子能按颜色对物品进行配对）(T) |

目标： 测定孩子是否能对完全相同的颜色和形状进行配对。

材料： 不同颜色的物品和形状。

例子： 当得到一个有四种基本颜色的小钉板和四种不同颜色的圈圈时，孩子能够将相同颜色的圈圈与相同颜色的小钉桩进行配对。当得到一个形状嵌塞板和不同形状时，孩子也能将形状放进对应的形状孔里。

得1分： 如果孩子能在示范辅助下，但又不需要其他的辅助（除了如"按颜色配对"或"按形状配对"的语言辅助外）就能按相近的颜色和形状进行配对，并达到10种不同的颜色或形状，便给1分。

得½分： 如果孩子能在示范辅助下，但又不需要其他的辅助（除语言辅助外）就能按相近的颜色和形状进行配对，并达到5种不同的颜色或形状，便给1/2分。

| VP-MTS 8-M | 在数量为8的随机组合中而其中另有3样相似物品，孩子能将同样的物品或图片进行配对，共能进行25个这样的配对（如：将一只狗和其中又包含了猫、猪和马的组合中的狗进行配对）(T) |

目标： 测定孩子是否能在一个包含有与样本物品相似的比较物品的视觉组合中找到配对的目标。

材料： 在孩子的自然环境中能够找到的普通物品及其图片，以及与样本物品相似的比较物品。

| 例子： | 大人给孩子一个样本勺子，并且在一个随机比较组合中放入一把刀子、叉子、勺子、吸管外加其他4种物品。 |

| 得1分： | 如果孩子能在数目为8的，其中包含另外3件相类似物品的随机组合中，成功地对完全相同的物品或图片进行配对达25组，便给1分。 |

| 得½分： | 如果孩子能在数目为8的，其中包含另外3件相类似物品的随机组合中，成功地对完全相同的物品或图片进行配对达10组，便给1/2分。 |

| VP-MTS 9-M | 在数量为10的随机组合中，能对同类不同样的物品或图片进行配对，共达25组（如：将福特卡车与丰田卡车配对）（T） |

| 目标： | 测定孩子是否能对一个大的组合中的不完全等同的物品进行配对，而这个大的组合最起码包含有3个与样本物品相似的比较物品。这个任务要求有比先前的配对任务更为有效的扫视和辨别能力。 |

| 材料： | 一批在孩子的自然环境中能找到的普通物品及其图片，以及与样本物品相似的比较物品。 |

| 例子： | 大人将至少10张卡片随机放在桌子上（或放进电脑屏幕上），其中包含有水泥车、红色巴士、消防车、白色本田雅阁，随后给孩子一张1957年红色雪佛兰的卡片并给予语言辅助如"你能配对吗"，孩子能从比较的组合中选择白色本田雅阁的图片。 |

| 得1分： | 如果孩子能在其中包含另外3个类似刺激的数量为10的随机组合中，将不完全相同的物品或者图片进行配对，共达25组，便给1分。 |

| 得½分： | 如果孩子能在其中包含另外3个类似刺激的数量为10的随机组合中，将不完全相同的物品或者图片进行配对，共达10组，便给1/2分。 |

| VP-MTS 10-M | 在数量为10而其中包括3个相似刺激的随机组合中，能够对同类不同样的实物（立体）与图片（平面）或相反秩序进行配对，并且配对的总数为25组（T） |

| 目标： | 测定孩子是否能就物品的不同方面进行配对。 |

| 材料： | 一批常见的物品和与这些物品相似但不同的图片，以及与样本物品相似的比较物品。 |

| 例子： | 大人将至少10张卡片随机地放在桌子上（或放在电脑屏幕上），其中有3张是圆形红色的（红色的球、红色的西红柿和红色的苹果），然后给孩子一个塑料的红色 |

苹果并说:"你能配对吗?",孩子能从比较的组合中选择苹果的图片。

得1分: 如果孩子能在包含有3个相似刺激物的数量为10的随机组合中,将不完全相同的物品(立体)与图片(平面)进行配对,反之同理,总数达25组,便给1分。

得½分: 如果孩子能在包含有3个相似刺激物的数量为10的随机组合中,将不完全相同的物品(立体)与图片(平面)进行配对,反之同理,总数达10组,便给1/2分。

独立游戏 — 第二阶段

游戏 6-M	能寻找玩具中的遗失部分或对应的玩具或一套玩具中的某个成分,达5个或5套玩具(如:一块拼图块、一个投掷玩具中的球、一个玩具娃娃的瓶子)(E)

目标: 测定孩子是否能在玩玩具的过程中表现出寻找遗失物品的动机(有强烈的动机),并据此而行动。

材料: 包含有各种不同部件的普通玩具和物品,并且孩子在过去对这些物品表示出兴趣。

例子: 当孩子得到一个他所喜欢的玩具,例如一个土豆先生但缺乏某些部分,那么孩子会不会寻找这些部分?或者,当孩子得到一瓶泡泡水但没有管子,他会不会到处寻找管子?

得1分: 假如有些物品被拿走了或是自然地遗缺了,如果孩子能够积极地、独立地搜寻遗缺或对应的玩具或一套玩具的部分,共达5项或5套,便给1分。

得½分: 假如有些物品被拿走了或是自然地遗缺了,如果孩子能够积极地、独立地搜寻遗缺或对应的玩具或一套玩具的部分,共达2项或2套,便给1/2分。

游戏 7-M	能够独立地表现出按照功能而使用玩具或物品共达5项(如将火车放在火车轨道上、推小推车、将电话放在耳朵旁)(O)

目标: 测定孩子是否已经学会特定的玩具或物品具有特定的功能和作用。

材料: 在孩子的家庭或学校环境中可以找到的熟悉的玩具或物品。

例子: 当给予孩子一把梳子时孩子是否试图使用梳子梳头?当给孩子一辆车时孩子是否试图推这辆车?当给孩子一顶帽子,孩子是否试图把它戴在头上?

得1分: 如果孩子能够独立地表现出按照功能使用5件玩具或物品,便给1分。

得½分: 如果孩子能够独立地表现出按照功能使用2件玩具或物品,便给1/2分。

游戏 8-M	能够使用日常物品而有创意地进行游戏共达 2 项（如把一个碗当做鼓或者把一个盒子当做想象的汽车）（O）

目标： 测定孩子是否能够通过表现出创造性和想象性地使用各种物品进行游戏活动来泛化其游戏技能。

材料： 在孩子的家庭中或学校环境中可以找到的玩具或物品。

例子： 孩子能将树叶和小棍放在玩具购物车里。孩子能将农场动物玩具放进杯子里。

得 1 分： 如果孩子能以创造性的方式玩 2 种不同的日常物品（除了他以其中一件玩具来得到自我刺激），便给 1 分。

得 ½ 分： 如果孩子能以创造性的方式玩 1 种物品，便给 1/2 分。

游戏 9-M	能够使用活动建筑与操场上的游戏设备独立地游戏达 5 分钟（如滑滑梯，荡秋千）（TO：30 分钟）

目标： 测定孩子是否喜欢参与一些涉及与之年龄相当的游戏器械及游乐设施的体育活动。

材料： 操场、游戏性建筑以及其他的一些相关的设备。

例子： 孩子能够骑上旋转木马，能溜滑梯，能爬过隧道，在攀爬架上摆动，在索桥上跳等。

得 1 分： 如果孩子能够在 30 分钟的观察期内参与玩一些游戏性建筑及操场上的游戏设备共达 5 分钟，便给 1 分。

得 ½ 分： 如果孩子能够在 30 分钟的观察期内参与玩一些游戏性建筑及操场上的游戏设备共达 2 分钟，便给 1/2 分。

游戏 10-M	组装具有多个部件的玩具共达 5 套不同的材料（如土豆先生的头、小人组合、玩具臭虫、科乐思玩具）（O）

目标： 测定孩子是否能够玩有多个部件的玩具并能恰当地组合这些部件。

材料： 在孩子的家庭或学校环境中可以找到的普通玩具和物品。

例子： 乐高德宝系列积木、火车组合、积木、交通工具和汽车修理车间、小人组合、维尼熊聚会组合、娃娃和娃娃的房子、茶具、农场动物玩具等。

| 得 1 分： | 如果孩子能独立地组成、组合或设立玩具或其他游戏物品共计 5 套不同的材料，便给 1 分。 |

| 得 ½ 分： | 如果孩子能独立地组成、组合或设立玩具或其他游戏物品共计 2 套不同的材料，便给 1/2 分。 |

社会行为和社会游戏 — 第二阶段

| 社交 6-M | 发起与同伴的形体互动达 2 次（如推小车、手握手、拉手唱歌跳舞）（TO：30 分钟） |

| 目标： | 测定孩子是否会向其他孩子发起互动而不需要大人的辅助。这个互动可以是非语言或语言的。 |

| 材料： | 同伴以及与之年龄相当的物品或活动。 |

| 例子： | 在操场上，目标孩子在辅助下与老师同伴玩了追逐游戏后能自发地追逐一个同伴。目标孩子能够在水桌旁加入到同伴中玩泼水并使同伴发笑，以后并重复同样的动作。目标孩子靠近同伴，抓住他的胳膊，并把他拉向水桌。 |

| 得 1 分： | 在 30 分钟的观察时间内，如果孩子两次向同伴发起互动，便给 1 分。需要注意的是没有辅助的互动首先发生的可能是负面的事件，比如孩子将另一个孩子推下自行车是为了得到自行车；但是，对这些负面类型的互动不予计分。 |

| 得 ½ 分： | 在 30 分钟的观察时间内，如果孩子向同伴发起一次互动，便给 1/2 分。 |

| 社交 7-M | 自发地向同伴提要求达 5 次（如："该我了""推我""看！""过来"）（TO：60 分钟） |

| 目标： | 测定孩子能否在没有成人辅助下向同伴提要求。这个要求可以是任何类型的。 |

| 材料： | 同伴和能在家里和学校找到的与年龄相当的物品。 |

| 例子： | 目标孩子坐在四轮车上，不需要大人的辅助，他就能要求同伴"推我"。当目标孩子坐在美术桌旁，在要求同伴"看"的同时将自己的作品展示给同伴。当同伴在吃 QQ 熊软糖，目标孩子对同伴说："我要 QQ 糖"在操场上，目标孩子想要同伴参与活动时，能自发地向同伴要求："过来"。孩子向同伴的要求也包括要求去掉讨厌的事物或活动，例如要求同伴停止一项活动或行为。 |

| 得 1 分： | 在 1 个小时的观察时间内，如果孩子能独立地向同伴提 5 次要求并且其中至少包含 2 个不同要求，便给 1 分。 |

得 ½ 分：	在 1 个小时的观察时间内，如果孩子能独立地向同伴提 2 次要求，便给 1/2 分。

社交 8-M	在没有大人辅助或强化的情况下，能持续地与同伴们进行社会游戏达 3 分钟（如：一起合作摆好游戏玩具，玩水）（TO：30 分钟）

目标：	测定孩子是否能独立地与同伴进行一段持续性时间的各种活动中的任何一种活动，这些活动包括同伴之间语言和/或非语言的互动。
材料：	同伴和能在家里和学校找到的与年龄相当的物品。
例子：	目标孩子和同伴互相投掷水球并能在水龙头上装满新的水球。目标孩子和同伴一起玩玩具小木屋并能假装吃晚餐。目标孩子能和同伴一起用乐高积木搭建高楼。
得 1 分：	在 30 分钟的观察时间内，如果在没有辅助的情况下，孩子能和同伴一起持续地玩 3 分钟，便给 1 分。必须有具体的语言或非语言的互动才能够得分。在这个阶段中如果只是与附近的同伴一起简单参与一个活动（如：看影片），则不给分，因为这看起来更像平行游戏。
得 ½ 分：	在 30 分钟的观察时间内，如果在没有辅助的情况下，孩子能和同伴一起持续地玩 2 分钟，便给 1/2 分。

社交 9-M	自发地回应来自同伴的要求达 5 次（如："把我拉进小车""我要那个火车"）（E）

目标：	测定孩子是否在学着去关注同伴的语言行为的内容。这种技能的一个早期表现是孩子在没有成人辅助的情况下能对同伴的要求做出正确的反应。
材料：	同伴和能在家里和学校找到的与年龄相当的物品。
例子：	在做美术活动的过程中一个同伴向目标孩子要一把剪刀，目标孩子在不需要成人的辅助下能将剪刀给同伴。一个同伴说，"给我消防车"。目标孩子能将消防车给同伴。同伴坐在小车上要求目标孩子拉他，目标孩子能拉同伴的小车。因为同伴的手上拿着东西而且他又想出去，他要求目标孩子开门，目标孩子能遵从同伴的要求。
得 1 分：	在观察或测试过程中，如果孩子能自发地对来自同伴的至少 2 个不同的要求做出反应，共达 5 次，便给 1 分。如果大人必须以某种形式给予辅助就不予计分。
得 ½ 分：	在观察或测试过程中，如果孩子能自发地对同伴的要求做出反应，共达 2 次，便给 1/2 分。

社交 10-M	能够自发地要求同伴一起参与到各种活动和社会游戏中去达 2 次（如："你们来玩吧""我们来挖个洞吧"）（TO：60 分钟）

目标：	测定孩子能否要求其他孩子参与到他的活动中。

材料：	同伴和能在家里和学校找到的与年龄相当的物品。
例子：	目标孩子对一个同伴说，"来和我一起玩""你想去游戏屋玩吗""我们来变成怪物吧"
得 1 分：	在 1 个小时的观察时间内，如果孩子能够自发地要求同伴参与到他的游戏，社交游戏或其他社会活动中达 2 次，便给 1 分。
得 ½ 分：	在 1 个小时的观察期内，如果孩子能够自发地要求同伴参与到他的游戏，社交游戏或其他社会活动中达 1 次，便给 1/2 分。

动作模仿 — 第二阶段

模仿 6-M	能够模仿 10 个动作，而每个动作都要求从一个组合中选择一个具体的物件（如：能从包括号、铃铛的组合中选择鼓槌，并模仿大人敲鼓）(T)
目标：	测定孩子是否能用特定的物品模仿特定的示范动作。因此，其中包含的两个任务都要求注意、辨别与模仿。目标是建立起在玩、社会互动和学习活动中模仿他人（特别是其他儿童）所必须的基本技能。这种类型的模仿也开始建立起为名 – 动词听者行为（即在语言要求如"转轮子"的条件下用物品展示动作）所必须的动作技能。
材料：	来自于孩子的自然环境中的可能性活动和物品的清单。
例子：	喝水、亲吻、拥抱、滚、挤、吃、吹、藏、转、推、穿、爬、飞和挥手。
得 1 分：	如果孩子在"这样做"的辅助下，用与大人所用的物品即选自于数量为 3 之组合中的特定物品，来模仿 10 个不同的动作，便给 1 分。
得 ½ 分：	如果孩子在"这样做"的辅助下，用与大人所用的物品即选自于数量为 3 之组合中的特定物品，来模仿 5 个不同的动作，便给 1/2 分。

模仿 7-M	在"这样做"的辅助下模仿 20 个不同的精细动作（如：摆动手指、拧、握拳、做蝴蝶）(T)
目标：	测定孩子的精细动作模仿行为是否变得更强，具有泛化性。
材料：	一份可能的精细动作模仿行为的清单。
例子：	爪形手指、指物品、摆动食指（示指）、拍手、碰碰指尖、做数字 2 的手势、用两根手指"走路"、摆动手指模仿兔子耳朵、用手指拼字母、做手势语言。

得 1 分：	在"这样做"的辅助下，如果孩子能模仿 20 个不同的精细动作，便给 1 分。
得 ½ 分：	在"这样做"的辅助下，如果孩子能模仿 10 个不同的精细动作，便给 1/2 分。

模仿 8-M	能在"这样做"的辅助下，模仿 10 个不同的三步顺序动作（如：拍手、跳一跳、摸脚趾，拿起娃娃、把她放到床上、摇摇床）(T)

目标：	测定孩子能否在设计的情况下或在自然环境中模仿多种行为。
材料：	无特殊需要材料。
例子：	大人拍拍膝盖，拍拍肩并摸摸肚子，孩子能按照顺序模仿这三个行为。大人拿起遥控器，指向电视并按按钮，孩子能用桌子上的另一个遥控器重复这三个步骤。
得 1 分：	如果孩子能在设计的情况下或自然环境中模仿 10 个不同的同伴或大人示范的三步动作，便给 1 分。
得 ½ 分：	如果孩子能在设计的情况下或自然环境中模仿 5 个不同的同伴或大人示范的两步动作，便给 1/2 分。

模仿 9-M	能够在自然环境中自发地模仿 5 个功能性的技能（如：用勺子吃饭、穿外套、脱鞋子）(O)

目标：	测定孩子能否在自然环境中不需要他人的辅助就能模仿功能性行为。
材料：	无特殊材料。
例子：	看到别的孩子拿一个碗并将点心倒入其中，目标孩子能自己拿个碗来模仿这个行为。当大人拿毯子将自己盖好后，目标孩子也能拿毯子将自己盖好。
得 1 分：	如果孩子能在自然环境中自发地模仿 5 个功能性技能，便给 1 分。
得 ½ 分：	如果孩子能在自然环境中自发地模仿 2 个功能性技能，便给 1/2 分。

模仿 10-M	在大人使用或不使用实物示范任何新的动作后，能够模仿（或者试图近似地模仿）这种动作（这也就是所谓的"泛化的模仿能力"）(T)

目标：	测定孩子是否学会不需要特别训练就能够成功地模仿（或接近）新的动作或活动。这个能力是非常有价值的，并在行为学的文献中被称为是"泛化了的模仿技能"。
材料：	无特殊材料要求。

| 例子： | 一个大人和一个孩子都有棒球棍，大人示范如何击打球，孩子能在第一回合就试图模仿大人的击球动作。同伴把脚放在桌上，被观察的孩子也能模仿这个行为。 |

| 得 1 分： | 如果孩子能够在"这样做"的辅助下模仿（或近似模仿）大人那样使用或不使用物品做出很多新的动作，便给 1 分。 |

| 得 ½ 分： | 无。 |

仿说（EESA）分测试 — 第二阶段

| 仿说 6-M | 能在 EESA 分测试里得至少 50 分（在第二组中至少得 20 分）（T） |

目标：	测定孩子能否重复更多的完整的单词，其中有一些单词可能包含多重音节。
材料：	EESA 分测试。
例子：	测试时，孩子能重复"熊猫""窗户"和"开门"。
得 1 分：	如果孩子能在 EESA 分测试里得至少 50 分（在第 2 组中至少得 20 分），便给 1 分。
得 ½ 分：	如果孩子能在 EESA 分测试里得至少 40 分（在第 2 组中至少得 15 分），便给 1/2 分。

| 仿说 7-M | 能在 EESA 分测试中得至少 60 分 |

目标：	测定孩子是否能持续地表现出更复杂的仿说技能。
材料：	EESA 分测试。
例子：	测试时，孩子能仿说"吃香蕉""吃药"和"拜拜"。
得 1 分：	孩子能在 EESA 分测试中得至少 60 分，便给 1 分。
得 ½ 分：	孩子能在 EESA 分测试中得至少 55 分，便给 1/2 分。

| 仿说 8-M | 能在 EESA 分测试中得至少 70 分 |

| 目标： | 测定孩子是否能持续地表现出更复杂的仿说技能。 |
| 材料： | EESA 分测试。 |

例子：	当测试时孩子能仿说"嘿，我也要""泰迪熊"和"击个掌"。
得 1 分：	孩子能在 EESA 分测试中得至少 70 分，便给 1 分。
得 ½ 分：	孩子能在 EESA 分测试中得至少 65 分，便给 1/2 分。

仿说 9-M	能在 EESA 分测试中至少得 80 分
目标：	测定孩子是否开始表现出模仿 3 个音节单词的能力。此外，测定孩子能否模仿口头语言动态性的特性如音量，音调和韵律。
材料：	EESA 分测验。
例子：	测试时，孩子能仿说"赢得一个玩具""小皇帝"和"一块饼干"。
得 1 分：	如果孩子能在 EESA 分测试中得至少 80 分，便给 1 分。
得 ½ 分：	如果孩子能在 EESA 分测试中得至少 75 分，便给 1/2 分。

仿说 10-M	在 EESA 分测试里至少得 90 分（在第四组和第五组中至少得 10 分）
目标：	测定孩子是否开始掌握泛化了的仿说技能，也就是说他可以重复或近似地重复大部分新的单词或短语。此外，测定孩子是否开始熟练地重复口头语言中动态性的特性如音量，音调和韵律。
材料：	EESA 分测试。
例子：	测试时，孩子能重复耳语或重复持续的颤音。
得 1 分：	如果孩子能在 EESA 分测试里得至少 90 分（在第 4 组和第 5 组中至少得 10 分），便给 1 分。
得 ½ 分：	如果孩子能在 EESA 分测试里得至少 85 分（在第 4 组和第 5 组中至少得 10 分），便给 1/2 分。

功能、特性、类别的听者反应
（LRFFC）— 第二阶段

LRFFC 6-M	根据每次展示的 5 之组合中的一个食品或饮料（其他还有 4 个非食物或非饮料的物件），并在"你吃的东西……"和"你喝的东西……"的语言填空指令下，能够选择 5 个不同的食物或饮料（T）

目标： 测定孩子能不能从大人口述食品或饮料所从属的类别而不是食品或饮料的名称来确认食物或饮料。在功能特性类别之听者行为的早期用"吃"和"喝"主要是因为与其相连的动机是非常强烈的。除此以外的类别是更为困难的，并要等到功能特性类别之听者行为的后期阶段才会将它们包括在教育程序中。

材料： 使用孩子喜欢的食物或饮料。对许多孩子来说使用它们的图片也是可以的。此外，在组合中还需要放一些并非食物或饮料的转移注意力之物品。

例子： 出示内含 5 个物品的组合，其中一个为食物，而其他都是常见物品，大人说"你吃……"学生选择曲奇（或三明治、薄脆饼干、芝士、香蕉等）。

得 1 分： 如果大人逐一展示 5 个物品的组合其中含有一个食物或饮料，并且给出口头指令"你吃……"和"你喝……"，孩子能无需辅助正确选择 5 种不同的食物或饮料，则给 1 分。

得 ½ 分： 如果大人逐一展示 5 个物品的组合其中含有一个食物或饮料，并且给出口头指令"你吃……"和"你喝……"，孩子能无需辅助正确选择 2 种不同的食物或饮料，则给 1/2 分。

LRFFC 7-M	在听到任一关于功能特性类别之听者行为的需要填空的陈述时（如："你可以坐在上面的……"），能够从 8 个物品的组合中选择一件正确的物件完成填空，共达 25 个不同项目（T）

目标： 测定孩子在别人用某种方式描述一件物品而不说出其名字时能否确认这种物品。目前任务的重点是孩子要能根据口述的与一件物品相关之动作（动词）而通过填空形式来确认这一特殊物品。这个动作往往是该物品的一种功能的举例（如椅子是为了坐的）。

材料： 使用孩子已经知道（即孩子能够命名和作出听者反应）的并与目标功能特性类别听者行为之陈述相配套的物品和图片，再加上一组干扰物品而形成组合。对有关功能特性类别之听者行为的任务，图片往往更容易处理，并且也更容易找到相关物品的多样性例子。

例子：　　　"你睡觉用"……床，"你梳头用"……梳子，"你拍"……球，"你要游泳就到"……游泳池，"你乘坐在"……车上，"你转"……陀螺，"你吹"……气球，"你要跳就用"……蹦床。

得1分：　　如果在听到关于功能特性类别之听者行为的要求填空的陈述时，孩子能够从8个物品的组合中选择一件正确的物件完成填空共达25个不同项目，就给1分。

得½分：　　如果在上述关于功能特性类别之听者行为的任务中，孩子能够选择正确的物件完成填空共达12个项目，就给1/2分。

| LRFFC 8-M | 在听到与功能特性类别听者反应有关的含有"什么""哪个"或"谁"的动词及名词问题时（如："你乘什么？""什么会叫？""谁会蹦跳？"），能够从10个物品的组合中（或从一本书中）选择正确的物件，共达25个不同物件（T） |

目标：　　　测定孩子在大人通过"什么""哪一个"或"谁"等特殊疑问句的形式而用某种方式描述一件物品的功能特性类别而不说出其名字时，能否确认这种物品。

材料：　　　一套孩子已经知道（即孩子能够命名和作出听者反应）的并与目标功能特性类别听者行为之陈述相配套的物品和图片，和一系列孩子已知的相应动词。

例子：　　　"你穿什么"……衬衫，"谁送你上学"……妈妈，"哪一个会飞"……小鸟，"谁是帕特里克的朋友"……海绵宝宝，"你拉哪一个"……小车。

得1分：　　如果在听到25个不同的关于功能特性类别之听者行为的特殊疑问句后，孩子能够从每次展示的含有10个目标的组合中（或从书中）选择正确的项目，就给1分。

得½分：　　如果在听到12个不同的关于功能特性类别之听者行为的特殊疑问句后，孩子能够从每次展示的含有10个目标的组合中（或从书中）选择正确的项目，就给1/2分。

| LRFFC 9-M | 在听到有关一个物品而分别表述为3个不同的语言句子（如："找一个动物。""什么会叫？""什么有爪子？"）时能选择这个物品，共能如此选择25个物品（T） |

目标：　　　确定一个孩子在听到关于一个物品的不同的语言陈述后是否能够选择同样的目标物品从而表明其刺激泛化的能力。这种能力也可称为是语言刺激类别的建立。重要之处在于要用不同的物品（如动物、衣服、食品、车辆等）来测试这种能力从而确定刺激泛化确在发生。

材料：　　　一批已知的物品或图片（对这些物品孩子已能加以命名和听者辨别），而这些物品或图片分别与至少三个不同的LRFFC的有关陈述互相吻合。

例子：　　　"什么东西会飞"……飞机；"什么东西有翅膀"……飞机；"上次你乘什么去看你

奶奶"……飞机。

得 1 分： 如果孩子能从一个数量为 10 的组合或一本书中根据 3 个不同的功能特性类别之听者反应的语言陈述正确地选择一个物品并能如此选择 25 个物品，就给 1 分。

得 ½ 分： 如果孩子能够从一个数量为 10 的组合或一本书中根据 3 个不同的功能特性类别之听者反应的语言陈述而正确地选择一个物品并能如此选择 12 个物品，就给 1/2 分。

LRFFC 10-M	能够在 50% 的与功能特性类别之听者反应有关的训练回合中自发地命名物品（如：在听到语言指令"找一个动物"并看到一个包含狗的图画的组合时，孩子能够说狗）(O)

目标： 测定在面对别人的语言问题和组合中的物品时，孩子能否不需要大人辅助就有所反应即命名这个物品。在对话行为的发展中这是一个重要的步骤。如果一个孩子开始以功能特性类别之听者反应的形式自发地命名组合中的目标之物，这就很好地标志着他可以接受更为强化的对话训练。

材料： 在这项技能测评中不需要新的材料。

例子： 当别人问到"你的三明治在哪里？"并看到一个包括午餐盒在内的 10 个物品的组合时，孩子会说"午餐盒"。

得 1 分： 如果孩子能够在 50% 的与功能特性类别之听者反应有关的训练回合中自发地命名目标之物，则给 1 分。有些孩子在给予几个语言辅助后会很快地开始命名物品。如果孩子能够在辅助撤退后连续命名物品，并能在其后的命名中至少达到 50% 的目标，也给 1 分。

得 ½ 分： 如果孩子能够在 25% 的与功能特性类别之听者反应有关的训练回合中自发地命名目标之物，或者如果在这种训练开始之时孩子总是需要辅助才能达到 50% 的目标，则给 1/2 分。

对话 — 第二阶段

对话 6-M	完成 10 个任何形式的不同填空短语（如：歌词填空、社会游戏及娱乐填空、动物或物品的声音）(T)

目标： 测定一些特殊词语是否会引发一些相关词语，而不需要任何物品的呈现或仿说语言的辅助。简而言之在对话行为中，词语是被另外的词语所控制的，而不是靠物品或活动（命名）或者靠动机（提要求）所控制的。然而，在对早期对话发展的评估中会常看到动机与语言刺激分享着控制。比方说，在"预备……"后的"开始"这一对话性反应，部分地也是提要求（如孩子想要别人追他），但是在对话发展的这一阶段中这是允许的，应该为孩子的对这种对话性反应而给分。

材料：	一些孩子可能会唱的歌曲，常见或有趣的短语，动物叫声，普通物品的声音，和其他与孩子有关的语言组合。
例子：	"脑袋、肩膀、膝盖和……""麦当劳老头有一个……""绵羊叫起来……""救火车叫起来……""预备……""看到……""上去和……""妈妈和……"
得1分：	如果孩子能为10个不同的歌曲、有趣的活动、动物叫声、玩具或物品的声音以及其他语言组合而填空补字，则给1分。
得½分：	如果孩子能为5个不同的歌曲、有趣的活动、动物叫声、玩具或物品的声音以及其他语言组合而填空补字，则给1/2分。

对话 7-M	当别人问"你叫什么名字？"时，孩子能够说出自己的名字（T）
目标：	测定孩子能在别人问他叫什么名字后，能够回答自己的名字。
材料：	无。
例子：	无。
得1分：	如果孩子在没有仿说语言辅助下能说出自己的名字，则给1分。但如果孩子用其名字称呼所有众人，便不给分。
得½分：	无。

对话 8-M	完成25个不同的填空短语（不包括歌曲）（如："你吃……""你睡在……""鞋和……"）（T）
目标：	测定一些特殊词语是否会引发一些相关词语，而不需要任何物品、仿说语言辅助、或动机因素的存在（一般的关注除外）。
材料：	一些与孩子有关的可能的填空短语。
例子：	"你睡在一张……""你穿上你的……""你打开……""你坐在……""鞋子和……""洗洗你的……""你头睡在……""打开……""吹……""推……""扫……""再见吧鳄鱼……"
得1分：	如果孩子能够为25个不同的短语、语言组合、常说之话，以及当下情况无关的日常活动填空补字，则给1分。
得½分：	如果孩子能够为12个不同的短语填空补字，则给1/2分。

对话 9-M	回答 25 个不同的关于什么的问题（如："你喜欢吃什么"）（T）
目标：	测定孩子在脱离视觉背景的情况下或在没有特别的动机因素时是否能够回答普通的关于什么的问题。
材料：	一系列可能的关于"什么"的问题。
例子：	"你喝什么""你拍什么""你玩什么""你转什么""你喜欢什么动物"
得 1 分：	如果孩子无需仿说语言的辅助或有关物品的呈现就能回答 25 个不同的关于什么的问题，就给 1 分。
得 ½ 分：	如果孩子能回答 12 个不同的关于什么的问题，就给 1/2 分。

对话 10-M	回答 25 个不同的关于谁或者哪里的问题（如："谁是你的朋友？你的枕头在哪里？"）（T）
目标：	测定孩子能否不需要仿说语言辅助就能回答关于人物或角色名字和物品之地点的问题。
材料：	一些可能的关于"谁"和"哪里"的问题。
例子：	"在学校谁帮你""哪个是你的宠物""谁是朵拉的朋友""你生病的时候谁帮助你""勺子在哪里""锤子在哪里""爸爸的车在哪里""你的枕头在哪里""你的牙刷在哪里""饼干在哪里""油漆刷在哪里""哪里有闪光"
得 1 分：	如果孩子不需要仿说语言辅助或展示物品就能回答 25 个不同的关于"谁"或"哪里"的问题（"谁"和"哪里"各至少有 8 个），就给 1 分。
得 ½ 分：	如果孩子能回答 12 个不同的关于"谁"或"哪里"的问题，就给 1/2 分（注意是否所有的都是"谁"或所有的都是"哪里"）。

教室常规和集体能力 — 第二阶段

集体能力 6-M	能在集体吃点心或午饭时坐在桌边 3 分钟而没有不好的行为（O）
目标：	测定孩子能否服从指令与一群孩子一起坐在桌子边上，并能在那里待上一段规定的时间。
材料：	教室常用的椅子和桌子以及点心或午餐所用物品。

例子：	当大人指着桌子告诉孩子坐在桌子旁，孩子能不需要任何额外的大人辅助就在那里坐下并能保持如此达 3 分钟。
得 1 分：	如果孩子能按照手势或语言辅助而坐在集体餐点桌或午餐桌前而不发生负面行为达 3 分钟，就给 1 分。在孩子就座的时候可以有辅助，但他必须能够坐在那里达 3 分钟而无需大人辅助以回到座位上去。
得 ½ 分：	如果孩子能按照手势或语言辅助而坐在集体餐点桌或午餐桌前而不发生负面行为达 1 分钟，就给 1/2 分。

集体能力 7-M	只用一个口头辅助，就能够放好个人物品、排队、或会走到桌子边上来（O）
目标：	测定孩子能否执行一些基本的教室中的指令而无需很多的辅助。
材料：	普通的教室材料比如说桌子、椅子，外套架、储物格等。
例子：	当老师要大家排队时，孩子能与其他孩子一起排队。当老师说"把你们的午餐放到自己的小格里去"时，孩子能按照要求去做。
得 1 分：	如果在 80% 的情况中，孩子仅需要成人的一次语言辅助就能将背包、外套、午餐放好，能按要求排队、走到桌子前，给 1 分。
得 ½ 分：	如果在 80% 的情况中，孩子需要成人两次或两次以上的辅助才能将背包、外套、午餐放好，能按要求排队、走到桌子前，给 1/2 分。

集体能力 8-M	仅需要一次手势或语言辅助就能从一种教室活动过渡到另一种教室活动（O）
目标：	测定孩子能否从一个活动转移到另一个活动而不需要过多的辅助或不会出现不好的行为。
材料：	普通的教室材料。
例子：	当老师让学生去参加集体活动时，学生能马上就去。
得 1 分：	如果至少在 80%的情况下，孩子仅仅需要 1 次手势或语言辅助就能在不同教室活动之间转换，并且不出现不好的行为，给 1 分。
得 ½ 分：	如果孩子需要 2 次或 2 次以上任何形式的辅助（形体辅助除外）才能完成不同教室活动之间的转换，给 1/2 分。

| 集体能力 9-M | 能够在小组里坐下达 5 分钟而没有扰乱行为或企图离开小组（O） |

目标： 测定孩子是否能在短时间内至少是被动地参加小组活动。

材料： 普通的教室材料。

例子： 在小组课时间，孩子能在团体中坐好而不站起来，不将其椅子推出小组环境，不倒在地上或者跑开。

得 1 分： 如果在 80% 的情况中，孩子能在 3 人或 3 人以上的小组中坐上 5 分钟并且不出现扰乱行为或试图离开小组，给 1 分。

得 ½ 分： 如果在 80% 的情况中，孩子能在 3 人或 3 人以上的小组中坐上 2 分钟并且不出现扰乱行为或试图离开小组，给 1/2 分。

| 集体能力 10-M | 能够在小组里坐达 10 分钟，有 50% 的时间能注意老师和材料、并能对老师的 5 个指令做出反应（O） |

目标： 测定孩子是否能在集体课环境中注意正在进行的活动并能对老师对个人或对集体发出的指令做出适当的反应。

材料： 普通的教室材料。

例子： 当上小组课时，孩子与教师有目光的对视或能关注展示的材料，当老师说"莎拉，选一首歌"。莎拉不需要额外的辅助就能走到小组前面并从一组卡片中选出一首歌曲的卡片。

得 1 分： 如果在 80% 的情况中，孩子能在有 3 个或 3 个以上的学生的集体活动中（如：小组集中时间、美术和手工、工作站）坐上 10 分钟，并有 50% 的时间能关注老师或老师展示的材料（用一种时段取样记录的方法），并能对老师的 5 个问题或指令做出反应，给 1 分。

得 ½ 分： 如果在 80% 的情况中，孩子能在有 3 个或 3 个以上的学生的集体活动中（如：小组集中时间、美术和手工、工作站）坐上 10 分钟，并有 33% 的时间能关注老师或老师展示的材料，并能对老师的 2 个问题或指令做出反应，给 1/2 分。

语言结构 — 第二阶段

语言 6-M	孩子表达了 10 个命名，而熟悉的大人即使没有看到孩子命名之物也能够明白孩子表达的意思（T）

目标： 测定大人在没有看到孩子命名之物时是否也能够理解孩子所说的词语。

材料： 孩子可以命名的物品。

例子： 当一个大人拿着一张图画卡片并要孩子命名这个物品时，旁边另一个大人并没有看到图画也能明白孩子所说的话语。

得 1 分： 如果孩子命名 10 个物品，熟悉的大人即使没有看到所命名之物品也能明白孩子所表达的词语，给 1 分。

得 ½ 分： 如果孩子命名 5 个物品，熟悉的大人即使没有看到所命名之物品也能明白孩子所表达的词语，给 1/2 分。

语言 7-M	能够具有 100 个字的听者反应词汇量（如："摸鼻子""跳一下""找钥匙"）（T）

目标： 测定孩子听者反应词汇是否在增加。

材料： 与年龄相符的常见物品和活动。

例子： 当大人问孩子"你能找到消防车吗？"，孩子能在一张包含有其他交通工具的图片中指出消防车。

得 1 分： 如果孩子能在数量为 5 的组合中选择一个物品或执行一个特定动作，并表现出诸如此类的 100 个字的听者反应词汇量，给 1 分。

得 ½ 分： 如果孩子能在数量为 5 的组合中选择一个物品或执行一个特定动作，并表现出诸如此类的 50 个字的听者反应词汇量，给 1/2 分。

语言 8-M	每天发出 10 个除仿说以外的任何形式的（如：提要求、命名）两个词的短语（O）

目标： 测定孩子是否能在一个短语或句子中将 2 个或更多的词放在一起。

材料： 没有特殊的材料。

例子：	孩子能命名"妈妈拜拜"或要求"大饼干。"
得 1 分：	如果孩子在一天能说出 10 个除仿说性语言以外的任何形式（如：提要求、命名）2 个词的短语，就给 1 分。这些行为可以包含有语言辅助的反应，如"这是什么"或"你想要什么"。
得 ½ 分：	如果孩子在一天内能说出 5 个除仿说性语言以外的任何形式（如：提要求、命名）2 个词的短语，就给 1/2 分。

语言 9-M	一天内在 5 个场合发出具有功能意义（即节奏、重音、声调）的语调（如：把重音放在像"这是**我的**！"这样的某个字上）（O）
目标：	测定孩子是否能够在其语音发生方面表现出多样性并且这种多样性是否具有语言功能。具体地说，增加一种多样性是否会以特定方式影响到一个听者，例如向听者显示孩子目前的情感状态。
材料：	没有特殊的材料。
例子：	孩子哭哭啼啼地说："我不想去。"
得 1 分：	如果孩子能在一天内的 5 个不同情况下发出功能性的语调（如：节奏、重音、声调等），给 1 分。
得 ½ 分：	如果孩子能在一天内的 2 个不同情况下发出功能性的语调（如：节奏、重音、声调等），给 1/2 分。

语言 10-M	具有 300 字的讲者词汇量（包括除仿说以外的所有语言操作元素）（E）
目标：	测定孩子的讲者词汇量是否是在增加。
材料：	与年龄相当的常见物品和活动。
例子：	当大人要求孩子命名儿童画书上的各种图画时，孩子能按要求执行。
得 1 分：	如果孩子具有总共 300 字的讲者词汇量，给 1 分。
得 ½ 分：	如果孩子具有总共 200 字的讲者词汇量，给 1/2 分。

第五章

里程碑计分指南：第三阶段

这一章包含实施 VB-MAPP 里程碑评估第三阶段的详细说明。第三阶段增加了三个新的技能领域：阅读、书写和算术。这些领域并没有包含在早期阶段，因为大多数普通发展的孩子在那些阶段没有获得这些基本认知技能（尽管某些孩子已经获得了）。另外，对于得分主要落在第一或第二阶段的语言发育迟缓的孩子，应尽量避免把这些技能领域作为他们课程的一部分。在第三阶段才提出这些高级技能，是希望对早期阶段应把重点放在什么技能上更为清楚。通常的情况是在进入到更复杂的领域如初级学业领域之前，需要先稳定建立第一和第二阶段的技能。有两个技能领域即仿说和模仿没有包括在第三阶段，是因为对于已经达到这个阶段的孩子这些领域的目标意义趋向更小。作为提醒，评估一个特定技能的 4 个方法是：① 正式测试（T）；② 观察（O）；③ 观察或测试（E）；④ 限时观察（TO）。

提要求 — 第三阶段

| 提要求 11-M | 能够用一个特殊疑问句或者用疑问词自发地提 5 个不同的关于信息的要求（如："你叫什么名字""我应该到哪里去"）（TO：60 分钟） |

目标： 测定孩子是否能自发地提问题和为什么提问题。具体地说，有没有要想得到对问题之回答（信息）的强烈动机，以及这个答案能不能成为孩子的强化物？他是不是真的想知道这个答案或他的问题产生于其他原因，如注意力？

材料： 在孩子的自然环境中能找到的强化物或活动。

例子： "那是什么""你在干什么""我们到哪里去""我能去吗""你有这个吗""谁来了""我们什么时候走"

得 1 分： 如果孩子在 1 个小时的观察时间里自发地使用至少两种不同的特殊疑问句或其他疑问词来要求不同的语言信息 5 次，给 1 分。

得 ½ 分： 如果孩子在 1 个小时的观察时间里自发地使用一种特殊疑问句或其他疑问词来要求不同的语言信息 2 次，给 1/2 分。

提要求 12-M	能在 5 种不同的环境中有礼貌地要求停止不喜欢的活动，或去除任何引起反感动机的条件（如："请别再推我""不了，谢谢你""对不起，你能让一下吗"）(E)

目标： 测定孩子能否礼貌地恰当地用语言而不是用不良行为提出要求以去除不喜欢的物品或事件。

材料： 在孩子的自然环境中能发现的反感之物或活动。

例子： "请不要这样做""我能休息一下吗""你能让我一个人呆一会吗""不了，谢谢，我不想玩""或许晚一点""我现在能走了吗"

得 1 分： 如果孩子在 5 种不同的环境下不用辅助就能适当地（如：没有负面行为）要求停止不喜欢的活动、不参与某一活动，或移除一个厌恶之物等，则给 1 分。

得 ½ 分： 如果孩子在 2 种不同的环境下不用辅助就能适当地（如：没有负面行为）要求停止不喜欢的活动、不参与某一活动，或移除一个厌恶之物等，则给 1/2 分。

提要求 13-M	能用 10 个不同的形容词，介词或副词提要求（如："我的蜡笔断了""别把它拿出去""快走"）(TO：60 分钟)

目标： 测定孩子的提要求技能是否包含多重成分，和超越了名词、动词而包含不同的语言成分。

材料： 在孩子的自然环境中能找到的强化物或活动。

例子： "我要那颗红心""把它放到房子里""你躲到桌子下面""走轻一点""那是我的纸""我要大的薯片"

得 1 分： 如果在 1 个小时的观察或测试时间里，孩子能用 10 个不同的形容词，介词或副词提要求给 1 分。为了在此获得满分，每一类词性（即，形容词、介词或副词等）应该至少有两个词。

得 ½ 分： 如果在 1 个小时的观察时间内，孩子能运用 5 个不同的形容词，介词或副词提出要求，就给 1/2 分。

提要求 14-M	能够指出、说明或者解释如何做某件事或如何参与一个活动（如："你先涂胶水，再把它贴好""你坐在这里，我去拿一本书"）达 5 次(O)

目标： 测定孩子提要求的技能是否在与他人特别是其他孩子的日常活动中具有功能性。

材料：	在孩子的自然环境中能找到的强化物或活动。
例子：	"我先走，然后你再走""别把胶水放在嘴里""过来坐下""现在轮到你了""你去藏起来，我来记数"
得1分：	如果每日数据表说明孩子能给予指令说明或解释应该怎么做或如何参与活动达5次，则给1分。
得½分：	如果每日数据表说明孩子能给予指令说明或解释应该怎么做或如何参与活动达2次，则给1/2分。

提要求 15-M	要求他人注意自己的对话行为（如："听我说……""让我来告诉你……""当时发生的是……""我来说个故事……"）达5次（O）

目标：	测定孩子是否能要求听众关注他正在进行的语言行为。
材料：	在孩子的自然环境中能找到的强化物或活动。
例子：	"我要说啦""她说的是这么回事""我在说话呢""该我了""我告诉过她了""你知道她说过什么吗？"
得1分：	在任何观察过程中如果孩子要求其他人关注他的对话行为达5次，则给1分。通常，可以通过发生在一些对话顺序之前的或穿插在其中的一个要求来测量这一技能（如：孩子对如何做煎饼的一个描述）。
得½分：	在观察期间如果孩子有2次要求其他人关注他的对话行为，则给1/2分。

命名 — 第三阶段

命名 11-M	面对用混乱秩序提出的5个物件，孩子能够命名它们的颜色、形状和功能（共15个回合）（如："冰箱是什么颜色""情人节的形状是什么""你用球来做什么"）（这里部分是命名部分是对话）（T）

目标：	测定当问到单个物品的三个不同的特性或功能时孩子是否能命名其中的任何一个。混合这些问题和物品是十分重要的，因为许多孩子只有在被问及所有颜色问题之后再被问及所有形状时等才可成功。这差不多是一个辅助。将三个问题和不同的物品混合起来是一个更难的任务，由此可揭示孩子是否真的有这个技能。
材料：	在孩子的自然环境中找到的他能很容易命名的普通物品，和一个这些物品可能有的特性和功能的清单。

例子：	使用一个圆的绿苹果，一个正方形的棕色字纸篓和一个长方形的白色冰箱的相应图片，每次展示给孩子一张图片，并问："你用这个做什么"然后展示另一张图片并问"这是什么颜色"然后展示第三张图片并问"这是什么形状"，如此类推（也就是，混合这些问题和图片）。
得 1 分：	在混合顺序测试中当问及一个物体时如果孩子能分别命名其颜色、形状和功能并达 5 个不同的物品（15 个回合），则给 1 分。
得 ½ 分：	在混合顺序测试中当问及一个物体时如果孩子能分别命名其中 2 种特性或功能共达 5 个不同的物品（10 个回合），则给 1/2 分。

命名 12-M	能命名 4 个不同的介词（如：在……里面、在……外面、在……上面、在……下面）和 4 个代词（如：我、你、他、我的）（E）
目标：	测定孩子是否能命名物品与环境之间的空间关系，以及孩子是否能用代词来命名。
材料：	在孩子的自然环境中能找到的他能够很容易命名和选择的普通物品，和一个可能会的方位词和介词的清单。
例子：	当大人问"狗在哪里"时，孩子能正确地说"在椅子下面"，稍后当狗在椅子上时问他同一个问题，孩子能说"在椅子上面"当大人问"轮到谁了"时，孩子正确的回答"轮到他了"稍后再问孩子同一个问题"轮到谁了"时，孩子能说"轮到我了"。
得 1 分：	测试时如果孩子能命名 4 个不同的介词和 4 个不同的代词，则给 1 分。
得 ½ 分：	如果孩子总共能命名 4 个介词或代词，但其中有些是来自某一类，给 1/2 分。如果孩子能命名 4 个不同的介词，但没有 4 个代词，给 1/2 分，反之亦然。在 VB-MAPP 里程碑表格的"评论/注明"部分里，表明他能做什么或不能做什么。

命名 13-M	能命名 4 个不同的形容词，但不包括颜色和形状（如：大、小、长、短）和 4 个副词（如：快的、慢的、静的、轻的）（E）
目标：	测定孩子是否能命名物品的性能（如：尺寸、长度、重量、质地）和动作的特性（如：速度、连贯性、强度），是否能命名一件物品或动作的特性与另外物品的特性（如：长和短、轻和重、旧和新）或动作特性（如：较快的、较慢的）的比较情况。
材料：	在自然环境中能找到的孩子能够容易命名和听者选择的普通物品和一个孩子可能会的形容词和副词的清单。

例子：	当大人展示 2 根不同长度的吸管并问"你能告诉我关于这根吸管的长度吗？"时，孩子能说"这根比那根长。"然后，大人再展示先展示过的同一根吸管，但对照的是一根更长的吸管，同样问题导致的回答是"这根吸管比那根短。"当测试副词时，放映一段两辆汽车比赛的视频并提出问题"你能告诉我这辆车的速度吗？"孩子说"这辆车比那辆车慢。"然后，再展示同一辆汽车，但比较组合里包括更慢的车，同一问题引发的答案是"这辆车比那辆车快。"（注意在两个例子中正确的反应部分是命名，对话部分影响命名的内容，因此是一种条件性辨别）。
得 1 分：	测试时孩子命名 4 个不同的形容词（不包括颜色和形状）和 4 个不同的副词，则给 1 分。
得 ½ 分：	如果孩子总共命名 4 个形容词或副词，但其中有些来自于某一类，则给 1/2 分。如果孩子命名 4 个不同的形容词，但没有 4 个副词，则给 1/2 分，反之亦然。在 VB-MAPP 里程碑表格的"评论/注明"部分里，注明他能做什么或不能做什么。

命名 14-M	能用含有 4 个以上词的完整句子命名，共达 20 次（E）
目标：	测定孩子是否能说完整的句子，并且那些句子至少包含 4 个词语。
材料：	在孩子的自然环境中能够找到的普通物品或动作。
例子：	"那是一个大的冰淇淋甜筒""这是我的妈妈""那是他的午餐盒吗""他把一颗星放在上面了"。
得 1 分：	如果孩子能用包含 4 个或 4 个以上词语的完整句命名 20 次，则给 1 分。
得 ½ 分：	如果孩子能用包含 3 个或 3 个以上词语的完整句命名 20 次，则给 1/2 分。

命名 15-M	通过测试或从以前累积的已知命名词汇表说明孩子能够命名 1000 个字（如：名词、动词和形容词等）（T）
目标：	测定孩子命名技能的数量。
材料：	用书（如：图画字典）、情景、图片卡和在普通环境中的物品、活动、道具等。
例子：	儿童图画书每一页中能够很容易地命名的许多物品。
得 1 分：	如果孩子能命名 1000 个非语言刺激（名词、动词、形容词、副词、代词等）则给 1 分。在这个评估中可以用孩子已知词汇的积累清单。注意，这看起来像是很多词汇，但普通发展 4 岁的孩子有 1500～2000 个或更多的用于表达的词汇。有很多孩子书籍包含了超过 1000 张的图片。如果必要的话，这个评估可以进行较长的一段时间

（即一张累计的清单）或者可以通过抽样评估命名来实施。如果孩子能够很容易地命名数百个物品、动作、特性等，那在他的个别化教育计划中可能不太需要命名这个目标，不必提及图画字典。

得½分： 如果孩子命名 750 个非语言刺激（名词、动词、形容词、副词、代词等）则给 1/2 分。在这个评估中可以用孩子已知词汇的积累清单。

听者反应 — 第三阶段

听者反应 11-M	能够从一组 6 个相似的刺激物中根据颜色和形状来选择目标物品共达 4 种颜色和 4 种形状的物品（如："找一找红色的车""找一找正方形的饼干"）（T）

目标： 测定孩子是否能够听从要求他注意一个特定的物品及其特性（颜色或形状）的复杂指令。

材料： 颜色和形状的清单，和许多不同颜色的形状。

例子： 当大人说"蓝色的杯子在哪里"时，孩子从包括蓝色帽子、红色杯子、蓝色盘子等许多物品的组合中找出蓝色的杯子。

得 1 分： 测试时如果孩子能根据颜色和形状从一组 6 个相似的刺激物中选择目标物品并达 4 种颜色和 4 种形状，则给 1 分。

得½分： 测试时如果孩子能根据颜色和形状从一组 6 个相似的刺激物中选择目标物品并达 2 种颜色和 2 种形状，则给 1/2 分。

听者反应 12-M	能够听从包括 6 个不同介词（如："站在椅子的后面"）和 4 个不同代词（如："摸摸我的耳朵"）的 2 个指令（T）

目标： 测定孩子是否能作为一个听者来辨别不同物品在环境中的空间关系，和当听到要求时孩子能否遵循含有代词的指令。

材料： 在自然环境中找得到的孩子能够很容易命名和听觉辨别（LD）的普通物品，和可能会的介词和代词的清单。

例子： 当听到指令把玩具放在盒子"里面"以及与之相对应的把玩具放在盒子"下面"时，孩子能通过多种物品（如：杯子、碗、乐高积木）成功地完成指令。或者，当听到要求"把玩具给他"（没有看或指）时，孩子能在仅通过听到"他（男孩）"或"她（女孩）"时来成功地辨别男性或女性。

得 1 分： 测试时如果孩子能对 6 个不同的介词和 4 个不同的代词中的每一个遵循 2 个指令，则给 1 分。

得 ½ 分：	如果孩子能对 3 个不同的介词和 2 个不同的代词中的每一个遵循 2 个指令，则给 1/2 分。如果孩子能对 6 个不同介词中的每一个遵循 2 个指令，但没有对 4 个代词的每一个遵循 2 个指令，则给 1/2 分，反之亦然。在 VB-MAPP 表格的"评论 / 注明"部分里，表明他能做什么或不能做什么。
听者反应 13-M	**能够在根据 4 对相对性形容词（如："大的和小的""长的和短的"）组成的一组相似的刺激物中选择物品，并且能够根据 4 对相对性副词（如："安静地和大声地""很快地和很慢地"）做出动作（T）**
目标：	测定孩子是否能作为听者辨别物品的相对性（如：大小、长度、重量、质地），和遵循包含动作的相对关系的指令（如：速度、连贯性、强度）。
材料：	在孩子的自然环境中找得到的，他能很容易命名和听觉辨别（LD）的普通物品，和一份可能的形容词和副词的清单。
例子：	大人给 3 个不同尺寸的物品组合并问"哪一个最大"孩子能选择最大的物品。大人用不同音量示范说出 2 个不同的词语并问"哪个词声音更大？"孩子能正确分辨更大声的词语。
得 1 分：	测试时如果孩子能从根据 4 对相对性形容词组成的相似刺激物组合中选择物品，和遵循包含 4 对相对性副词的指令，给 1 分。
得 ½ 分：	如果孩子能从根据 2 对相对性形容词组成的相似刺激物的组合中选择物品和遵循 2 个包含 2 个不同副词的指令，但其中有些是买自于每一类的，给 1/2 分。如果孩子能够听觉辨别 4 个不同的形容词，但没有副词，给 1/2 分，反之亦然。在 VB-MAPP 里程碑表格里的"评论 / 注明"部分，注明他能做什么和不能做什么。
听者反应 14-M	**能执行 10 个不同的包含三个步骤的指令（如："拿你的外套、把它挂好、然后坐下"）（T）**
目标：	测定孩子是否能执行含有多重部分的指令。
材料：	在孩子的自然环境中找到的孩子能很容易命名和听觉辨别的普通物品，和一份可能的 3 步指令的清单。
例子：	"摸一下狗，牛和猪""拿起羽毛，把胶水涂在上面，再把它粘在帽子上""把你的杯子拿到水槽去，洗干净，把你的手擦干""摸一摸大的红色的卡车，把这本书拿给妈妈，再回来""拿一张纸巾，擦擦你的鼻子，然后把纸巾扔到垃圾桶"
得 1 分：	如果孩子遵循了 10 个三步指令，给 1 分。

得 ½ 分：	如果孩子遵循了 5 个三步指令，给 1/2 分。

听者反应 15-M	通过测试或从积累起来的已知词汇量清单表明，孩子有 1200 个词汇的听者技能（名词、动词、形容词，等）（T）

目标： 测定孩子听者技能的数量。

材料： 用书、情景、图片卡和在普通环境中的物品、活动和特性。

例子： 在听到提问比如"你看到西瓜了吗"时，能够作为听者确认图画书每一页中的许多物品。

得 1 分： 如果孩子识别 1200 个非语言刺激（名词、动词、形容词、副词、代词，等），则给 1 分。假如有可靠的关于孩子已知词汇的累计清单，可用于这个评估。（注：参看在命名第三阶段 15 里程碑里关于这个测量的评论。）

得 ½ 分： 如果孩子识别 800 个非语言刺激（名词、动词、形容词、副词、代词，等），给 1/2 分。假如有可靠的关于孩子已知词汇的累计清单，可用于这个评估。

视觉感知能力和样本配对（VP-MTS）— 第三阶段

VP-MTS 11-M	能自发地参照他人的样本而完成自己的美工活动的任何部分达 2 次（如：一个同伴将气球涂成红颜色，孩子能模仿同伴将自己的气球也涂成红颜色）（O）

目标： 测定孩子是否能在自然环境中参照同伴的样子功能性地配对。

材料： 普通的美工材料。

例子： 同伴剪了一个正方形并将它用作他艺术品中的一顶帽子，目标孩子也剪了一个相似的正方形并且也把它当作一顶帽子。

得 1 分： 如果孩子能自发地参照大人或同伴样本而完成自己美工活动的任何一部分达 2 次，给 1 分。

得 ½ 分： 如果孩子能自发地模仿大人或同伴的样本而完成自己美工活动的任何一部分达 1 次，给 1/2 分。

| VP-MTS 12-M | 能在包含 3 个相似刺激物的 10 件物品之随意组合中，对不完全相同的物品泛化配对，达 25 次（即在第一个回合中就能配对新的目标）（T） |

| 目标: | 测定孩子是否已经能够找到与任意样本物品最相似的配对。这常常被称为"泛化了的配对技能"。|

| 材料: | 一些常用物品和相对应的图片（例如，一根塑料香蕉和一张香蕉的图片）以及各种对照的物品（一些其他的水果）。|

| 例子: | 第一次看到一个塑料菠萝后，再看到一组包含有菠萝的一些水果和蔬菜的对照组合，孩子能在没有任何关于菠萝训练的情况下在第一个回合就能找到菠萝。|

| 得 1 分: | 能在包含 3 个相似刺激物和 1 个新物品的 10 件物品之随意组合中，泛化对不完全相同物品的配对，共 25 次，就给 1 分。|

| 得 ½ 分: | 能在包含 3 个相似刺激物和 1 个新物品的 10 件物品之随意组合中，泛化对不完全相同物品的配对，共 15 次，则给 1/2 分。|

| VP-MTS 13-M | 能够用至少 8 件不同的材料完成不同的积木搭建，镶嵌玩具，形状拼图，或各种类似的任务，共达 20 种（T）|

| 目标: | 测定孩子是否能参照平面的特定模式完成 3 维物品的组装任务。|

| 材料: | 成套的积木像 DLM 积木设计玩具组合，和其他类似的形状拼图和配套的图案卡。这些材料和相似的材料可在很多教具商店及网站上买到。|

| 例子: | 当展示由 8 块不同颜色的积木组建的图案时，孩子能用真实的积木正确地按照图案搭建。|

| 得 1 分: | 如果孩子能用至少 8 件不同的部分完成不同的积木搭建、镶嵌玩具、形状拼图，或相似的任务，共达 20 种，则给 1 分。|

| 得 ½ 分: | 如果孩子能用至少 4 件不同的部分完成不同的积木搭建、镶嵌玩具、形状拼图，或相似的任务，共达 20 种，则给 1/2 分。|

| VP-MTS 14-M | 能够在没有示范的情况下对 5 个不同类别中的 5 件物品进行分类（如：动物、衣服、家具）（T）|

| 目标: | 测定孩子是否能在没有人告诉他类别名称或给他一类之中第一个分子的情况下，根据类别分类物品。|

材料:	来自各种类别的一些不同的而孩子已知之物品的图片。
例子:	当出示一组包含有 15 张关于食物、服饰、交通工具的卡片时,孩子能将这些物品分成有关的 3 组。
得 1 分:	如果孩子在没有模型及没人给他一类之一分子的情况下(但大人可以用一个指令辅助,如"你能将这些分类吗?")能对 5 个不同的类别且每类至少有 5 件物品进行分类,则给 1 分。
得 ½ 分:	如果孩子在没有示范(除了口头辅助)或一类之中第一个分子的情况下,能对 3 个不同的类别且每类至少有 3 件物品进行分类,则给 1/2 分。

VP-MTS 15-M	能完成包含有三个步骤的形状、顺序或序列的排列任务,共达 20 个(如:五角星、三角形、心形、五角星、三角形……)(T)
目标:	测定孩子在没有任何辅助(除了一个指令辅助,如"你能接着这样做吗?")的情况下,是否可通过配对那种形状而展示他能识别刺激物的形状或顺序。
材料:	许多能用于排列的常用材料(如:南瓜、巫婆和幽灵)。能在教具商店或网站上买到顺序排列套装,部分到整体套装,和类似材料。
例子:	当得到一个由彩色的互联的方块如红、白、蓝、红、白、蓝顺序时,孩子能在没有辅助的情况下在许多彩色方块中选择正确的颜色复制这个顺序。
得 1 分:	如果孩子能做延续 20 个 3 个步骤的形状、顺序或序列的任务,则给 1 分。
得 ½ 分:	如果孩子能做延续 20 个 2 个步骤的形状、顺序或序列的任务,则给 1/2 分

独立游戏 — 第三阶段

游戏 11-M	能够自发地就 5 种情况(如:穿衣打扮、假装与毛绒动物开晚会、假装烹饪等)进行假扮的或者想象的游戏(O)
目标:	测定孩子是否能超越用物品玩的具体游戏进入到包括有新奇的有创造成分的角色扮演游戏和象征性游戏的假扮游戏。
材料:	在孩子的家里或学校环境中能找到的可以用来做假扮性游戏的玩具和物品(如:服装、仿制食物、茶具)。
例子:	孩子表演一个角色,如一位公主或一位消防员。孩子假装烹饪和上菜。

得 1 分：	如果孩子能在 5 个场合自发地从事不同的假扮或假想性游戏，则给 1 分。
得 ½ 分：	如果孩子能在 2 个场合自发地从事不同的假扮或想像性游戏，则给 1/2 分。

游戏 12-M	在 2 种活动中，能重复大动作的游戏行为从而得到更好的结果（如：将一个球扔进球篮里、用棒球棍击球、用跺脚发射玩具火箭、荡秋千）（O）
目标：	测定孩子是否在运动等体能游戏活动中能得到更好的结果从而表现出持续性和有动力。
材料：	普通游戏和运动器材。
例子：	孩子能在一个球穴区持续地尝试打高尔夫球直到将球打进洞，或踢球直到踢到球。
得 1 分：	如果孩子能在 2 个活动中重复一组粗大运动的游戏行为以试图获得想要的结果，给 1 分。
得 ½ 分：	如果孩子能在 1 个活动中重复一组粗大运动的游戏行为以试图获得想要的结果，则给 1/2 分。

游戏 13-M	能够独立进行美术或手工类活动（如：作图、涂色、画画、剪纸、粘贴）达 5 分钟（O）
目标：	测定孩子是否能坚持于任务和使用普通的美工物品，如剪刀、胶水、纸、蜡笔、扣子和软刷等来创造作品，而且好像很喜欢这些活动。
材料：	美术和手工用品。
例子：	孩子画一张脸，然后剪一个鼻子，贴在脸上。
得 1 分：	如果孩子能独立地（没有大人辅助或强化）从事美术和手工类活动 5 分钟，给 1 分。
得 ½ 分：	如果孩子能独立地（没有大人辅助或强化）从事美术和手工类活动 2 分钟，则给 1/2 分。

游戏 14-M	能够无需大人的帮助或强化而独立进行连续性游戏活动达 10 分钟（如：玩神奇画板、玩穿衣打扮）（O）
目标：	测定孩子是否能在没有大人参与的情况下持续进行一段时间的游戏活动。
材料：	在孩子的家里或学校环境中能找得到的普通玩具和物品。

例子:	孩子玩汽车修理厂和汽车玩具 10 分钟。孩子玩乐高积木几分钟，然后玩自动倾卸卡车几分钟，再玩餐具几分钟，总共连续玩 10 分钟，完全没有大人的参与。
得 1 分:	如果孩子不需要大人的辅助或强化而独立自发地进行游戏活动持续 10 分钟，则给 1 分。
得 ½ 分:	如果孩子不需要大人的辅助或强化而独立自发地进行游戏活动持续 5 分钟，则给 1/2 分。

游戏 15-M	能够独立地在学知之前活动书本上画画或写字（如：点连线、配对游戏、迷宫、临摹字母和数字）达 5 分钟（O）
目标:	测定孩子是否能用与其年龄相符的练习本独立地工作，并且被此类活动所强化。
材料:	孩子的学前的活动手册。
例子:	孩子能完成点连线的游戏而不需要大人的强化。
得 1 分:	如果孩子能独立地在活动手册上画或写 5 分钟，给 1 分。
得 ½ 分:	如果孩子能独立地在活动手册上画或写 2 分钟，则给 1/2 分

社会行为和社会性游戏 — 第三阶段

社交 11-M	自发地与一个同伴合作从而达到一个具体的目标达 5 次（如：一个孩子拿着一个小桶而另外一个孩子往里面倒水）（E）
目标:	测定孩子是否有能力与同伴进行协同行为以完成一个具体的目标，而不需要大人的辅助或强化。
材料:	同伴和在孩子家里或学校能找得到的玩具或物品。
例子:	目标孩子和同伴协同玩跷跷板或小推车。孩子和同伴合作用积木搭建高楼。孩子和同伴来回抛接球。
得 1 分:	在观察期或测试过程中，孩子能自发地与同伴合作达到一个具体的结果达 5 次（大人可以提示同伴在合作性的活动中去接触目标孩子，比如帮忙拿一个盒子），则给 1 分。
得 ½ 分:	在观察期或测试过程中，孩子能自发地与同伴合作达到一个具体的结果 2 次，则给 1/2 分。

社交 12-M	自发地使用特殊疑问句向同伴提要求达 5 次（如："你到哪里去""那是什么""你现在扮演谁呢"）（TO：60 分钟）

目标： 测定孩子是否能向同伴提要求以获得语言信息，而不需要大人的辅助或强化。

材料： 同伴和在孩子的家里或学校能找得到的物品。

例子： 目标孩子能向同伴提要求"红色的蜡笔在哪里"（在完成美术任务时），或"你在搭什么"（同伴在玩乐高时）。

得 1 分： 在一个小时的时间里，如果孩子能自发地向同伴提 5 个不同的要求，如向同伴提出问题，或其他寻求信息的要求，给 1 分。

得 ½ 分： 在一个小时的时间里，如果孩子能自发地向同伴提 2 个不同的要求，如向同伴提出问题，或其他寻求信息的要求，则给 1/2 分。

社交 13-M	用对话形式回答来自同伴的 5 个不同的问题或陈述（如：用语言来回答"你想玩什么"）（E）

目标： 测定孩子对同伴的语言行为是否有对话性反应，而不需要大人的辅助或强化。

材料： 同伴和在自然环境中的物品和活动。

例子： 同伴问目标孩子"你在搭什么"目标孩子用"一艘太空船"回答他的问题。同伴问目标孩子"你午餐吃什么"目标孩子用"花生酱三明治"回答他的问题。

得 1 分： 在一个小时的观察或测试过程中，如果孩子对来自同伴的 5 个不同的问题或陈述做出对话性反应，而不需要大人的辅助或强化，给 1 分。

得 ½ 分： 在一个小时的观察或测试过程中，如果孩子对来自同伴的 2 个不同的问题或陈述做出对话性反应，而不需要大人的辅助或强化，则给 1/2 分。

社交 14-M	在不需要大人辅助的情况下能够与同伴进行想象性的社会游戏活动达 5 分钟（如：打扮穿衣、模仿电视人物的动作、玩家家）（O）

目标： 测定孩子是否能自发地与同伴进行假装游戏和/或社会性游戏，并持续一段时间。

材料： 同伴和自然环境中的物品和活动。

例子： 操场上有几个孩子在小木屋里进进出出。目标孩子参与到活动中，跟随其他的孩子，与其他人一起坐在小木屋里的椅子上，假装喝水，假装小睡，别人笑时他也笑，向同伴提要求，模仿同伴，对同伴的语言行为做出对话性反应。

得 1 分： 如果孩子能与同伴进行假扮性游戏或社会性游戏活动达 5 分钟，给 1 分。

得 ½ 分： 如果孩子能与同伴进行假扮性游戏或社会性游戏活动达 2 分钟，则给 1/2 分。

社交 15-M	就一个主题能够与同伴进行 4 个回合的语言交流，共达 5 个主题（如：孩子就如何在沙箱里挖小溪而来回地对话）（O）

目标： 测定孩子是否能与同伴就一个单独的主题来回进行"交谈"。

材料： 同伴和自然环境里的物品和事件。

例子： 在美术活动中，同伴说"我需要一些胶水"目标孩子说"在这里"并将胶水递给同伴。同伴用完胶水后目标孩子对同伴说"我要胶水"同伴递过胶水。然后，同伴说"看，你泼了一些胶水"目标孩子说"我需要一张纸巾，"同伴拿了一张纸巾说"给你一张纸巾。"目标孩子说"谢谢。"

得 1 分： 在一个观察时段里，如果孩子能开始一个语言互动，或能用附加的和相关的语言行为对同伴的语言行为自发地做出反应，并且有持续 4 个来回的交互性语言互动。（注意计算任何类型的语言行为 - 提要求、命名或对话），给 1 分。

得 ½ 分： 在一个观察时段里，如果孩子能发起一个语言互动，或能用附加的和相关的语言行为对同伴的语言行为自发地做出反应，并且有持续 2 个来回的交互性语言互动。则给 1/2 分。

阅读 — 第三阶段

阅读 11-M	当大人为孩子读故事时孩子能有 75% 的时间注意书本（TO：3 分钟）

目标： 测定孩子是否对书感兴趣并让大人给他读故事。

材料： 孩子书籍。

例子： 当大人在读书和看着书页讲故事时，孩子能够不需要任何关于注意书本的提示就与大人坐在一起。

得 1 分： 在给孩子读故事时他在 3 分钟的时段里能有 75% 的时间注意书本，而不需要任何关于注意书本的辅助，则给 1 分。

| 得 ½ 分： | 在给孩子读故事时他在 3 分钟的时段里能有 50% 的时间注意书本，而不需要任何关于注意书本的辅助，则给 1/2 分。 |

| 阅读 12-M | 能从 5 个字母的组合中选择正确的大写的英语字母，共能选择 10 个不同的字母（听者辨别）（T） |

目标： 测定孩子是否能作为一个听者辨别大写的英语字母。

材料： 一些大写的英语字母。

例子： 当大人出示至少包含有 5 个不同字母的组合并且说"摸一下字母 R"时，孩子能摸字母 R。

得 1 分： 如果孩子能从 5 个字母的组合里正确选择大写的英语字母，达 10 个不同的字母，给 1 分。

得 ½ 分： 如果孩子能从 5 个字母的组合里正确选择大写的英语字母，达 5 个不同的字母，给 1/2 分。

| 阅读 13-M | 能在听到指令后命名 10 个大写字母（T） |

目标： 测定孩子是否能命名一些大写的英语字母。

材料： 一些大写的英语字母。

例子： 当大人展示出一个"R"并用语言提示"这是什么字母？"时，孩子说"R"。

得 1 分： 如果孩子能命名 10 个大写的英语字母，则给 1 分。

得 ½ 分： 如果孩子能命名 5 个大写的英语字母。则给 1/2 分。

| 阅读 14-M | 能读自己的名字（T） |

目标： 测定孩子是否能读他的名字。

材料： 写有孩子名字的卡片和纸片，还有一些干扰的字。

例子： 当大人展示"伟强"的书写字时孩子说"伟强"，但当展示一些干扰词时，孩子不说"伟强"。

得 1 分： 当大人展示他的名字和给予语言辅助，"这个念什么"时，孩子能读出他自己的名字，给 1 分。注意不要说一些像"这是谁的名字"之类的话，因为这些语言刺激会从对话的角度引起孩子说名字（除非用了几个名字）。另外，确认其他的词语不会引起他自己的名字，或不是他个人名字的卡片就引起反应（某些颜色、模型，等，可能是控制源）。

得 ½ 分： 无。

阅读 15-M	能完成 5 个词语与一个数目为 5 的组合中的相应图片或实物的配对，反之亦然（如：能够将一个书写的鸟字与一张鸟的图片配对）(T)

目标： 测定孩子是否能将书写文字与相应的图片或物品配对，反之亦然（这是阅读理解的一个例子）。

材料： 一些简单的文字和相关的图片或物品（如：狗、猫、娃娃、球）。

例子： 当大人出示文字"车子"时，孩子能将此文字与至少含有 4 件其他物品之组合中的车子图片配对。

得 1 分： 如果孩子能将 5 个字与在 5 之组合中相应的图片或物品配对，或反之亦然，都给 1 分。

得 ½ 分： 如果孩子能将 3 个字与在 3 之组合中相应的图片或物品配对，或反之亦然。则给 1/2 分。

书写 — 第三阶段

书写 11-M	在大人用书写工具和书写平面进行示范时，孩子能够模仿 5 个不同的书写动作 (T)

目标： 测定孩子是否能用手握书写工具和模仿大人简单的绘画动作。

材料： 任何类型的书写工具（如：蜡笔、记号笔、粉笔、铅笔）和相关的平面（如：纸、白板或磁性写字板）。

例子： 孩子能模仿来回、上下、以圆圈和曲线来画画。

得 1 分： 如果孩子能模仿大人示范的 5 个不同的书写动作，给 1 分。

得 ½ 分： 如果孩子能模仿大人示范的 3 个不同的书写动作，则给 1/2 分。

书写 12-M	能独立地描摹 5 个不同的几何图形（如：圆形、正方形、三角形、长方形、五角星）并且描线与原线间距离不大于 1/4 英寸（中文版译者注：1 英寸 = 2.54 厘米）(T)

目标： 测定孩子是否能控制书写工具而足以在限定范围内描绘特定的几何形状。

| 材料： | 任何类型的书写工具（如：蜡笔、记号笔、粉笔、铅笔）和相关的平面（如：纸、白板或磁性写字板）。 |

| 例子： | 孩子能够描绘一个 3 英寸的圆圈并且不超出样本的 1/4 英寸。 |

| 得 1 分： | 如果孩子能独立地描绘 5 种不同的几何图形并且在 80% 的情况中不超出样本的 1/4 英寸，给 1 分。几个角的图形（如：一个星形）有可能是困难的，但只要孩子接近了就给满分。 |

| 得 ½ 分： | 如果孩子能独立地描绘 5 种不同的几何图形并且在 80% 的情况中不超出样本的 1/2 英寸，则给 1/2 分。 |

书写 13-M　能够仿写 10 个字母或数字达到可以辨认的程度（T）

| 目标： | 测定孩子是否能仿写具体的字母和数字。 |

| 材料： | 任何类型的书写工具（如：蜡笔、记号笔、粉笔、铅笔）和相关平面（如：纸、白板或磁性写字板）。 |

| 例子： | 学生能仿写字母 A、B、C 和数字 1、2。 |

| 得 1 分： | 如果孩子能清晰地仿写（也就是说，观察者不需看原来样本就可分辨孩子仿写的字母和数字）10 个任何大小的字母或数字，给 1 分。 |

| 得 ½ 分： | 如果孩子能清晰地仿写 5 个任何大小的字母或数字，则给 1/2 分。 |

书写 14-M　能够拼写而不是仿写自己的名字达到可以辨认的程度（T）

| 目标： | 测定孩子是否能写出他自己的名字，第二者可以很容易地辨认。 |

| 材料： | 任何类型的书写工具（如：蜡笔、记号笔、粉笔、铅笔）和相关平面（如：纸、白板或磁性写字板）。 |

| 例子： | 孩子能在线条纸上写他自己的名字。 |

| 得 1 分： | 如果孩子能独立地清晰地正确地拼写他自己的名字（"清晰地"不一定是整齐地，这需要练习），则给 1 分。 |

| 得 ½ 分： | 如果孩子能够近似地书写他的名字，但字体不清晰难以读出，和/或错误地书写他自己的名字，给 1/2 分。 |

书写 15-M	能够仿写 26 个大小写字母达可以辩认的程度（T）

目标： 测定孩子仿写具体字母的能力。

材料： 任何类型的书写工具（如：蜡笔、记号笔、粉笔、铅笔）和相关平面（如：纸、白板、或磁性写字板）。

例子： 当给予一个样本时，孩子能仿写任何字母。

得 1 分： 如果孩子能独立清晰地仿写所有 26 个大写和小写字母，其仿写清晰可辨，给 1 分。

得 ½ 分： 如果孩子能近似地仿写这些字母，但它们不清晰难以阅读，则给 1/2 分。

对功能、特性和类别的听者反应
（LRFFC）— 第三阶段

LRFFC 11-M	能够从一个含有 3 个相似刺激物（如：相似的颜色、形状或类别、但它们都是错误的选择）的 10 件物品的组合中选择正确的目标，共达 25 个不同的与特殊疑问句有关的功能特性类别听者反应之任务（T）

目标： 测定孩子在得到一个功能特性类别的听者反应任务时是否能辨别一组看起来非常相似的物品。

材料： 一套已知（孩子能命名和听觉辨别）的与目标 LRFFC 之陈述相关的物品或图片，和一批额外的三个看上去在某些方面与目标物相似的刺激物（如：如果目标刺激是一根吸管，问题是"你用哪一个喝果汁"在这一组合里应该有额外的三个看上去像吸管的物品，如：铅笔、小棒和小刀）。

例子： 如果作为目标的 LRFFC 的语言刺激是"你用什么来洗"，目标物是一块肥皂，10 个物品或图片的组合中应该包括三张看上去与此很像的图片，如一个小盒子，一本迷你书，和一小块粘土砖。

得 1 分： 如果孩子能从包含 3 件或更多相似刺激物的 10 件一组的物品或书中，正确选择物品，共计完成 25 个不同的 LRFFC 任务，则给 1 分。

得 ½ 分： 如果孩子能在这种 LRFFC 任务中正确选择 15 个物品，则给 1/2 分。

LRFFC 12-M	根据 2 个语言成分从书上选择目标物品，这些语言成分可以是特性（如：颜色），功能（如：用于画画的），或者类别（如：服装），总共能够选择 25 项与功能特性类别听者反应有关的任务（举例："你看到一个棕色的动物吗""你能找到有扣子的衣服吗"）（T）

目标： 测定孩子是否能对以 LRFFC 形式出现的比较复杂的语言刺激做出反应。这些语言刺激通过包含两个或更多的涵盖了功能、特性或类别的词语而变得更为复杂。

材料： 一套已知的（孩子能命名和听觉辨别的）与 LRFFC 任务陈述相关的物品或图片，和一份在个别呈现时孩子能正确反应的相应的功能，特性和类别的清单。

例子： 在孩子房间里大人让孩子"找一件棕色的家具"，在看一本像《晚安月亮》这样的书时，大人让孩子"在天空中找一个圆形的东西"。在看辛普森一家的图片时，大人问孩子"谁有蓝色的头发"。

得 1 分： 如果孩子能根据大人所给予的 LRFFC 类型的任务从图画背景或自然环境中正确选择 25 个物品，则给 1 分。

得 ½ 分： 如果孩子能根据大人所给予的 LRFFC 类型的任务从图画背景或自然环境中正确选择 15 个物品，则给 1/2 分。

LRFFC 13-M	根据 3 个语言成分（如：动词、形容词、介词、代词）从书上的一页中或自然环境中选择目标物品，总共能够选择 25 项以特殊疑问句为形式的功能特性类别听者反应任务（如："哪一种水果是长在树上的"）（T）

目标： 测定孩子是否能对插入在特殊疑问句形式里的更复杂的语言刺激（混合有动词、名词、介词、形容词或者副词）做出反应，以及是否能对含有多重刺激物的非语言组合（如：一个情景）和看起来与目标刺激物相似的刺激做出反应。

材料： 用自然环境中和／或图片和书（孩子能命名和听觉辨别的）中的符合 LRFFC 任务表述的物品。另外，汇编一份孩子至少作为听者而知道的形容词（如：颜色、形状、尺寸、材质），动词（如：转、搓、推、跑），介词（如：里面、在……上面、在……下面、上面），和副词（如：慢地、快地、小声地、大声地）等的清单。还有，汇编一份不同词类各种组合的清单。注意，通常最容易的是首先找到材料，然后再准备与材料相关的问题。

例子： 在孩子的房间，问孩子"桌子上什么是漂亮的"（如：花）。当看一张生日晚会的照片时，问孩子"你可以吃的咖啡颜色的凉凉的东西在哪里"（如：巧克力冰淇淋）。

得 1 分：	如果孩子能根据大人所给的 LRFFC 类任务从图画或自然环境中正确选择 25 个物品，则给 1 分。
得 ½ 分：	如果孩子能根据大人所给的 LRFFC 类任务从图画或自然环境中正确选择 15 个物品，则给 1/2 分。

LRFFC 14-M	根据来自于一个主题的 4 个不同而又顺序的功能特性类别听者反应之问题（如："牛住在哪里""牛吃什么""谁给牛挤奶"）从书中或自然环境中选择正确的目标物品，总共能围绕 25 个主题选择物品（T）
目标：	测定孩子是否能对向他顺序提出的关于同一主题的不同的特殊疑问句做出反应。每一个问题都将影响正确答案。这个任务要求孩子必须认真地注意变化和多重的语言刺激。
材料：	一套与 LRFFC 任务陈述相应的情景图片或书籍（孩子能命名和听觉辨别的）。另外，汇编一份与情景或书里面每一个物品有关的可能的特殊疑问句。
例子：	孩子在游戏区玩一套火车玩具时，问孩子"你的火车开向哪里"（孩子指桥）。"什么可以带动火车"（孩子指火车头）。"谁在开火车"（孩子指火车司机）。"什么在你的火车上"（孩子指一辆车上的原木）。
得 1 分：	如果孩子能根据 LRFFC 任务里呈现的每个主题从图画背景或自然环境中正确选择 4 个物品共达 25 个不同的主题，则给 1 分。注意，孩子也有可能用正确的语言回答问题来代替手指，它将成为部分对话和部分命名（如果他看着非语言物品），如果这些行为发生给他在 LRFFC 里程碑上记分，因为对话 - 命名技能是比 LRFFC 技能更高级的技能（除非它是死记硬背的）。
得 ½ 分：	如果孩子能根据 LRFFC 任务里呈现的每个主题从画面上或自然环境中正确选择 4 个物品，共达 15 个不同的主题，则给 1/2 分。

LRFFC 15-M	通过测试或从已知技能清单上确定，孩子能表现出 1000 个不同的关于功能特性类别的听者反应（T）
目标：	测定孩子是否能对 LRFFC 任务的许多变化形式做出反应。通常这个时候孩子应该能够对以 LRFFC 形式呈现的几千个词组做出反应。
材料：	使用书、情景和自然环境中的材料。
例子：	在看图画书的每一页时问孩子几个 LRFFC 的问题，如"可以开的东西在哪里""她用什么洗车""他在搭什么"

得 1 分：	如果从测试或从积累的已知反应清单中得知孩子能对 1000 个不同的 LRFFC 的问题做出正确反应，则给 1 分。（注意：参看命名第三阶段第 15 里程碑关于词汇量的说明）
得 ½ 分：	如果从测试或从积累的已知反应清单中得知孩子能对 750 个不同的 LRFFC 的问题做出正确反应，则给 1/2 分。

对话 — 第三阶段

对话 11-M	自发地发出 20 个对话性评论（也可以是提要求的一部分）（如：爸爸说："我去开车了。"孩子自发地说："我想乘车出去。"）(O)
目标：	测定孩子是否在没有辅助的情况下对他在日常生活与人接触的过程中所遇到的语言刺激内容加以注意并做出语言反应。这个里程碑的自发部分是重要的。语言刺激应该是自然发生的，而不包含可能辅助孩子反应的成分，像一个"回合式训练的语调"，或叫孩子的名字。这种语言反应也可能是提要求的一部分，因为语言刺激可能产生一个动机操作（MO）而动机和语言刺激联合引发反应。在幼儿中这种效应是经常可见的。
材料：	一份数据表。没有其他的特殊材料是必须要的。
例子：	孩子听见"我们今天去祖母家"，孩子能自发地说"祖母有很多玩具"。孩子听见"蜘蛛侠被困在巨大的网里"，孩子能自发地说"有人需要去帮助蜘蛛侠"。孩子听到同伴说"我正在搭一个城堡"，孩子能自发地说"我在搭一艘船"。孩子坐在一群孩子中，听到"谁能告诉我一个水果的名称"，孩子说"香蕉"。语言刺激"谁想要冰淇淋"，可能直接提高冰淇淋当时的价值，并在同一时间增强对话如"我想要巧克力"。"我想要巧克力"的反应部分受控于对巧克力的动因（MO），但也受控于语言刺激"冰淇淋"，因此，部分是提要求，部分是对话。
得 1 分：	如果孩子在一天内在自然环境中能自发地发出 20 个对话反应，则给 1 分。
得 ½ 分：	如果孩子能在一天中自发地发出 10 个对话反应，则给 1/2 分。

对话 12-M	通过测试或从已知对话能力清单上确定,孩子能表现出 300 个不同的对话性反应,(T)
目标：	测定孩子对话技能的数量是否在增长。这个评估只是技能的一个样本，因为几乎不可能评估孩子发出的所有有关的对话。当孩子发展到下几个对话里程碑后，对话的数量应会增长到几千个。
材料：	一张数据表。一份有可能成为对话的问题和任务的清单。

| 例子： | "你最喜欢的动物是什么""你知道什么颜色吗""鱼生活在哪里""谁带你去学校""你喜欢喝什么" |

得 1 分： 如孩子在得到指令后至少能表现出 300 个不同的对话反应，给他 1 分。许多机构保持着包含已知对话反应的数据表。这个清单如有信度就可使用。

得 ½ 分： 如孩子在得到指令后至少能表现出 200 个不同的对话反应，则给 1/2 分。

| 对话 13-M | 当大人从书本上读了一小段（15 个字以上）后，孩子能回答 2 个问题，总共能回应 25 小段（如："谁把房子吹倒了"）（T） |

目标： 测定在给他读故事时孩子是否能关注这个故事，听故事后是否增强孩子发出相关的对话行为。这项技能是一个重要的里程碑，因为它包含了几方面的语言活动，比如理解、回忆和新的语言内容的延伸。对于许多基础教育班级它也是一个重要的教学形式，因为在读故事和谈论这些故事时孩子能建立起更为复杂的语言行为。因此，教导孩子这一技能是重要的。这个里程碑评估内容中最重要的部分是孩子听完故事后对问题能做出对话反应。要避免引导性问题，包括辅助（如：仿说、对话）的问题，或仅要求是或不是之回答的问题。

材料： 各种各样的孩子书籍。

例子： 大人读维尼熊的一段故事，"小猪慢慢地回头——它看见维尼熊在打呼噜！小猪说'哦，维尼熊'"。然后问"维尼熊正在做什么"，孩子回答"它正在打呼噜"。当讲完三只小猪的故事后，大人问："坏坏的大灰狼做什么了""所有的小猪跑到哪里去了""小猪的房子是用什么做的"。

得 1 分： 如果孩子能根据书本或其他写作材料中的 25 段短文（每段 15 个字以上）中的每一段回答 2 个问题，则给 1 分。

得 ½ 分： 如果孩子能对 25 段短文（每段 10 个字以上）中的每一段回答 1 个问题，则给 1/2 分。

| 对话 14-M | 能用 8 个以上的字来描绘 25 个不同的事件，视频，故事等（如："告诉我发生了什么""大家都被大妖怪吓坏了，全部都逃进了屋子里"。）（E） |

目标： 测定孩子是否能谈论一些不在当下的物品，用连贯的方式描述它们并足以让听者能理解发生了什么。这个活动凸显了对话技能的一个重要价值，即作为讲者能谈论有些事件和事物，尽管那些事物和事件是过去已经发生过的或目前并不实际出现的。注意，这些事件必须是最近的并且与孩子有关或是他所感兴趣的。

材料： 不需要特殊的材料。

例子：	当别人就一事件问孩子如"那时你在奶奶家干什么了"，孩子说"我和奶奶做饼干了，然后我们一起吃饼干"。或看了一段狮子王后，大人问"你一直在看什么"，孩子说"Scar 是一只坏坏的狮子，使 Mufasa 跌下了山"。
得 1 分：	如果孩子能用至少 8 个字的句子描述 25 个不同的事件、视频、故事等，则给 1 分。没有仿说辅助发生的反应才能算作正确来记分。另外语言陈述应该由其他的话语，而不是由视觉性事件本身（那将产生命名反应）所引发。
得 ½ 分：	如果孩子能用至少 5 个字的句子描述 12 个不同的事件、视频、故事等，则给 1/2 分。

对话 15-M	能就 10 个主题的每一个主题回答 4 个不同而顺序的特殊疑问句（如："谁带你去学校""你上哪个学校""你上学带什么东西"）（T）

目标：	测定孩子是否能成功地回答一些顺序的内容相似的或关于同一个主题的特殊疑问词。这些类型的问题对很多孩子来说是很困难的，因为它们包含了复杂的语言条件性辨别，其中一个词改变句子中其他词的作用（"意义"），并且它们以相似的声音开始，但有完全不同的意义。孩子必须仔细注意句子中的每一个词才能给出正确的回答。通常，孩子要到 4 岁左右才能成功的对这些类型的问题做出反应，根据主题和问题的组成部分，4 岁后的一到两年内还常常出错。注意，"什么时候"的问题包括时间概念，很多普通发展 4 岁的孩子还不能答对。
材料：	一份可能的主题和问题的清单。
例子：	"你的生日聚会在哪里过的""在你的生日聚会上你得到什么礼物""谁去了你的生日聚会""在你生日聚会上你吃了哪一种蛋糕"。
得 1 分：	如果孩子能就 10 个主题中的每一个主题各回答 4 个不同的特殊疑问句，给 1 分。这些问题应该是在自然环境中（不是用回合式方法），带着变化与表情地一个接着一个地问。
得 ½ 分：	如果孩子能就 5 个主题中的每一个主题各回答 3 个不同的特殊疑问句，则给 ½ 分。

教室常规和集体能力 — 第三阶段

集体能力 11-M	仅在语言辅助下就能够使用厕所并且洗手（O）

目标：	测定孩子在得指令后，是否能成功地使用厕所和洗手，而不需要形体辅助。
材料：	厕所、水池、肥皂、毛巾以及用于够到水池的小凳。
例子：	当告诉孩子去上厕所时，孩子能坐或站着使用厕所而不需要任何形体辅助。
得 1 分：	如果孩子能在语言辅助下坐着或站着使用厕所和洗手，则给 1 分。

得 ½ 分：	如果孩子能使用厕所和洗手，但需要形体的辅助，则给 1/2 分。

集体能力 12-M	能在 3 个或 3 个以上孩子的小组中对 5 个不同的集体指令或问题做出反应，而不需要直接的辅助（如："全体起立""谁穿了红色的 T 恤"）(O)

目标： 测定孩子是否能成功地对语言指令做出反应，而这些指令不包括孩子的名字或任何让个别孩子做出反应的直接语言辅助。这类一般的语言指令常被称为"集体指令"，在小组和大组的班级活动中是很常见的。

材料： 不需要特别的材料。

例子： 当老师说"所有的男孩与其他男孩排在一起"，目标孩子能执行。或者，当老师说"谁知道什么东西是酸的"，目标孩子说"柠檬"。

得 1 分： 如果孩子在 3 个或 3 个以上孩子的小组中不需要辅助就能对 5 个不同的集体指令或问题做出反应，就给 1 分。

得 ½ 分： 如果孩子在 3 个或 3 个以上孩子的小组中不需要辅助就能对 2 个不同的集体指令或问题做出反应，则给 1/2 分。

集体能力 13-M	能在一个小组中独立工作 5 分钟，并能在全过程 50% 的时间内做规定的任务(O)

目标： 测定孩子是否能在集体环境里较长时间地持续进行一个指定的任务，在没有大人辅助的情况下专注于这项任务。

材料： 数据表和标准的教室材料。

例子： 仅仅在开始时大人提示孩子去完成任务后，孩子就能从一组规定的数学材料中完成其中的 2 页。

得 1 分： 如果孩子能在 3 个或 3 个以上孩子的小组活动/课程中独立工作 5 分钟，和在此期间 50% 的时间中做规定的任务，给 1 分。

得 ½ 分： 如果孩子能在 3 个或 3 个以上孩子的小组活动/课程中独立工作 2 分钟，和在此期间 50% 的时间中做规定的任务，则给 1/2 分。

集体能力 14-M	能在一节包括 5 个或 5 个以上孩子的为时 15 分钟的小组教学形式中学会 2 个新的行为（T）

目标： 测定孩子是否能在小组教学形式中学到新的技能。

材料：	数据表和标准的教室材料。
例子：	在参与一个内容为讨论消防安全的小组会议后，孩子能回答一个关于如果发生火灾做什么的问题。
得1分：	如果下课5分钟以后的个别测试表明孩子在一个包括5个或5个以上孩子的为时15分钟的小组教学形式中获得了2个新的行为，则给1分。
得½分：	如果下课5分钟以后的个别测试表明孩子在一个包括5个或5个以上孩子的为时15分钟的小组教学形式中获得了1个新的行为，则给1/2分。

集体能力 15-M	能坐在包括5个孩子的小组中上课达20分钟而没有捣乱行为，并且回答5个对话性问题（T）

目标：	测定孩子是否能在一个集体教学活动中表现出适当的集体技能，包括适当行为、注意和参与语言活动。
材料：	数据表和标准的教室材料。
例子：	在讨论植物的过程中，老师问"谁知道植物生长需要什么"，目标学生能坐在座位上，举手，等老师叫到他的名字后回答"阳光和水"。
得1分：	如果孩子能在一个包括5个或5个以上孩子的为时20分钟的小组教学中适当地坐着，并回答呈现的5个对话性问题，则给1分。
得½分：	如果孩子能在一个包括5个或5个以上孩子的为时20分钟的小组教学中适当地坐着，并回答呈现的2个对话性问题，则给½分。

语言结构 — 第三阶段

语言 11-M	能够结合10个词根名词与其复数后缀（如：一只狗与许多狗）和结合10个词根名词与其所有格后缀（狗的项圈与猫的项圈）而发出名词之变形（E）

目标：	测定孩子是否能适当的说出名词的单数和复数（中译注：能否使"许多""很多"等），以及用一个"s"表示的名词所有格（中译注：能使用"我的""我们的"等）。
材料：	普通家庭及教室中的物品。
例子：	名词的复数形式"我的那些书在哪里"，名词所有格"那是乔伊的自行车"。
得1分：	如果孩子能以除了仿说以外的任何语言操作元素（即，提要求、命名或对话）结

合 10 个词根名词与其复数后缀和结合 10 个词根名词与其所有格后缀而发出名词之变形，给 1 分。

得 ½ 分： 如果孩子能结合 10 个名词词根和复数后缀而发出名词变化，不能结合 10 个名词与所有格而发出名词变化，则给 1/2 分。反之亦然。

语言 12-M	能够结合 10 个词根动词及其规则过去时词缀（如：played）和 10 个词根动词及其将来时词缀（如：will play）而发出动词之变形（中译注：可以使用"曾经""过去"等词语描述过去发生的动作，使用"将""即将"等描述将要发生的动作。)（ E ）

目标： 测定孩子是否能正确地发出规则动词的过去和将来的时态。

材料： 普通家庭及教室中的物品。

例子： 关于过去时态的动词"我以前把球扔到坡下去了"，关于将来时态的动词"我们要去拿冰淇淋"。

得 1 分： 如果孩子能以除了仿说以外的任何语言操作元素（即，提要求、命名或对话）结合 10 个词根动词与其过去时态词缀和结合 10 个词根动词与其将来时态词缀而发出动词之变形，给 1 分。

得 ½ 分： 如果孩子能以除了仿说以外的任何语言操作元素（即，提要求、命名或对话）结合 10 个词根动词与其过去时态词缀，但不能结合 10 个词根动词与其将来时态词缀而发出动词之变形，给 1/2 分。反之亦然。

语言 13-M	能够发出10个不同的其中包含至少3个词含2个修饰词(如：形容词、介词、代词）的名词短语（如："他是我的木偶""我要巧克力冰淇淋"。)（ E ）

目标： 测定孩子是否能用形容词（如颜色、大小、形状、味道），介词（如在空间方面的位置或者与其他物品的关系），或者代词（如所有格或名词短语的替代词）来修饰普通名词。

材料： 普通家庭及教室中的物品。

例子： "我要那个蓝颜色的球帽""把火车放到轨道中去""那狗在咬我的鞋"。

得 1 分： 如果孩子能以除了仿说以外的任何语言操作元素（即，提要求、命名或对话）发出 10 个不同的其中包含至少 3 个词含有 2 个修饰词的名词短语，给 1 分。

得 ½ 分： 如果孩子能以除了仿说以外的任何语言操作元素（即，提要求、命名或对话）发出 5 个不同的其中包含至少 3 个词含有 2 个修饰词的名词短语，给 1/2 分。

语言 14-M	能够发出 10 个不同的包含至少 3 个词和 2 个修饰词（如：副词、介词、代词）的动词词组（如："更重一点地推我""从台阶往上走"。）（E）

目标： 测定孩子是否能用副词（如有关动作是在哪里、什么时候、如何发出的等），介词（如在空间方面的位置或者与其他物品或动作的关系），或者代词（如所有格或动词短语的替代词）来修饰普通动词。

材料： 普通家庭及教室中的物品。

例子： "让它开慢些""我重重地踢球""你真是在犯傻"。

得 1 分： 如果孩子能以除了仿说以外的任何语言操作元素（即，提要求、命名或对话）发出 10 个不同的其中包含至少 3 个词和 2 个修饰词的动词短语，给 1 分。

得 ½ 分： 如果孩子能以除了仿说以外的任何语言操作元素（即，提要求、命名或对话）发出 5 个不同的其中包含至少 3 个词和 2 个修饰词的动词短语，给 ½ 分。

语言 15-M	能够将名称词组和动词词组连接起来从而产生 10 个不同的句法正确而且其中包含至少 5 个词的从句或句子（如："这狗舔我脸"。）（E）

目标： 测定孩子是否能将名词与动词短语结合起来而形成其中含有更长平均音节的更为完整的句子。

材料： 普通家庭及教室中的物品。

例子： 与孩子就他所感兴趣的话题如电影或具体事件等进行讨论。然后问诸如"《绿野仙踪》里的仙人怎么啦"，答"当桃乐丝往她身上泼水时她就化了"。或者"为什么你不再到外面玩了"，答"我的红球滚到街道上去了"。

得 1 分： 如果孩子能以除了仿说以外的任何语言操作元素（即，提要求、命名或对话）结合名词与动词短语而造出 10 个不同的句法正确的从句或句子，给 1 分。

得 ½ 分： 如果孩子能以除了仿说以外的任何语言操作元素（即，提要求、命名或对话）结合名词与动词短语而造出 5 个不同的句法正确的从句或句子，给 1/2 分。

算术 — 第三阶段

算术 11-M	从听者的角度在一个包含 5 个不同数字的组合中确认 1~5 的数字（T）

目标： 当 1~5 这些数字出现在一个 5 个数字的混合组合中时，测定孩子是否能从听者的

角度辨别数字 1~5。

材料： 在卡片书写的或其他任何形式的从 1~5 的数字。

例子： 在大人问"你能找到数字 3 吗？"时，孩子能从 5 个数字的组合中选择 3。

得 1 分： 如果孩子能作为听者在 5 个不同数字的组合中辨别数字 1~5，则给 1 分。

得 ½ 分： 如果孩子能作为听者在 3 个不同数字的组合中辨别数字 1~3，则给 1/2 分。

算术 12-M	能够命名 1~5 的数字（T）

目标： 测定孩子在看到以任意顺序一次一个展现的 1~5 数字时，是否能对这些数字加以命名。

材料： 在卡片书写的或其他任何形式的从 1~5 的数字。

例子： 当大人展示数字 4 并问"这是什么数字？"时，孩子能命名 4。

得 1 分： 用混合的顺序，一次一个地出示从 1~5 的数字，如果孩子能命名 1~5 这 5 个数字，则给 1 分。

得 ½ 分： 如果孩子能命名任何 3 个数字，则给 1/2 分。

算术 13-M	能从一大堆东西中把 1~5 的东西按数取物（如："给我 4 辆车""现在再给我 2 辆车"。）（T）

目标： 测定孩子在得到一大批物品以及计点其一定数目的指令后，是否能边唱数边相应地指着（或以其他一个方法表示）各个单一目标，共达 5 个项目。

材料： 普通家庭及教室中的物品。

例子： 当别人问"你能给我三个勺子吗"时，孩子能从一个餐具盘子中数出 3 把勺子。在没有大人的辅助或者显示顺序（强调最后一个数字）的情况下，孩子能够一边数数一边拿起一把勺子，并且能正确地停在数字 3 上面。

得 1 分： 如果孩子能听从语言要求从一大堆东西里边数边拿 1~5 件物品，则给 1 分。

得 ½ 分： 如果孩子能听从语言要求从一大堆东西里边数边拿 1~3 件物品，则给 1/2 分。

| 算术 14-M | 从听者的角度确认 8 个不同的包括衡量的比较（如："给我看多的或少的、大的或小的、长的或短的、满的或空的、响的或轻的"）（T） |

目标: 测定孩子是否能从听者的角度辨别数学概念，其中包括比较大小，长度，高度，宽度，体积，和听觉强度。

材料: 普通家庭及教室中的物品。

例子: 如：大人展示两堆相差有别的积木（如：5 块对 10 块），并问哪一堆积木比较多，哪一堆积木比较少，孩子能一致地选择正确的那一堆。这样做算作两种不同的比较。

得 1 分: 如果孩子作为听者能识别 8 组不同的测试比较，则给 1 分。

得 ½ 分: 如果孩子作为听者能识别 6 组不同的测试比较，则给 1/2 分。

| 算术 15-M | 能够在从 1～5 的数字中正确地将一个书写数字与一定的数量和一定的数量与一个书写数字相配对（如：将 3 的数字与一张画有 3 辆卡车的图片相配对）（T） |

目标: 测定孩子是否能将视觉数字（并非一个口述的数字）与正确的数量配对，和将一个特定的数量与正确的视觉数字配对。

材料: 数字，家庭或学校中常见的物品，或来自于一套卡片或数学练习册中的从 1～5 的图片。

例子: 当大人展示数字 3 时，孩子能将数字 3 与一张含有 3 件物品的卡片配对或数出 3 件物品（没有任何辅助）。同样，当大人展示 3 件物品或一张有 3 件物品的卡片时，孩子能将这些卡片或物品与数字 3 配对（即从一个有不同数字的组合中选择 3）。

得 1 分: 如果孩子能把按照随机顺序展现的从 1～5 的一个数字与一个数量配对，和一个数量与一个书写数字配对，则给 1 分。

得 ½ 分: 如果孩子能把按照随机顺序展现的从 1～3 的一个数字与一个数量配对，和一个数量与一个书写数字配对，则给 1/2 分。

第六章

障碍评估的计分说明

VB-MAPP障碍评估是一个工具，它用以辨认和记录可能妨碍孩子发展的24个学习和语言获得的障碍（表6-1）。这个评估的目的是确定一个障碍是否存在。一旦确认了一个特定的障碍，对这个问题就必须进行更为详细的描述性和/或功能性分析。例如，有很多方式可能使一个提要求行为变成有缺陷的，从而一个个别化的分析常常是必须的以便确认一个特定孩子的问题的性质和什么样的干预方案可能是最适当的。

有几个一般的可能影响学习的障碍类别。首先，许多孤独症或其他发展性障碍孩子表现出强烈和固执的妨碍教学的负面行为（如：发脾气、攻击性和自伤性行为）。第二，任何一种或多种语言操作元素和相关技能可能缺乏、薄弱或在某些方面有缺陷（如：鹦鹉学舌式的语言、死记硬背的对话）。第三，因种种原因社会性行为也可能有缺陷（如：社会互动动机不足或有缺陷的提要求）。第四，有些基本的学习障碍必须得到分析和改善，以达到有效的进步（如：不能泛化、动机不足或辅助依赖）。第五，有一些特殊的行为可能与学习抗争（如：自我刺激行为、多动行为或感觉防御）。最后，有一些问题可能与生理障碍有关，对此必须加以克服，给予支持或以某种方式作出解释（如：癫痫、生病、睡眠障碍、脑瘫和视觉障碍）。

一个对孤独症或其他发展性障碍孩子的干预方案必须包括两个方面，即需要增长的技能（如：提要求、命名、游戏和社交技能）和需要减少的行为或障碍（如：发脾气、死记硬背的反应）。通常的情况是，技能的缺乏和障碍的出现是密切相关的，对一个孩子里程碑评估和障碍评估成绩的比较可以为有重点的干预方案提供指导。例如，里程碑评估可能显示孩子需要学习提要求（图表2-1），这个技能必须是干预的目标，其重点是提高孩子发出的不同提要求的数量。然而，障碍评估可能显示该孩子在学习新词汇（图表6-1）时过度依赖辅助和猜测（即猜想）各种语词。对孩子而言为了提要求技能增长并且使之成为有功能性的这两种障碍都必须消除。因此，干预方案必须仔细地集中于消除现有的来自于辅助的提要求和其他多余的控制源，以及消除在提要求时的猜答案（scrolling）。这些问题必须加以解决然后再加入新的提要求，否则的话提要求对孩子而言很少有真正的功能性价值。为了使里程碑和障碍之间的关系更易于评价，在VB-MAPP概况手册里（第4、5页）两个总结表可以并列地加以考察。

在这个评估里呈现的某些障碍也以不同形式出现在VB-MAPP其他部分的不同成分中。例如，障碍评估中包含的一个项目是"不能泛化"，而转衔评估（第七章）中包含的一个测试是"技能在不同的时间、情景、行为、材料和人等方面的泛化。"虽然这两个评估是相似的（不完全相同），但其中任何一个又与两个分别评估的背景相应。它们在两者之中都有出现，读者就不必在两个测试之间往返反复。

表 6-1　24个学习和掌握语言的障碍

负面行为
教者控制方面的缺陷（逃离或躲避行为）
提要求技能的缺乏、薄弱或有缺陷
命名技能的缺乏、薄弱或有缺陷
动作模仿的缺乏、薄弱或有缺陷
仿说技能的缺乏、薄弱或有缺陷
样品配对技能的缺乏、薄弱或有缺陷
听者技能的缺乏、薄弱或有缺陷
对话技能的缺乏、薄弱或有缺陷
社会行为缺乏、薄弱或有缺陷
依赖辅助
猜想式反应
扫视技能有缺陷
不能作出条件性辨别
不能泛化
薄弱或非典型的动机操作
对行为有要求就会使得动机变弱
强化物依赖
自我刺激
表达清晰度的问题
强迫性行为
多动
缺乏目光接触和对人的注意
感觉性防御

图表 6-1
障碍计分表的样本

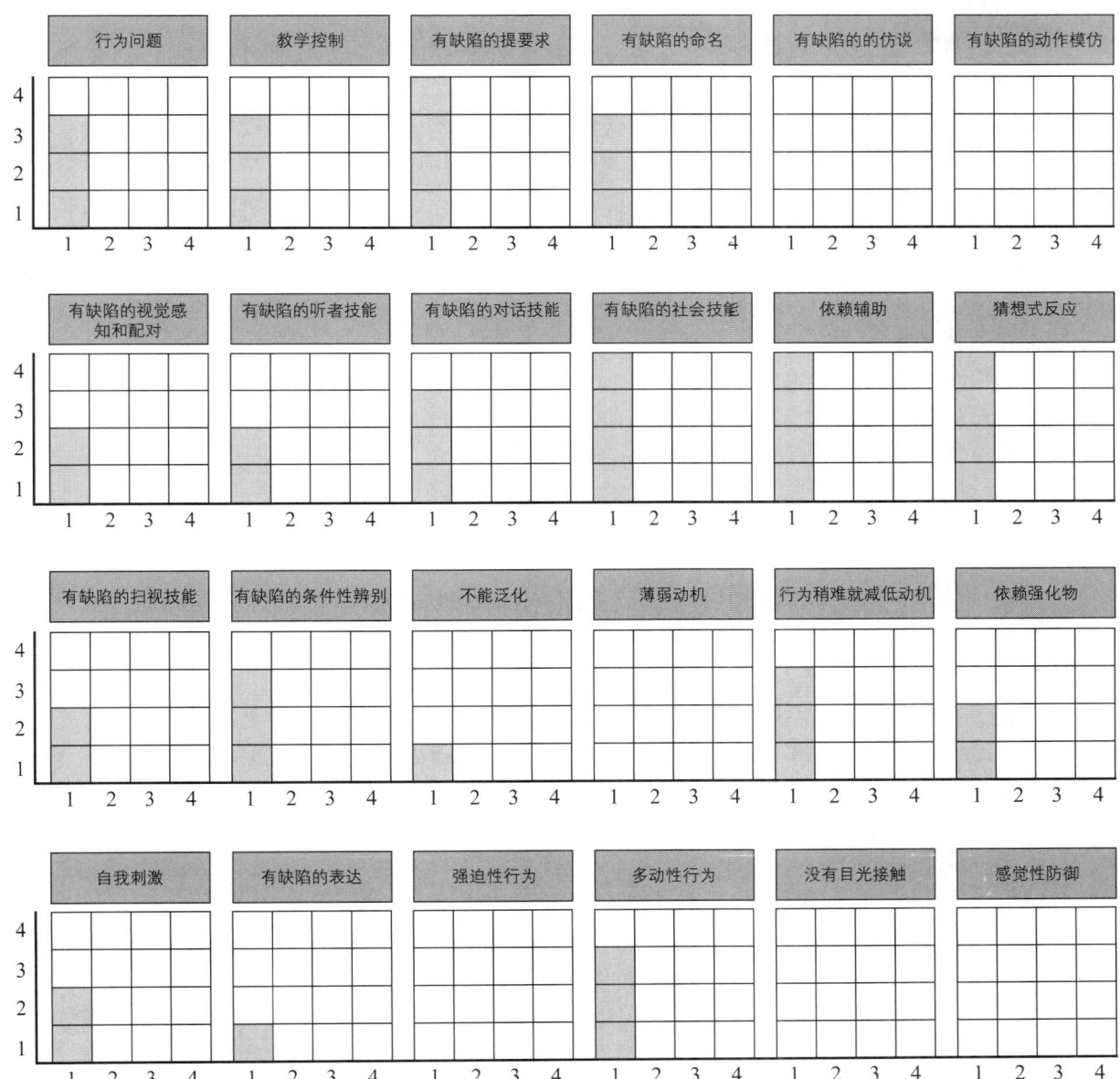

障碍评估的计分

障碍评估与里程碑评估有几个方面的不同之处。首先，障碍评估主要着眼于必须减少的不可欲行为（即学习的障碍），而非必须提升的能力（即学会的里程碑）。第二，因为有着许多的障碍，故一个孩子并不一定在24个障碍中的所有领域都要得到一个分数（一个0分表示"障碍并不存在"）。第三，一个孩子在成长过程中可能出现新的障碍。例如，当一个孩子的里程碑分数主要处于第一阶段时，他可能还没有表现出"死记硬背式的对话"行为，但以后随着他学会了更多的能力并且其里程碑分数开始上升到第二阶段时，他可能会发展出死记硬背的对话方式。第四，不能按使用里程碑总分的方法来使用障碍的总分（尽管孩子在其他许多领域中有所进步，但障碍总分可能在增加）。这样，应该主要用障碍分数来确定干预计划的优先项目（例如，弥补提要求技能的缺陷）。障碍减少的实际数据应是有关目标行为（如有效地提要求的频率和变化性）的日常数据。

障碍评估评分标准和计分表可见于VB-MAPP概况手册。用李克特式法（Likert-type）0～4级评分，并根据为每一个障碍确定的标准，对孩子在VB-MAPP障碍评估领域（概况手册第25～29页）逐一打分，再将这些分数转换记录在障碍评估计分表（概况手册第5页，见图表6-1）。注意在《概况》中的每一个程度评分标准中所举的行为例子并不意味着这是一份有穷尽性的清单，一个孩子也不一定要表现出所有的例举行为才能在该程度得分。提供这些例子仅仅是给评估者一个够得上具体分数标准的行为类型的样本。一个必须被减少或消除的障碍得分低是好的。0分表明目标领域里没有重要的障碍，不需要干预。在障碍评估的记分领域给孩子0分，但0分在障碍记分表上不作记录（在表格里只填1～4的记分，这表示障碍的存在）。得1分表示那是一个偶然的问题，它必须被监测，但它可能不足以要求正式的干预。得2分表明问题为中度，在问题变得更糟以前必须有进一步的分析和干预方案。得3分表明一个固定问题的存在，需要一个行为分析和正式的干预。得4分表明严重问题存在，也需要一个分析和正式的干预方案。

在有些情况中，在孩子的当前干预方案中消除特定的障碍要比教其语言和学业更为重要。一旦一个特定的障碍减少或消除（如：攻击性、不遵守规则或自伤行为），教导语言、社会行为或学业的努力可能更为有效。另一方面，某些对语言的干预如提要求的训练，可能是减少障碍程序的一个重要部分。这就是为什么需要一个接受过训练的有经验专业人员分析一个孩子的特定问题的性质，和设计一个个别化干预方案的原因。下面将提供关于每一个障碍的概述以及更为详细的记分标准。

障碍评估的评分指南

1. 负面行为

很多孩子在他们的早期发展中表现出一些负面行为（如：哼哼唧唧、大哭、发脾气、攻击性行为）。通常，这些行为会在频率上减弱，和被其他更可接受的行为（如：语言和社交）所替代。然而，对于一些患有孤独症或其他发展性障碍的孩子来说，这些负面行为不会减弱，并且随着年龄的增长而变得更糟。这些行为的原因可能千差万别（如：寻求关注、要求或移走），常常需要对个别的孩子进行分析，以确定行为问题的特定原因。从一个有资格的专业人员那里获取帮助，包括训练孩子的教师和照料者，将是这个干预方案中的重要组成部分。

关于负面行为的原因和有效的干预方案方面有大量的研究（如：Foxx，1982；Neef & Peterson，2007）。大多数负面行为通常是起因于各种类型的强化，即大人们这样那样的以无意识的或偶然的方式提供的强化（如：对负面行为的并非故意的关注、承诺行为停止后给予强化物或无意识的或不可避免的放弃要求）。例如，一个孩子在商店里可能想要一块巧克力糕，他可能以哭诉和发脾气得到巧克力糕。照料者可能很不情愿的给孩子巧克力糕从而使得他停止喧闹，甚至训斥孩子，但孩子仍得到了巧克力糕，这个行为在将来很可能会再次发生。或者在学校，一个孩子可能得不到他想得到的大人关注程度，他又学会了当他打别的孩子时老师或其他大人会很快注意到他。对于这个孩子来说，尽管大人训斥他，孩子还是得到了关注，它的功能就成了强化物。这种关注的负强化效果在将来可能变得越来越明显，即当孩子再次得不到大人的足够关注时，他又会去打其他孩子。

评分标准：

使用 VB-MAPP《概况》第 27-31 页中障碍评估表提供的标准和以下的信息确定目标孩子出现的负面行为的程度。如果他一般没有表现出问题行为，即不妨碍他的学习或不引起与他工作之人的困难，记 0 分（无问题）。如果孩子有一些较小的行为问题（如：偶尔的哭诉或哭闹），但尽管孩子没有得到可能使他发脾气的东西，这些行为问题往往很短并且很快地回复到普通的情况，记 1 分（偶然问题）。如果孩子每天都发生种种小的负面行为（如：哭闹、语言拒绝、躺到地上），记 2 分（中度问题）。有些行为可能固执和持续很长时间，总之这些行为变得更为严重。

如果孩子发生更严重和更频繁的负面行为（如：发脾气、丢东西、破坏物品），记 3 分（持续的问题）。这些行为可能使大人的管理很困难，可能的结果是孩子在控制日常的活动。如果负面行为每天发生多次并且呈现出对自己和他人造成危险（如：攻击性、破坏物品或自伤行为），记 4 分（严重问题）。如果在评估中孩子得 1 分，这个行为应该被监测。如果这些行为很少发生或因其他的原因而下降（如：睡眠好一些），就不需要额外的分析。然而问题并非都是如此简单，一些及时的干预可能是必需的以防问题变得更糟。如果孩子得 2~4 分，对此障碍的进一步的分析是必需的，以便确定什么样的干预方案是必要的（如：Neef & Peterson，2007）。

2. 教学控制困难（逃离或躲避要求）

与特殊需要孩子工作的一个重要的组成部分是形成所谓的教学控制（或"服从"）。基本上来说，教学控制是当一位老师（或父母，助手、职业治疗师等）要求孩子做某事时，孩子能服从。通常，每位与孩子工作的老师和个人都必须获得教学控制，对比较困难的孩子来说尤其是如此。有些孩子已经学会用各种各样的行为来逃避和终止对他们的要求。这些行为是从轻度的如简单的转移目光和不反应，到严重的如攻击性或自伤性行为。然而，行为的功能常常是相同的：逃避不喜欢的活动（如：穿鞋子、坐在汽车中的孩子座位上，或学业上的要求），或躲避那些表示不喜欢活动即将发生的任何刺激的开始（如：睡觉时间的各种预示、大人拿起遥控器关电视或被告知到桌子边完成学业任务）。

逃离或躲避行为在普通发展孩子中是常见的，但对孤独症或其他发展障碍的孩子来说因各种原因可能变得很严重（如：语言能力不足、着迷于特定的强化物）。教学控制问题可能被认为是行为问题的一种分类，但由于它们的普遍性和控制源的一致性（见下），它们将被视为一个单独的障碍。同时，有些孩子只在与教学控制有关的时候进行负面行为。也就是说，对孩子没有要求时，就没有负面行为。事实上，孩子通过面对要求就表现出负面行为而塑造大人的行为，即减少大人对孩子要求的倾向性。

从专业术语上说，来自大人的要求常常作为反感动因而起作用，或用 Michael（2007）的话来说是"条件性动机操作 - 反射类"（CMO-R）。这些激励因素成为使得孩子厌恶的事件（如：坐在一个小组中），孩子学会发出负面行为以延迟或去掉厌恶事件（如：逃离老师）。这些与 CMO-R 有关的负面行为常常通过延迟甚至免去不喜欢的活动得到强化，并且常常在将来变得更强烈（Sundberg，1993a，2004）。有多种方法能有效地减少躲避和逃离行为，如对此行为的消退程序（如不允许孩子以躺倒在地的行为而逃避任务）同时又对服从行为进行强化。Garbone，Morgenstern，Zeccbin-Tirri 和 Kolberg（2008）综述了特殊需要孩子中的这些类型的行为问题以及许多干预的策略。

评分标准：

如果孩子一般会对大人的指令和要求有所合作，在这个障碍评估中记 0 分。如果某些要求会引起孩子小小的固执行为，但孩子通常还是与大人的指令合作，并且即使他没有得到他想要的也很快地恢复到原来情境中，记 1 分。如果孩子一天中几次发生小脾气或其他固执的行为，当他得不到他想要的东西时，常常很难让他停止这些行为，记 2 分。

如果孩子在教学管理问题方面向更固执和更严重的方向发展，表现为不服从频率的增加，引发不服从行为的情景范围扩大，发出的试图逃离或躲避要求（指令）之行为的严重程度增加，记 3 分。如果孩子的不服从行为是每天的主要问题，并且如果要求不停止孩子就会立刻发生强烈的和严重的不服从行为，如：攻击性或破坏财物，记 4 分。在评估中如果孩子得 1 分，则监测行为，并在每一个情形下作相应的处理。然而，如果孩子得 2~4 分，就要求对不服从行为作进一步分析。

3. 提要求技能的缺乏、薄弱或有缺陷

大部分孤独症或其他发展障碍的孩子在学得有效的提要求技能方面有困难。其中有许多孩子可能有大量的命名和听者技能，在 VB-MAPP 里程碑评估中的其他领域也有较高的得分。提要求的缺乏，薄弱或有缺陷是一个重要的障碍，因为对孩子来说提要求有一些重要的功能。成功的提要求使得孩子可以将其重要的对他有当下影响的动机告诉大人，如：饥饿、口渴以及需要安抚和身体的接触。比如，当孩子饿了想要食物时，一个要求使得孩子在最想得到特定的强化物时能够从大人那里得到它。另外，提要求可以让孩子去除他不想要的（如：害怕、疼痛、热、疲劳）。例如，如果孩子害怕一条接近的狗而提出帮助的要求，大人可以通过立即抱起孩子消除这个令他反感的刺激。

这些语言互动的一个重要的作用是大人将自己与给予孩子的强化物或不喜欢事件的消除相匹配。这个匹配过程对所有孩子可能都是有价值的（Bijiou & Baer, 1965），对那些语言落后的孩子尤其如此。提要求可以让大人提供相关的结果（给予或消除），因此提高了大人对孩子来说作为条件性强化物在其结果最有价值的时候的地位。这种互动关系有助于亲子之情的形成，并且开始建立一个社会关系的基础。提要求的缺乏，薄弱或有缺陷可能中断这个程序。

提要求和其他类型的语言行为之间的区别（如：命名或对话）被数十年理论性和实证性研究所支持（概述见 Oah & Dickenson, 1989; Sautter & LeBlanc, 2006）。这些语言行为类型间的功能性差异以斯金纳（1938）提出的区别性刺激控制（SD）和动因机制控制（MO）的区别为基础。例如，一个在区别性刺激（SD）控制下获得的词语，像命名"车库"，可能不会自动地转变为一个要求（MO 控制）。那就是说，当孩子看见一个玩具车库时他可能会说"车库"（SD），但之后当他想玩同样的玩具车库而玩具车库并没有呈现时（现在一个动机控制很强烈，而 SD 却没有出现），他可能不会说出"车库"这个词。通常，在这种情况下往往会看到孩子出现发脾气或其他负面行为（如，Hall & Sundberg, 1987）。一个谚语"看不到，想不到"可谓切中其要害。这个谚语翻译成行为的语言就是，辨别性刺激（SD）控制不能保证动因机制控制（MO）（这方面更详细的区别见 Carbone, et al., 2008; Michael, 1982a, 2007; Sundberg, 2004）。

评分标准：

孩子不能获得提要求的能力，或者学到一些有缺陷类型的提要求能力可能有很多原因（e.g., Drash & Tutor, 2004）。如果孩子在 VB-MAPP 障碍评估中有一个较高的得分，那下一步必须是对孩子现有提要求技能和需要消除的潜在障碍做出分析。如果孩子有适当的提要求能力且该能力与他的里程碑评估中其他技能相称（也就是说，提要求与他其他技能是均衡发展的），在这个障碍评估中记

0 分。如果孩子有提要求，但在 VB-MAPP 里程碑评估中他的听者技能（LD）和命名得分比他提要求的得分高，记 1 分。这是一个早期的"危险信号"，表明该孩子提要求的得分落后于他其他的语言能力。如果孩子提要求的数量很少并且局限于小范围的享用性或具体性的强化物，尽管他有较强的命名，听者辨别，和仿说技能，记 2 分。

如果举例来说孩子的提要求局限于辅助，死记硬背，出现猜想性反应，反应与动因机制（MOs）不相配，负面行为的功能是提要求，过多或不恰当的要求发生，或孩子很少自发地提要求，记 3 分。如果孩子没有任何功能性的提要求或表现出许多上面 3 所列举的问题行为，也没有许多其他的语言技能，记 4 分。很可能这个孩子以频繁的负面行为表达要求的功能。在这个孩子的语言训练方案中的首要任务是建立起提要求技能。如果在这个障碍评估中得 1 分，他的进步应该得到紧密监测，训练中提要求方面应是比较重要的。如果孩子得 2～4 分，就必须对影响孩子提要求发展的特定障碍做出进一步分析。

4. 命名技能的缺乏、薄弱或有缺陷

命名比提要求或对话较少可能变成有缺陷的，部分是由于控制命名之变量的特性。非语言刺激控制更容易测量和理解，一般来说比动机控制（提要求）和语言刺激控制（对话）更清楚。然而，一个语言落后的孩子在建立命名技能的过程中仍然会有许多问题成为障碍。常见的例子是错误的非语言刺激控制着命名。例如，当教导对动词的命名时，目标是特定的活动性非语言刺激在控制一个特定的反应，而不是与运动有关的物品。如在反应中当给孩子一个杯子时他说"喝果汁"，或给一个球时说"丢球"，这些孩子发出的词语是一个形式上但不是功能上的动词。

有些语言落后的孩子在名词和动词方面没有问题，但是在更复杂的命名，如：包含形容词、介词、副词、代词和情绪词的命名方面有困难。对于这些孩子，与上述同样的问题就有可能发生（也有许多其他的可能性）。例如，教师先是通过将一些物品放在其他一些物品的上面或下面，如：将一辆玩具车放在桌子的上面或下面，教孩子命名"上"和"下"，然后把车给孩子并问："这是什么？"孩子会反应说"在桌子上面"。如不注意，这些死记硬背的命名错误可能很难改变，也可能会成为以后训练中所经历之语言问题的来源，如死记硬背的对话反应。有很多原因使命名技能有缺陷，这就要求有个别化的分析以确定一个特定孩子的确切问题。

评分标准：

如果孩子有适当的命名技能并且它与里程碑评估里的其他技能成比例（即命名的发展与他的其他技能平衡），在这个障碍评估中记 0 分。如果孩子能命名一些物品和有较好的仿说技能（表明他有最重要的对于命名训练的先决技能："仿说"），但他的听觉辨别（LD）的词汇明显的多于他的命名的词汇，记 1 分。对许多语言落后的孩子来说这是一个常见的问题，但对仿说能力很强的孩子，可以通过命名训练干预方案来改善这种情况。如果孩子命名错误出现频繁，孩子去猜想，或其命名局限于某种方式的辅助（如：唇形的辅助），并且需要频繁的维持训练才能保持孩子的技能，记 2 分。

如果孩子的命名技能与他的其他技能明显不平衡，记 3 分。如果他的命名明显有缺陷，表现为不能泛化，缺乏自发性，有限的功能性运用命名能力，死记硬背的命名，在命名训练中的逃避和避免的行为，或无法超越单一字的命名，也记 3 分。如果孩子命名的技能不存在或仅仅局限于几个命名，尽管他有很强的仿说和听觉辨别能力，记 4 分。他可能也表现出上述第 3 项中的许多问题，并且有很长一段时间不能获得命名的技能。在这个障碍评估中如果孩子得 1 分，他的发展应该得到监测，也必须在命名训练上增加关注。如果孩子得 2～4 分，对影响孩子获得命名技能的特定障碍作进一步分析就是必要的。

5. 动作模仿的缺乏、薄弱或有缺陷

模仿他人的动作行为在人类发展的许多方面扮演着重要的角色。特别是在早期的游戏，社交发展，和自理技能的学习。有些孤独症或其他发展障碍的孩子通过常规训练可以容易地获得这项技能；然而，对另一些孩子来说，这项能力的建立是困难的。有多种原因可以使模仿有缺陷，如：依赖于辅助或学习的技能对孩子来说没有功能性。模仿也可能因其他的原因成为问题。例如，有些孩子在学习其他技能方面（如：自理技能或在学习手语作为反应方式时）变得依赖于不易察觉的模仿辅助，而大人常常不经意地表现出一些辅助。另外一个问题是对其他孩子的一些负面行为或不当行为的模仿。

评分标准：

如果孩子的动作模仿技能持续增长，与年龄适当，并与 VB-MAPP 里程碑评估中的其他技能成比例，在这个障碍评估中记 0 分。如果孩子有模仿，但他的 VB-MAPP 模仿得分低于里程碑的其他能力，记 1 分。有些孩子可能容易学会一些粗大动作的模仿反应或使用物品的模仿，但除此之外他们可能发展很困难（如：精细动作模仿、两步模仿、功能性模仿）。一种可能性是模仿需要肌肉的控制和协调，有些孩子可能在肌肉控制方面很弱，它使动作模仿困难（尤其是精细动作模仿）。如果孩子表现出很难在不同的条件下泛化模仿技能，在其他教育领域依赖模仿辅助，或模仿其他人的不恰当的行为（如：抠鼻子或扔东西），记 2 分。

如果孩子的模仿依赖肢体或语言的辅助，记 3 分。也就是说，尽管孩子有在其他领域的技能，但他必须通过其他人用形体辅助移动他的身体（即使是开始一个模仿行为），或用语言来辅助，如"这样做"。如果这些辅助没有提供，模仿行为就不会出现。孩子也可能表现出一点较弱的模仿动机。如果孩子对其他人的行为表现出极少的兴趣，将很难让他去注意其他人的动作行为，更不必说模仿哪些行为。如果孩子没有模仿技能且以前试图教导模仿但反复失败，记 4 分。或者，如果他能模仿，但从不自发地或以任何功能性的方式做这些，他很少模仿同伴，和在早期的测评中表现出了一些问题（如：辅助依赖），也记 4 分。在这个障碍评估中如果孩子得 1 分，必须监测他的发展和鼓励他的模仿，但这方面可能不是担忧的主要原因。如果孩子得 2～4 分，对影响孩子动作模仿技能获得的特定障碍作进一步分析就是必需的。

6. 仿说技能的缺乏、薄弱或有缺陷

一个孩子在指令下模仿词语的能力是对他语言发展潜力进行早期测评的最重要内容之一。这是因为从由仿说控制的话语转换到由提要求、命名、或对话控制的话语往往是比较容易的，所需使用的是刺激控制的转换程序（Sundberg，1980；Touchette，1971）。然而，没有仿说词语的能力对将来语言的发展是一个主要的障碍，因此它常常是语言干预方案中的一个关键部分（如：Guess，Sailor，& Bear，1976；Kent，1974；Leaf & McEachin，1998；Lovaas，1977，2003；Sundber & Partinton，1998）。但是，仿说行为也可能变得太强（鹦鹉学舌式语言），对语言发展也会成为一个障碍。延迟性语言模仿（或语言重复）和背台词（即过度的重复与环境无关的以前听到过的词语）是与仿说行为有关的另一个常见的问题。事实上这些行为可能是自我刺激的一种形式，涉及具有自动性强化意义的语言行为。可能有各种潜在原因导致这些问题，其中包括强化和对话方面的缺陷。

评分标准：

如果孩子的仿说技能是持续性的增长，与年龄相当，与 VB-MAPP 里程碑评估中的其他技能成比例，在这个障碍评估中记 0 分。如果孩子有仿说，但是他的 VB-MAPP 仿说技能的得分低于里程碑其他能力，记 1 分。如果孩子仿说变得依赖辅助，并且因为依赖仿说辅助难以转换到由新的语言操作控

制，记 2 分。如果仿说学习落后于模仿、听者辨别和样本配对，或仿说技能获得泛化的迹象非常有限，也记 2 分。

如果孩子的仿说技能变得太强，表现为鹦鹉学舌式语言或延迟性鹦鹉学舌，记 3 分。或者，仿说技能相当地弱和获得新仿说技能很慢，需要强化的训练和维持，或没有自发性地仿说行为发生。也记 3 分。如果孩子尽管已经学会了模仿，配对和听者技能，却不能获得任何仿说行为，记 4 分。试图教导仿说行为可能会引发负面行为（如：逃避或避免的行为）。这类孩子可能使用手语，图片交换沟通系统（PECS），或其他形式的替代性沟通。如果孩子在这个障碍性评估中得 1 分，应该监测他的发展和鼓励其仿说行为。如果孩子得 2～4 分，对影响孩子仿说技能发展的特定障碍的进一步分析是必需的。

7. 视觉感知能力和样本配对的缺乏、薄弱或有缺陷（VP-MTS）

对视觉刺激加以注意和辨别的能力常常是 IQ 测试中的一个组成部分。语言落后的孩子通常也能做好这些任务，尤其是样本配对。然而，有些孩子在视觉任务方面有相当的困难。这些任务的内在复杂性之一是它们需要仔细的视觉注意，其中孩子必须在注意一个视觉刺激（"样本刺激"）时，同时扫描一系列其他的视觉刺激（"对照刺激"），并且依据某个特点标准（如：完全相同或不完全相同的物品，颜色或相关的物品）选择一个匹配的物品。从专业上说，这是多重刺激控制（同时看两种物品）的一种类型，包含多重反应（看和选择），被称为"条件性辨别"（更多细节见条件性辨别障碍）。许多患有多重障碍的个人对这些任务有困难，这是为什么 IQ 测试常有这些任务的原因。

对于年幼学生中视觉感知和匹配的错误需要尽可能快地加以识别和纠正。例如，一些孩子不能注意样本刺激或扫描一系列选项和简单的猜想。如果这个组合是小的，他们可能不需要辨别就能有一个较好的机会作出正确反应。他们也可能发展出某些反应的模式，如常常拿起左边的对照刺激，或拿起一个与上一次被强化之物处于同样位置的物品。在这个任务中也会出现猜测，即孩子可能连续选择一些不同的选项直至得到强化物，或者，如果一个选择反应没有被强化，孩子继续猜想。视觉任务中的问题有其他各种原因，诸如像微弱的教学控制，孩子对呈现的材料有自我刺激的倾向，或排列不良的课程等。

评分标准：

如果孩子的视觉感知和样品配对能力一致地增长，与年龄相符，与 VB-MAPP 里程碑评估里的其他能力成比例，在这个障碍评估中记 0 分。如果孩子表现出一些配对，但他的视觉感知和样品配对能力得分低于其他的里程碑能力，特别是听者辨别的得分，记 1 分。这是因为有些孩子能在语言刺激（LD）下成功地扫描一组刺激，但忽视一个视觉刺激。这可能是因为在一个单一任务里视觉注意两次比较困难。如果孩子表现出缺少了与任务有关部分中的任何一个成分，如不能扫描一个组合或注意样本刺激，或在样本呈现前就先反应，记 2 分。另外，如果孩子的选择行为受到方位或位置的影响（或其他的辅助），死记硬背式的反应，或局限于小的组合。也记 2 分。

如果孩子已获得一些样本配对能力，但是它们没有与他的其他能力成比例的进步，并且在进一步发展样本配对的努力过程中还表现出了负面行为（逃避和躲避），记 3 分。另外，如果孩子的技能局限于小的组合，相似刺激引起大问题，或不能将样本配对辨别能力泛化到自然环境中去，也记 3 分。如果孩子尽管有一些其他能力，和训练样品配对能力的重复尝试，但却学不会任何有效的样本配对能力，记 4 分。或者，如果孩子获得了这个技能，但他是死记硬背，或在前面提到的方面有缺陷，或在他的日常生活环境中从没表现出任何功能性的配对（如：选择两只一样的鞋子、袜子匹配、美工或休闲活动），也记 4 分。如果孩子在这个障碍性评估中得 1 分，就必须监测他的发展和鼓励其样品配对能力的活动。如果孩子得 2~4 分，对影响孩子视觉感知和样本配对技能发展的特定障碍作出进一步的分析就是必需的。

8. 听者技能（LD 和 LRFFC）的缺乏、薄弱或有缺陷

有很多技能可以列为听者行为，在一个特定的孩子那里，听者技能中的任何一个或全部都可能缺乏，薄弱或有缺陷。在听者能力中有三个主要的技能，包括：① 注意讲话的某个人，并作为那个人的听者；② 强化说话的那个人；③ 表现出理解讲者说的话。对某些孩子来说获得这些技能可能变得很复杂和困难，可能在几个阶段出现障碍。他如要在别人讲话时注意他们，就得保持眼神接触，把注重点放在他人和他人所说的内容。强化讲者对听者行为的要求包括点头、赞同和维持在很靠近的位置。表现出理解他人所说的内容显然是最复杂的，对许多个人来说通常是困难的最大原因。这种理解通常被称为"接受性语言"，或在本书中所说的听者辨别（LDs）。理解也包括语言反应，但那将被归类为对话行为，将在下一个部分讨论。

很多前面在讨论样本配对（MTS）中所提出的问题也可能出现在听者技能（LDs）和 LRFFCs 中，因为这两类任务都包含从一个组合或从自然环境中选择物品。这些问题包括不能扫视序列、位置和方位方面的偏好，猜测，不经意的辅助，在大组合或在有相似刺激物的组合里有困难。另一个潜在的障碍可能是已经过于习惯了单一刺激和单一反应训练。因此，要超越包含单一名词和动词的语言刺激可能是困难的（如："摸摸书"、"给我表演跳一跳"），而包含多重语言刺激的一些能力（如："表演给我看会跳的猴子。"），和 LRFFC 任务（如："你能找到一个热的食物吗？"）从未被建立。泛化可能非常有限，有条件性辨别可能很弱，可能出现逃避和躲避行为以终止听者任务。这些问题中的有些方面已经作为单独的障碍，在本章的其他部分中有所讨论。

评分标准：

如果孩子的听者能力能一致地增长，与年龄相符，与 VB-MAPP 里程碑评估的其他能力成比例，在这个障碍评估中记 0 分。如果孩子表现出某些听者能力，但他的听者得分低于其他的里程碑能力，特别是他的命名得分，记 1 分。这可能是由于有些孩子在交叉形式的条件性辨别方面有困难（如：这些任务包含听觉和视觉两种刺激）。如果孩子一般不关注讲者，或不强化讲者语言行为，或者表现出缺乏与听者任务相关部分的任何一个成分（如不能扫描组合或注意样本刺激），或者在样本呈现之前做出反应，记 2 分。另外，如果孩子表现出位置或方向上的偏好（或其他的辅助），反应的死记硬背模式，猜想或局限于小组合，也记 2 分。

如果孩子获得了一些听者能力，但是这些能力的进步与他的其他能力的进步不成比例，并在进一步发展听者能力的尝试过程中表现出一些负面行为（逃避或躲避），或很少注意讲者及强化其语言行为，记 3 分。另外，如果孩子的技能局限于一些小组合，相似刺激引起主要问题，复杂的语言刺激引起问题（如：形容词-名词组合），或者无法在自然环境中泛化样本配对辨别，也记 3 分。如果孩子尽管有些其他技能和训练听者技能的重复尝试，却不能获得任何有效的听者技能，记 4 分。或者如果他获得了这个技能，但它们是死记硬背式的，或在前面提到的一些方面有缺陷，或者在他的日常生活环境里从不表现出任何形式的功能性应用（如：在一个功能性技能中遵循指令、关注和倾听同伴或根据要求从具体地方拿到具体的物品），也记 4 分。如果孩子在这个障碍评估中得 1 分，必需监测他的发展和鼓励其听者技能的活动。如果孩子得 2~4 分，对影响孩子听者技能发展的特定障碍作出进一步分析就是必需的。

9. 对话技能的缺乏、薄弱或有缺陷

对话行为是教导语言行为中最复杂的一类语言行为，对于孤独症及其他相关发展障碍孩子也是

最容易有缺陷的。有些孩子尽管学到了大量的命名，但无法学会哪怕是简单的对话关系，如在被问到"你叫什么名字？"时提供自己的名字。另外一些困难包括对问题的死记硬背的反应，无法维持一个对话，或不相关的或与情景不符的语言反应。教导对话行为比教导其他语言技能更难的原因有很多。也许最主要的困难是作为前因刺激的词语和句子通常包含有很多部分并且变化频繁，这就不同于物体、图片、数字和字母，其中刺激和反应两者都倾向于稳定。勺子永远是勺子，数字2永远是数字2。在相应的仿说、命名和听者技能中，刺激和反应之间常常有一致的关系。但就其本性而言，对话关系中的大多数部分是不断变化的，这种变化既涉及刺激也涉及反应。例如，对于仿说、命名、配对、和听者技能，一颗树永远是一颗树，但一个关于树的对话讨论如果没有数以千计，也可以有数以百种，由此组成不同的对话关系。而且，关于树的每次讨论可能从不出现完全一样的方式。

直接教导对话行为的任务是无止境的。普通发展3~4岁的孩子常常已经获得数以千计的不同的对话关系，随着孩子的成长这一数量继续地迅猛增加。大多数大人有成千上万个不同的对话关系作为他们语言技能中的一部分。提要求和命名虽然一直有成长的可能，但相对地受限于个人的动机（MOs），和直接环境中的非语言刺激。例如可以想一想，在公共图书馆里的所有书籍或互联网上的语言刺激。每一本普通的书籍都包含成千上万的对话关系，其形式可以有实事，描述，比喻，故事，历史事件，预言，幻想等。与这些语言刺激的接触可以引发无穷的对话反应，如意见、反应或关于事实的讨论。考虑到对话行为的复杂性，对大人来说仔细监测孩子的早期对话发展是重要的。潜在的障碍很多，其中许多是影响所有孩子的相同障碍，（如：死记硬背的反应或者忘记对问题的答案），但在语言落后孩子那里，这些障碍会更为严峻（见Sundberg & Sundberg, 2011）。

评分标准：

如果孩子的对话技能一致地增长，与VB-MAPP里程碑评估中的其他技能成比例，在这个障碍评估中记0分。如果孩子能表现出一些对话反应，但他的对话得分明显低于里程碑第2阶段里的其他能力，特别是他的命名，听者技能，和LRFFC得分，记1分。如果对话错误发生频繁，或者孩子在某些方式上变得依赖辅助，如依赖仿说辅助或命名辅助，记2分。另外，如果孩子出现猜测各种反应或发生鹦鹉学舌的语言，自发性对话行为从未发生，或者如果某些词语自动引发死记硬背的与语境无关的对话反应，记2分。例如，"狗"这个词语总能引发"汪汪"这个反应，而不管问题是"狗吃什么？"。

如果孩子死记硬背的反应频繁，变成一个更加明显的问题，很快忘记反应，没有泛化的发生，反应依赖于辅助，或者尽管孩子有很强的提要求，命名，听者辨别和LRFFC能力，但却从不发起自发地对话行为或与同伴发生对话行为，记3分。另外，如果这些问题有所发生，但对话技能的整体进展明显慢于所观察其他能力的进展，也记3分。如果孩子尽管有很强的提要求，命名，和LRFFC技能，但不能学会任何有效的或功能性的对话行为，或他表现出3分所确认的各种问题，但在其他能力中却没有这些问题（如：猜想不伴随命名和听者技能出现，但伴随对话出现），记4分。如果孩子在这个障碍评估中得1分，必须监测他的发展和增强其对话训练活动。如果孩子得2~4分，对影响孩子对话技能发展的特定障碍作出进一步的分析是必需的。

10. 社会能力的缺乏、薄弱或有缺陷

孩子通常是很有社会性的，被诊断为发展障碍的孩子也不例外，特别患有某些障碍如唐氏综合征的孩子，尤其如此。许多孤独症的孩子也可以在社交活动中得到强化。但可能有许多个人，包括普通发展的孩子，他们可能很难学习恰当的社会行为，受苦于各种社交技能的不足。社交能力的缺陷可能有各种原因。社交行为非常的复杂，包括许多不同的能力，且"社交规则"是模糊的和不断

变化的。在一个环境里可以被接受或别人所期待的，在另一个环境或集体中可能是相反的。使问题进一步复杂化的是在这个评估中所确认的其他 23 个障碍中的任何一个都可能影响社会行为的发展（如：行为问题、提要求有缺陷、自我刺激、多动、感觉防御）。因此，尽可能快地识别和改善这些障碍是十分重要的。

有些障碍对社交发展的影响比其他障碍更为寻常或更成为问题，这些障碍将被当作社交能力障碍评估的主要组成部分。社交问题最重要的原因也许是对社会互动的动机不足，或有反感动机（如：其他的孩子拿走玩具），这就使孩子与其他人有社会互动成为困难之事。另外，社会行为的一个有意义的部分包括语言行为，假如一个孩子不会提要求，不会以对话形式来回应他人的要求，或不会表现出听者行为，那么他的社会互动将会变得非常有限。各种行为问题如攻击性、破坏财产（特别是同伴的东西）和自伤行为也可能影响一个孩子与他人的社交。其他一些普遍的障碍，如：辅助依赖、强化物依赖、不能泛化，对反应有要求动机就会减弱等都是突出的障碍。有些孩子与大人可能不表现出这些问题，仅仅是与同伴在一起时会出现。对于这种差异有许多原因（如：与大人之间的很强的强化物历史而与同伴则很少成功、与大人很少就强化物进行竞争以及较高的辅助程度），因此，这个评估的主要焦点应该是与同伴进行与年龄相当的社会交往。值得注意的是普通孩子在 2 岁半至 3 岁以前也是对大人比对同伴相对更有兴趣。

评分标准：

如果孩子的社交能力一致地增长，与 VB-MAPP 里程碑评估里的其他能力成比例，在这个障碍评估中记 0 分。孩子表现出社会行为，但他的社交能力得分落后于其他的里程碑得分，记 1 分。例如，如果一个孩子表现出较强的模仿和提要求技能，但不模仿同伴或向同伴提要求，那么对社交发展这是一个危险信号。如果孩子很少发起与同伴的社交互动（然而，他可能发起与大人的社交互动），或者他表现出社交上的负面行为，如抢夺其他人的玩具、推人或其他形式的攻击性行为，记 2 分。另外，如果他很少与同伴有自发性的模仿、游戏或提要求，也记 2 分。

如果在游戏期间，孩子独自待着不与其他孩子轮流和分享，对同伴的要求不反应，或表现不出与同伴语言互动的痕迹，记 3 分。然而，这个孩子可能与大人表现出语言互动。如果孩子有语言能力，但主动躲避其他孩子，记 4 分。当别人强迫他进入一个社交环境时，他也可能出现一些负面行为或不恰当的行为。另外，对同伴发出的参与活动的要求他可能几乎从不回应。如果孩子在这个障碍性评估中得 1 分，必须监测他的发展，社交技能训练应该作为一部分包含在孩子的干预方案中。如果孩子得 2~4 分，对影响孩子的特定障碍作出进一步的分析是必需的。

11. 依赖辅助

一个辅助就像是一个暗示，它帮助某个人得出正确的答案，或在行为由于某个原因而微弱不足时，辅助完成一个特定的行为。辅助可以是积极的或消极的（令人反感的），在大多数人的日常运作中是有利的。例如，从公共事业公司通过邮件递送的一份账单（令人反感的）辅助私房业主缴费，医生办公室秘书的电话"提醒"一个预约的病人，冰箱上的便利贴有一个家长晚间会议的时间，企划日历提醒其使用者记住各种社会性和专业性的承诺。一个忙碌的人利用辅助可能有更好的活动效率。然而，当辅助不复存在时，问题就会出现，如冰箱上的便利贴掉了和被清除了，或者日历错位了。有些人变得依赖辅助，在辅助不存在时想要的行为将不发生。就会错过医生预约和会议，不回电话，或因为"忘记"延迟付费。

在教导孩子方面，辅助也是一个有价值的工具。然而，某些孩子面对的一个常见问题是他们变得"依赖辅助"。也就是说，如果不提供辅助，回答就不出现。例如，当要求从一个图片组合中选择一张杯子的图片时，因为大人的眼光注视或者头点向正确的图片，孩子可能会选择正确的图片，而不是因为图片上有什么。如果在早期训练中没有识别和恰当的撤消这类微妙的辅助，孩子可能变得依赖辅助，这会影响他在将来学习有关能力。通常，辅助依赖不受限于一个特定的任务，而是常常贯穿到孩子语言的，教育的，社交的和日常生活技能的许多不同部分。很多孩子不能发起行为或被认为是不能自主发起语言，实际上是某种方式的辅助依赖。

辅助依赖可以表现为很多方式，它通常要求受过训练的观察者仔细地分析控制孩子反应的真正源泉。在语言指令中，一个主要目标是发展语言的独立性，即反应不受多余控制源的影响，如仿说、模仿、非语言或其他的辅助，而仅仅通过正确的前因变量控制。然而,许多孩子很难超越对这些额外"暗示"的依赖，而正是这些暗示导致看似"正确"的反应。辅助依赖的主要原因是没有在教学中安排适当的辅助撤退；因此，目标刺激不能获得到必要的刺激控制，而这是学习的必须表现。

评分标准：

如果孩子能一致地学习新能力，没有表现出任何辅助依赖的迹象，在这个障碍评估中记 0 分。如果孩子常常需要几个回合的辅助和辅助消退才能学习新技能，但刺激控制转换过程一般会成功，记 1 分。如果撤退辅助常常很困难，特别是伴随更难的技能（如：对话或社交），记 2 分。如果辅助撤退很难，其语言能力也是有限的，并且辅助可能是不易察觉的，记 3 分。如果辅助撤退非常困难，大多数技能依赖仿说，模仿或语言辅助，记 4 分。当没提供辅助时，孩子也可能出现一些负面行为。在这个障碍评估中如果孩子得 1 分，必须监测他的进步，但在此刻也许没有必要过多担心这一方面。如果孩子得 2～4 分，对特定辅助和它们为什么不能被撤退作出进一步的分析就是必要的。

12. 猜想式反应

许多早期的语言学习者常常面对的一个障碍是倾向于通过发出一些词语（或手语或图片选择）猜想正确的答案,而这一行为在先前的课程中已经被强化。例如，当大人给予一本书并问"这是什么？"时，孩子可能说"汽车""帽子""书"。这个行为可以被称为"猜想"。通常，这些被猜想的词语不是任意的，它们是已经在同样的课程中，或在先前的课程中被教导过的，或来自同样语言操作类别的词语（如：孩子在提要求时的猜想可能通过他们的其他一些提要求的词语）。一些使用手语作为反应形式的孩子甚至可能用一只手做一个手势，另一只手做另一个手势。还有一些是孩子将两种手势混合在一起，如用手指表示"泡泡"，同时用手臂表示"饼干"。

猜想可能发生于所有语言能力和语言行为的任何一个阶段。例如，在对话中当被问到像"有什么在厨房里？"这样的问题时，孩子猜想性地回答"盆""床""炉子"。在听者辨别任务中，孩子触摸一些图片时，常常连续地触摸不同的图片直到老师说"对了！"这就是猜想。猜想的主要原因是反应从来没有彻底地受控于正确的区别性刺激。就是说，在转移到一个新的词语之前没有建立刺激控制（即反应可能是以某些方式得到了辅助）。那时，无疑心的大人根本没有看到这个错误的反应，或者认为这些反应是"自我修正"，间歇地和不经意地强化了猜想行为。

评分标准：

如果孩子没有猜想式反应，在这个障碍评估中记 0 分。如果在增加一些新词语时，孩子偶尔出现猜想，但在少许辨别训练之后他停止了猜想反应，常常表现出可靠的掌握和泛化这些词语，记 1 分。如果猜想是一个频繁的问题，在引进新词语时常常发生，记 2 分。在新旧词汇之间可能需要数个辨别训练，但最终孩子能获得这些新词语，很少会继续猜想这些词。

如果猜想随先前"获得"的词汇反复出现，这意味着他可能在开始就从没"理解"过这些词语（它们可能是得到了某种方式的辅助），记 3 分。猜想反应可能仅仅只伴随较困难的技能发生（如：提要求、命名、听者辨别和对话），而不伴随教容易的技能发生（仿说或模仿）。如果猜想几乎发生在每一个训练回合中，记 4 分。如果没有及时提供辅助，修复猜想问题的努力可能会有很长一段失败的历史，只有少数一些词不通过猜想而发生。如果孩子在这个障碍评估中得 1 分，必须监测他的进步，在此时候也许没有必要过于担心这个问题。如果孩子得 2~4 分，对他们猜想的特定原因作出进一步分析就是必需的。

13. 扫视技能有缺陷

有三个主要的技能要求一个孩子会观测一个视觉组合（即仔细的注意刺激物）：① 样品配对；② 听者辨别（LD），和 ③ 对物品功能、特性和类别的听者反应（LRFFC）。从选择组合挑出正确物品的能力在没有首先观测组合的情况下是不可能发生的。例如，在听到指令从一系列物品中找一张球的图片时（如：这个组合包含车、狗、书和球），孩子为了找到目标物必须首先扫视这个组合。很多孩子不能仔细地扫视组合，学会了方向、位置的偏向，或变得依赖大人无意中提供的辅助，如视线的移动、面部表情、手势、位置摆放、以及其他非常细微的辅助。观察孩子的眼睛，如果他立即关注在组合上，表现出扫视的行为，这是我们想要的。而如果孩子看着大人的脸或手，可能有问题。如果这些问题在训练的早期阶段没有得到及时纠正，那它们在后来可能变得很难消除。

评分标准：

如果孩子在需要扫视行为的任务中表现出一般能扫视一个视觉组合，在这个障碍评估中记 0 分。如果孩子在没有辅助观测的情况下能观测 6~8 个物品的组合，但在大于 10 个物品的组合中，或在组合中有相似刺激物时开始有困难，记 1 分。如果孩子一定要频繁的辅助才能注意所展示的组合，常常不能从大于 5 个物品的组合中，或从书中的一个场景里或从一幅画里选择正确的目标，记 2 分。如果孩子局限于 2~3 个物品的组合，和常常是通过碰巧或某种方式的辅助选择正确的物品，记 3 分。结果是，他在 VB-MAPP 的视觉感知和样品配对能力、听者辨别和 LRFFC 方面得分非常低。如果孩子不能扫视，没有扫视之前就反应，或者在被要求扫视时表现出负面行为（逃避和躲避的行为），记 4 分。如果孩子在这个障碍评估中得 1 分，必须监测他的进步，但这大概不是引起担心的问题。如果孩子得 2~4 分，对他不能进行扫视作出进一步分析是必要的。

14. 不能作出条件性辨别

尽管有不少人把行为学方法理解为"独立回合训练"，其中包括一个显著存在的前因，一个经过定义的行为和一个程序化的结果，但人类行为很少仅仅含有一种单独的刺激—反应—结果的关系。相反，大多数行为是受着多重控制的反应，其中包含错综的依赖关系，非程序化的结果，和各种相关的历史和生物学变量，私人感受，并且时常还交织着反射性条件（Micheal，2003；Micheal, Palmer, & Sundberg, 2011; Skinner, 1953）。为了准确地分析每一个个体的行为，一个关键是解释所有的这些变量。其中一个几乎贯穿语言和非语言行为所有方面的变量就是连锁依存性，它构成行为分析中所谓的"条件性辨别"(Catania, 1998；Micheal, 2003；Sidman & Tailby, 1982；Spradlin, Cotter, & Baxley, 1973)。

一个条件性辨别（CD）至少包括着两个连锁的三者依存关系（即两个前因 – 行为 – 结果关系）。在那里一个三者依存关系的效果取决于另外的一个。更具体的说，一个刺激改变另一个刺激的意义。例如，在一个样品配对的任务中，样品刺激的呈现（如：一个球的图片）改变了在比较组合里作为一个区别性刺激（SD）的物体（球对应小船）。而如果小船作为样品呈现，在组合中小船的图片变为选择的 SD，现在成了将要被强化的反应。因此，孩子必须注意两个刺激（作为样品的球和作为比较物的球）。在这里一方的效力依赖于另外一方。对许多孤独症或其他发展性障碍的孩子，尤其是那些甚至对一个刺激都难以注意的孩子来说，这是一个复杂的任务。

条件性辨别（CD）不仅包括多重非语言的关系（如：样品配对能力），也有如在 LD 和 LRFFC 任务中那样的语言和非语言刺激间的交互作用，还有如在某些提要求中的 MO 和 SD 之间的关系，以及在对话关系中的各种语言刺激之间的关系。例如，在一个 LD 任务中，语言刺激"球"建立了在一个选择组合里球这一非语言刺激作为一个非语言选择的 SD。在 LRFFC 中，"你拍一个……"这一语言刺激使球成为非语言刺激选择中的 SD。在一个提要求的关系里，一个动机可能改变一个特定的非语言刺激的价值，如一个暗室使得一个电灯开关成为开灯行为的一个 SD。在一个对话关系中，一个语言前因的一个部分可能改变一个语言刺激的另外一个部分，就如在两个语言 SD "谁是第一个总统""谁是当前的总统"中的情况那样，"第一"这个词和"当前"这个词在对"总统"这个词中有不同影响。一个正确的反应取决于一个条件性辨别。许多孩子学习条件性辨别时有困难，尤其在前因刺激是语言、多重性和复杂性时是这样（Sundberg & Sundberg, 2011）。

条件性辨别缺陷可能有多种变量引起，从功能角度分析那些与特定孩子相关的变量可以对问题提供洞见和更有效的干预策略。常有的情况是在一些简单任务上这些问题被忽视了，直到孩子面临更复杂的任务，如类似一个多重成分的 LRFFC "你能找一个大的动物吗"，人们才会把上述问题确认为一个障碍。通常，到那时孩子已经被塑造成为习惯于单一的刺激 – 反应 – 结果的任务，死记硬背的反应已经牢牢的建立，从而必须回复到基本的条件性辨别的训练。

评分标准

如果孩子的条件性辨别能力与他的其他里程碑得分处于一个平衡水平上，在这个障碍评估中记 0 分。如果孩子在做条件性辨别时需要更多努力和注意时出现麻烦，记 1 分。这种情况往往发生在组合变得更大，包含相似刺激，或在一个自然环境的情况里。如果一个刺激包含多重语言成分（如："什么动物有一个尾巴"）时孩子有困难，他能对每一个独立的刺激和在其他语言操作元素作出正确的反应，但不能对一个语言的条件性辨别的组合作出正确反应，记 2 分。

如果孩子不能完成大多数含有条件性辨别的任务，只有样品配对除外，记 3 分。在那些需要条件性辨别的任务中（也就是，它们对他是困难的），他可能频繁的出现负面行为（逃避或避免），并且在建立这些能力过程中已经有一些失败的尝试。如果孩子不能进行条件性辨别，而他却有一些（或甚至许多）简单的辨别能力，如那些在单一提要求、仿说、命名或对话行为中的辨别能力，记 4 分。如果孩子在这个障碍评估中得 1 分，必须监测他的进步，但在此刻大概没有理由过于担心。如果孩子得 2~4 分，对于为什么孩子不能做条件性辨别作出进一步的分析就是必要的。

15. 不能泛化

许多语言落后的孩子，特别是那些孤独症孩子面对的一个常见问题是，他们学会了教给他们的内容，但却不能泛化到新的条件中，或不能在他们的反应中提供任何的变化。泛化应该贯穿在 VB-MAPP 里程碑评估认定的所有 16 个能力领域中而发生，因此应该检查所有领域中可能的泛化问题。往往可见的是，泛化在某些能力中出现（如：模仿），但在其他能力中却不出现（如：命名）。或者，对于有些孩子来说，某些类型的泛化比其他的泛化可能有更多的问题（如：一个孩子对泛化到新的人们之中可能有极度的困难）。在学习早期就识别泛化的问题是非常重要的，那时它们比较容易被纠正。

有两种主要的泛化类型：刺激的泛化和反应的泛化（Cooper, et al., 2007；Stokes & Bear, 1979）。在刺激泛化中孩子可以学习在一个刺激条件控制下作出一个反应（如：当他的妈妈展示给他一个球时，孩子命名"球"），然后没有进一步训练在不同的刺激条件下也能做出反应。对一个早期学习者来说，在几个不同的情况下刺激泛化应该出现。其中包括行为出现在在不同的时间（如：在一天中的晚些时候当他看到球时命名"球"），不同的环境（如：在他的卧室里命名"球"），对不同的人（如：对他的爸爸命名"球"），伴随不同类型的语言辅助命名（如："那是什么？"、"你看到了什么？"），和不同的材料（如：命名球的图片）。如果孩子对这些泛化类型的任何一种表现出困难，就需要有一个正式的干预方案。

泛化的第二种类型是反应的泛化。这里，一个孩子可以在一个刺激控制下学习一个反应（如：在问他一个动物的名字时说"猫"），但在同样的刺激下不能提供任何其他的被认为是适当的反应（如："兔子"这个反应也可被认为是一个对问题的正确反应）。不能表现出反应泛化往往是通常被界定为"死记硬背式的语言反应"的一部分。一个孩子对各种问题常常给予同样的答案，而事实上可能有很多被认为是正确答案的变化形式。不能表现出这两种类型的泛化可能构成一个重大的学习障碍，因为泛化可提供更多的机会在自然和功能性的条件下实践这些能力，并能使学习加快。

评分标准：

如果孩子正确地表现出刺激和反应这两种泛化，其水平与他的其他能力相称，在这个障碍评估中记 0 分。例如，如果孩子的里程碑得分主要集中在第 1 阶段，他应该在模仿，提要求，命名，仿说，听者技能和配对技能中表现出一些泛化，其速度应该与常见普通发展孩子的速度相应。又如人们不能期待在这个阶段的孩子会表现出对话反应的泛化。如果孩子对任何类型的刺激泛化（如：泛化到新材料相当慢）或任何一种技能泛化（如：仿说泛化落后）表现出某种形式的困难，记 1 分。如果孩子在多数技能上需要正式的泛化训练，记 2 分。例如，在学习一个新的命名如"电话"后，他需要包括 5 个不同电话样本的多样本训练才会出现一个无需训练的命名，但他通常可以获得并维持这个技能，记 2 分。

如果泛化训练是费力的，并且常常非常不成功，即孩子经常失去那些曾经被认为是泛化了的技能，记 3 分。如果尽管提供了大量正式的泛化训练，孩子对未经训练的刺激不能表现出任何泛化，记 4 分。如果出现了这个特定的障碍，那么孩子可能只具备有限的技能。在这个障碍评估中如果孩子得 1 分，应该监控他的进步，并且应该为新技能的泛化提供频繁的机会。如果孩子得 2～4 分，关于这个孩子为什么不能出现泛化的进一步分析就是必须的。

16. 薄弱或非典型的动机操作（MO）

使每一个人区别于另一个人的变量之一是动机。所有人都有一些与生俱来的未经学习的相似动机（如：饥饿、口渴、氧气、温暖或去除疼痛），但又很快学会更为大量和多样的对个体是独一无二的获得性动机（Micheal，2007）。对于一个幼儿来说，这些习得性动机常常开始于需要关注，父母的存在和声音，和其他最初与天生动机有关系的事物。不久，对其他的视觉和听觉刺激的动机就得到发展（如：要彩色的物品、有趣的声音、质地、玩具、游戏和活动）。作为父母很快就会发现，随着孩子的长大这些动机不断的改变。然而，有些发展障碍的孩子可能会表现出有限的动机，或者奇怪的或非典型的动机，其中一些可能变得相当顽固。

在某些孩子的先天性动机中，饥饿和肢体接触不一定是很强的动机，或以某种方式有缺陷（如：Bijou & Ghezzi，1999）。另外，有些孩子可能看似很少被痛苦刺激所影响。就习得性动机而言，一个普通发展孩子时不时想体验的许许多多物品和活动，对某些特殊需要的孩子可能没有任何价值。另一方面，这些孩子中的有些人，特别是孤独症的孩子，奇怪形式的动机可能变得特别强，比如重复动作（自我刺激），图型，颜色，形状，声音，奇怪的物品，或特殊的行为。动机是一个重要的教学工具，因为它涉及强化（如：作为强化物食物的价值与饥饿的程度有直接关系）。如果孩子的先天性或习得性动机非常有限，教导和学习就会变得更加困难，需要特别努力为教学目的创建，设计和捕捉动机（Hall & Sundberg，1993a，2004）。

计分标准：

　　如果孩子表现出广泛的与年龄相符的动机，它们具有可预见的强度并且表现出变化，在这个障碍评估中记 0 分。如果其他的人开始注意到其动机与普通发展孩子稍有不同（如：孩子似乎对其他孩子玩的东西或做的活动不感兴趣），记 1 分。如果孩子对古怪行为模式表现出动机，比如重复玩一个特定的物品或古怪的身体，手臂，腿，或手指的姿势，记 2 分。或者，如果孩子看似对与其年龄相当的强化物和来自他人的社会性强化物的动机不强烈。也记 2 分。

　　如果孩子对先天性强化物，如：睡觉、食物，或去除疼痛等表现出反常动机，记 3 分。或者，在与一个"渴望"的物品短时接触后动机很快减弱（如：通常他看上去真的想去玩一个物品，但几秒钟后就丢掉或走开）。也记 3 分。这个孩子也可能表现出高频率的刻板行为，和对社会性强化的兴趣阙如。如果孩子的动机非常受局限，也许只有 2~3 种奇怪的动机（如：细细的绳子、快速地转圈圈、用嘴吸吮物品）并且这些动机非常强烈，如果不允许他做这些行为负面行为可能发生，记 4 分。在这个障碍评估中如果孩子得 1 分，应该加倍努力发展其社会和其他类型的动机。如果孩子得 2~4 分，对影响孩子的特定的动机障碍作进一步分析是必要的。

17. 对行为有要求就会使得动机变弱

　　许多教师和父母们面对的一个常见问题是孩子在为了得到强化物必须努力时，他对这些强化物很快失去兴趣。也就是说，如果一个物品是免费的，孩子将急切想得到这个物品，但对孩子有一些要求时，他可能就不想要这个东西了。在实验性文献里这是一种众所周知的行为效应。反应的努力与强化物的价值紧密相关。例如，吹泡泡可能是一项有趣的有强化意义的活动，但如果对行为的要求是坐在椅子上并且对教学任务做出反应，这种要求可能就太高了，而泡泡作为强化物的价值很快变弱。对孩子来说，它似乎不值得。

　　这种效应的许多例子也可以在大人的日常互动中观察到。有人可能会问 20 美元是强化物吗？这当然取决于对反应的要求。如果对反应没有要求，它很可能强化任何其前发生的行为（因此作为强化物而起作用）。如果行为是极小的或与 20 美元相称的（如：帮助一个陌生人启动他的车），它也可能增加该行为的发生。然而，如果对反应的要求很高，这 20 美元就可能产生惩罚性的功能。例如，为一个陌生人花了一整天的功夫修理一个气化器，然后得到 20 美元，这会减少你在将来帮助陌生人解决汽车问题的可能性。

　　在行为学术语中（Micheal，2007）把这种效应称为消除性操作（AO）。消除性操作之效应的另外一个例子是满足感。在一顿丰盛的午餐后，对于孩子来说食物可能就没有强化物的功能了。这种情况再加上一个较高的反应要求，即如果食物被用作结果而对行为要求是高的，那就可以预测发生负面行为或某种形式的逃避或避免行为是有很大可能的。在有些孩子的学习历史上，他对一个可能的强化物表示不感兴趣的行为导致了大人放弃要求或者提供更多的强化物，那这孩子就很容易表现出这个问题。

计分标准：

　　如果孩子在面临合理要求时，一般不会表现出对强化物的兴趣降低，在这个障碍评估中记 0 分。如果要求远远超于强化物，他可能对强化物失去兴趣。如果要求变得太高，或有信号表明要求将会增加（如：桌子上出现了一个新的材料盒子），孩子会表现出某些兴趣的不足，记 1 分。如果孩子对许多物品和活动有较强的兴趣，但在要求超过一点点或不在常规程序中时，他很快离开这些物品或失去对这些物品的兴趣，记 2 分。

如果要求孩子必须有所行为并达到几次，他便很快表现出兴趣缺乏，记3分。如果哪怕对他只是一点点要求，孩子就将放弃那些被认为是他最强的强化物（如：食物、托马斯火车），记4分。在这个障碍评估中如果孩子得1分，必须监测他的进步，但在这时可能不会对此有所担心。如果孩子得2～4分，对这个孩子在反应需求和强化物价值之间的关系作出进一步分析就是必要的。

18. 强化物依赖

对正确反应及时和连续的强化是建立一个新的教学和教育刺激控制的最有效的工具。然而，另一个行为原则即间歇性强化则提议，为了维持这个控制，有系统地提供越来越少的强化会更有效果（Ferster & Skinner，1957）。例如，在教导一个孩子开始学习命名汽车时，最有效的强化程序是连续性强化（CRF）。也就是说，每一次近似成功即接近目标"汽车"的反应都应被强化。一旦孩子能一致地命名汽车，强化的程序应该逐步地转移到一个间歇性的程序，即孩子命名"汽车"的反应平均每3～4次后才被强化一次。这个称为不定率的强化程序开始教导孩子每一次命名汽车后不一定获得一个强化物，如从大人那里得到食物或赞扬。这个程序的好处是通过教导孩子在强化物不是始终都有的（也就是"现实世界"的）情况下如何行为和学习，从而使孩子发展起"持续"性。另一个与强化物有关的问题是孩子们可能依赖于消耗性和有形的强化物，无法过渡到其他形式的强化，如社会性和语言性的强化。

转移到间歇性强化和渐离消耗性和有形强化物是行为干预计划的一个重要部分。如果没有计划来促进这种进步，就有可能导致强化物依赖，并且在孩子们不能每次得到强化或得不到消耗性或具体物品强化时会很快失去所学技能。这种情况会与将所学技能用于自然环境和自然条件这一最终目标相对立，而后者正是维持着普通发展孩子的行为技能或在一个较少限制教室环境中维持行为技能的条件。

评分标准

如果孩子没有问题就可转移到间歇性强化或转移到社会和语言强化，在这个障碍评估中记0分。如果孩子更喜欢消耗性和有形物品，但通过赞扬和关注也能被强化，尽管他在没有得到这些首选的强化物时可能表现出一些勉强，但最后还是这样做了并持续学习新能力，记1分。如果没有得到首选的强化物孩子就不愿意做和没有它们学习会变得很慢，然而他愿意接受间歇性强化（如：代币）和表现出一致地的能力增长，记2分。

如果没有频繁的给予消耗性和有形的强化物（如：每3～4个反应给予一次）就很难与孩子工作，记3分。这个孩子可能很快会表现出负面行为或试图避免或躲避大人的要求和教学任务。如果建立一个单一能力就要化大量消耗性和有形的强化物，并且维持能力也必须有这个程度的强化物，记4分。在这个障碍评估中如果孩子得1分，必须监测他的进步，更多地把重点放在使社会性赞扬与其他强化物相伴出现。如果孩子得2～4分，对所用强化物的类型和提供强化物的时间表作进一步的分析就是必要的。

19. 自我刺激

许多有发展性障碍的孩子，尤其是那些孤独症的孩子，表现出一些自我刺激的行为或刻板的行为（通俗的称为"刺激"）。其中可能包括拍手、摇摆、无意义发音，轻击物品，抽拽线头，排列物品，撕纸，凝视图形、角落、模型、字母或数字，等。这些行为往往很难减少或消除，因为强化物是行为自身，即行为对行为者产生着愉快和快乐。在行为学术语里，这种效应被称为自动强化。许多行为有强化的性能，不需要外来的或人为的强化来维持它们。这些效应在普通孩子和大人行为中也容易被观察到。例如，一个咿呀学语的婴儿是被他自己发出的声音所强化。大人可能哼哼或唱某一歌曲，并发现他们尽管作出具体努力也不能停止这一行为。某些患有Asperger综合征的大人曾经报告说自我刺激行为可以减少焦虑。当一些专业的演讲者或演员在上台之前踱来踱去时，从中可见某些相似的效应。

来自于自我刺激的强化常常不取决于任何特定的行为或要求。在某种意义上，它是免费的强化。因此，这些行为在有些孩子那里，尤其是那些缺乏语言和社会技能的孩子那里变得如此之强，可能就不奇怪了。对许多孩子来说这些刺激是相对无害的，但对其他一些孩子它们的强化价值如此有力，以致通常的强化物相对只有极低的价值，自我刺激行为与其他的活动、刺激的产生和教学控制相对抗，其结果是破坏学习。

评分标准

如果孩子没有进行不正常的自我刺激或重复行为，在这个障碍评估中记 0 分。如果孩子从事了某种自我刺激，但它不是太严重的问题（如：手指叩击）和似乎不对抗学习或其他的活动，记 1 分。如果孩子自我刺激行为频率相对较高，并且他可能发出一些不同类型的自我刺激行为（如：在眼前轻弹物品和凝视着某些形状），记 2 分。另外，来自于刺激行为的强化可能与其他强化物竞争或减少其强化价值。然而，孩子仍然学会新的材料和能表现出对此行为的某些程度的控制（如：如果告诉他停下时他会停止摇摆）。

如果孩子进行的高频率自我刺激与学习和社会互动竞争，用语言批评时他不能停止，或仅暂时地停止，记 3 分。如果孩子几乎不断地发出一些自我刺激的行为，并且其他强化物很弱，记 4 分。另外，他的学习受到这些行为的极大干扰，他获得技能的速度很慢。如果孩子在这个障碍评估中得 1 分，必须监测其行为，但此刻也许没有必要过于担心。如果孩子得 2～4 分，对自我刺激的特定功能进行进一步的分析就是必须的了。

20. 表达清晰度的问题

许多孩子面临表达清晰度的问题，但有一些相当严重，常常需要辅助沟通（AC）系统，如手语或 PECS（Frost & Bondy, 2002）。AC 在教导语言技能，减少负面行为，和辅助改善表达清晰度等方面常常有很大的帮助。注意：说话和语言是两种不同的事（它们间的关系接近于形式和功能之间的差别，见第一章）。一个孩子也许能发出完全清晰的词语（说话），但可能不会适当地运用它们（语言），或反之亦然。任何有明显发音清晰度问题的孩子必须被转介去见一位语言病理学家。

评分标准

如果孩子现有的发音行为大多数大人能理解，在这个障碍评估中记 0 分。即使孩子只有少量的词汇，但他的词语能够被理解，也如此计分。如果孩子表现出发某些音有一些困难，但他已有的词汇一般可以被人理解，并且他的发音持续地好转，记 1 分。如果孩子的发音很难为陌生人所理解，尽管他表现出里程碑第二阶段的大多数技能，记 2 分。

如果孩子的发音技能非常有限，又表现出各种各样的发音错误，记 3 分。如果孩子没有发音，或其所说之话完全不能被人理解，尽管他在其他里程碑得分很高，记 4 分。如果孩子在这个障碍评估中得 1 分，必须监测他的进步，但在此刻这可能不是一个值得担忧的原因。如果孩子得 2～4 分，必须将他转介去见一位语言病理学家，以得到完整的评估和可能的干预方案，而一位行为分析师必须对问题进行进一步的功能分析。

21. 强迫性行为

有些患有发展性障碍的孩子，尤其是那些孤独症的孩子，可能对环境中的特殊方面如服饰、材质、日常活动、模式等等表现出强烈的执着。如果这些执着通过降低其他的动机和相应强化物来与建立教学和教育方面的刺激控制相竞争，就会变成一个更严重的问题。执着与刺激常常没有什么不同，但它们可能采取非常古怪的形式并有非常大的破坏性。例如，有些学生坚持每天放学后回家的开车路线要完全相同。一个左转弯代替日常的右转弯会立即引起一个强烈的发脾气。其他的孩子只穿某样衣服（如：红色的运动裤），如果试图给他们穿其他的衣服可能引起发脾气，甚至攻击性和自伤性行为。这些执着行为的原因相当复杂，但它们常常是与一个强化历史有关的习得性行为。它们也可能与某些类型感觉刺激不爽的本性有关，如有些材料会有扎人的感觉（参看第24种障碍）。

评分标准

如果孩子没有表现出任何妨碍学习的强迫性行为，在这个障碍评估中记0分。如果表现出某些微小的执着，但他们容易被克服并且不妨碍学习，记1分。这些执着可以被理解为"固执"，但这些问题和行为常常在于其同一性（如：坚持房间里必须关灯）。如果孩子有数个不同的执着，在不满足它们时他会发出一些轻微的负面行为，但如不让他做完执着的行为他通常能够服从，并能参加到学习任务中而没有进一步的破坏行为，记2分。例如，如果不允许一个孩子在坐下来之前绕着椅子转圈，他会短时地发脾气，但最后还是没有转圈就坐下并参加到工作任务中。

如果孩子出现数个不同的执着行为，或有几个非常强烈的执着，并且如果执着被扰乱，他会迅速发起强烈的负面行为从而妨碍学习，记3分。他没有完成痴迷的行为往往就非常不愿意参加到任务中或活动中来。如果他的执着是一致的和强烈的，是每一天中的主要焦点，记4分。如果执着不被允许，他的负面行为可能是严重的，学习经常受到干扰。对所有与孩子有关的人来说，这种执着是不断的纠结，消耗大量的时间。在这个障碍评估中，如果孩子得1分，他的行为应该得到密切监控，甚至在这一时刻就提供进一步的分析，并开始一个干预，因为执着是倾向于越发严重的。如果孩子得2~4分，对执着行为作出进一步的分析是必需的。

22. 多动

有些发展障碍的孩子可能也会被诊断为注意缺陷/多动障碍（AD/HD）。这些孩子可能表现出许多不同的行为，包括高频率的运动行为，如东奔西跑、爬到物品上、坐立不安、难以安静地玩耍，并且常常看似"很忙"。他们很难参加学习、完成日常家务、和自理任务，或参加其他任务包括完成某件事情的任务。这些行为常常影响学习，语言和社会发展，对又被诊断为孤独症的孩子来说，尤是如此。多动行为的原因像孤独症的原因一样，可以归究于各种各样的变量，包括基因的、产前的、环境因素等等的混合。对于特定的个人来说，往往很难确认众多变量中的哪一个是其主要原因。最常见的治疗是药物和行为干预的综合，不过关于什么才是对这些孩子最有效干预方法的问题，在文献中还存在着大量的分歧。

计分标准

如果孩子与他的普通发展的同伴相比没有过分的多动，他参与大多数任务和活动没有困难，在这个障碍评估中记0分。如果他偶尔也出现多动行为或不能参加正在进行的活动或事件，但这些行为不干扰学习和日常生活，记1分。这个孩子容易平静下来，或可随某些微小的辅助而致力于手边的任务。如果他在环境中频繁地来回走动（并且比他的同伴有明显更多的活动），似乎坐立不安，致力于任务有困难，当任务困难时尤其如此（尽管他致力于愉快的活动如TV或电子游戏没有问题），记2分。另外，如果多动和注意涣散影响到了学习，也记2分。

如果控制他的多动行为常常是困难的，记3分。他也许不能排队等候，平静地坐着，保持任务达几分钟以上，需要频繁的辅助才能专注，静坐，完成一个活动。如果他一直地"忙个不停"，其多动行为是每天中的主要焦点，记4分。他可能是烦躁不安的，冲动的，在家具上攀爬或跳跃，又说个不停，常常难以从事或保持参加任何学业或社交活动。在这个障碍评估中，如果孩子得1分，他的进步应该得到监测，但在此刻可能没有理由过于担心。如果孩子得2~4分，对他多动行为和注意缺陷作出进一步的分析就是必要的。

23. 缺乏目光接触和对人的注意

普通发展的婴儿和幼儿在他们开始发出词语之前很久就学会与其他人沟通了。他们的许多早期沟通包括目光接触以获得其他人的注意（一个要求），随后出现手势或手指和伸手的行为（也常常是一个要求）。先有眼神接触，然后才开始大多数社会交流，即讲者和听者互相认同了对方。哪怕是一个短暂的一瞥或注视可让讲者确认他得到了听者的注意。然而，有些发展障碍的孩子，尤其是那些孤独症的孩子，与其他的人没有目光接触。另外，他们可能不以与普通发展孩子互相看或看大人相同的方式去看其他人。

有许多不同的原因说明为什么目光接触是一个有价值的能力，其中大多数基于这样一个事实，即大量信息可以从其他人的眼里和面部得到。但只有当孩子能以某种有意义的方式行动和反应时这种信息才有价值。孩子目光接触的倾向可能依赖于语境。孩子常常在提要求时看大人的眼睛，这是因为他过去得到强化的历史。孩子可能通过用目光接触（一个要求）得到大人的关注，和用一个注视把注意力引向想要的物品（另一个要求）。然而，同一个孩子可能在社交、认知学习或其他有所要求的情景中明显地避免目光接触，但他在提要求时仍有目光接触。

如果一个孩子不能学会一般地提要求，这将降低目光接触的价值，因此，塑造目光接触的自然条件可能是无效的。如果一个孩子能提要求，但不能在提要求时有目光接触，Carbone(2008) 已表明用一个消退程序可以帮助那些提要求而没有目光接触的人。消退可以引起各种反应，其中之一常常是目光接触。对这种伴随着初始要求而出现的目光接触的区别性强化能够增强伴随提要求出现的目光接触的频率。

计分标准

如果孩子与其他的人有与年龄相当的目光接触，和适当地注意人，在这个障碍评估中记0分。如果大人开始注意到，孩子没有类似于普通发展孩子那样的目光接触，记1分。如果孩子没有类似于普通发展孩子那样频繁的目光接触，或注意面部和他人，记2分。如果孩子在提要求时没有目光接触，在大多数情况下难以得到他的目光接触，记3分。如果孩子几乎从来没有目光接触和他避免看面部和他人，记4分。在这个障碍评估中如果孩子得1分，应该监测他的发展，开始某些干预可能也是明智之举。如果孩子得2~4分，对为什么不出现目光接触作出进一步分析就是必需的。

24. 感觉性防御

有些发展障碍的孩子，特别是那些孤独症的孩子，可能对多种类型的感觉刺激过于敏感。对声音的过于敏感可能是最常见的。一个孩子可能经常地用他的手捂住他的耳朵，有时听觉刺激仅出现点滴增加就会如此。其他孩子则受到触觉刺激的影响，如衣服的质地，或手上的液体或其他物质。在听觉和触觉两种过于敏感中，对感觉系统实际的刺激可能起到了一个厌恶动机（MO）的作用，从而引起和自动强化能够终止这种感觉的任何行为（如：捂住耳朵、脱去刺痒的衣服、摩擦手）。对视觉刺激的过于敏感也有发生，正如嗅觉和味觉过于敏感也可能发生一样；然而，这三种可能与其他一些变量有关。例如，对视觉刺激的厌恶可能与要求关系更密切（如：当要求孩子完成一个任务时，他会举起他的手盖住他的眼睛）。味觉厌恶可能与喂养问题有关。听觉和触觉过于敏感也受影响于其他一些变量，这就是为什么有必要分析个别化的孩子，这样才能区分什么控制原因在影响着孩子。

评分标准

如果孩子没有任何与感觉刺激有关的问题，在这个障碍评估中记 0 分。如果大人开始注意到孩子对一些感觉刺激的过于敏感不同于其他孩子的反应，记 1 分。例如，在某些声音发生时，孩子可能有痛苦的表情，或抱怨电视的音量。如果某些感觉刺激可预见地影响孩子（如：长袖衬衫或他手上的胶水），但感觉性防御是轻度的，通常不妨碍学习活动，记 2 分。如果孩子常常对特定的感觉刺激作出逃避行为的反应，如手捂住耳朵，或闭上他的眼睛，记 3 分。他也可能变得焦虑不安，特别是在厌恶刺激不消除时就尤其如此。在这种情况下可能很难与孩子一起工作。如果孩子对特定的感觉刺激不停地以更严重的如发脾气和攻击性等负面行为作出反应，记 4 分。在这个障碍评估中如果孩子得 1 分，应该监测他的进步，但因为过于敏感可能会变本加厉地发展（尤其是它得到强化时），所以这时就作一个分析可能是有价值的。如果孩子得 2~4 分，对感觉过于敏感作出进一步的分析就是必需的。

总　结

学习与语言的种种障碍可能是孤独症和其他发展性障碍孩子所经历的许多问题的原因。障碍评估为辨认哪一个可能是引起孩子特定问题之原因提供了一个方法。许多孩子表现出多重障碍，或一个综合性障碍。一旦一个障碍被确认，就需要对问题进行一种更详细的功能性（或描述性的）分析。不同的学习和语言问题有许多潜在的原因（如：不经意的强化、课程设计、错误控制源的建立），而发展一个有效干预方案的唯一方法就是确定哪一个原因在影响目标孩子。另外一个重要方面，是对任何医学方面的问题如生病、癫痫、睡眠障碍或肠胃毛病在对障碍作出功能分析之后，必须由一个有资格的专业人员设计和实施一个个别化干预方案。然后，就如在大多数行为干预的情况中那样，应该对程序进行仔细的监控和定期的调整。

第七章

转衔评估的计分说明

从设计上说，VB-MAPP 转衔评估是用于为孩子的总体技能和现有学习能力提供客观的评价。在转衔评估中有 18 个可测量的领域来共同帮助教育者和家长做出各种决定和设置优先顺序。只有通过孩子的个体化教育计划（IEP）团队才能决定让孩子得到不同的安置或不同的教育类型。转衔评估仅仅是为团队提供与决定有关的量化信息。

要决定什么样的教育环境和教导方式对一个孩子最为适合往往是很难的。对于很多有特殊需要孩子的教育者和家长来说一个最为常见的目标，是通过结合（部分时间安置）或融合（全日制安置）将孩子从非常强化的项目中转衔到普通的教育环境中去。然而，屡见不鲜的是转衔决定是根据个人信念，大的潮流，情感情绪，或经济等因素，而不是根据什么类型的教育环境和教学模式对孩子来说是有价值的考虑而做出的。就是说，教育环境和教学模式应该使孩子真正能学到最好的技能，而不是仅仅管理他或使他忙碌。有关转衔的问题在相反的方向也能观察到，即孩子在 1∶1 或强化教育训练中停留时间过长，而事实上他能够得益于较少限制环境中所提供的那种学习和社交的机会。

对一个孩子来说可供选择的安置选项的范围会根据不同的学区而有所不同。在一个较大的公立学区中往往可以有各种选择，但是特殊教育项目的广度通常依赖于学区的大小和可利用的资源。有些学区可能还会利用各种私立项目和机构来提供服务。有关安置项目的选择，依据通常称为"限制"的程度而变化。像家庭或一对一干预那样的有较多限制的环境要求大量的资源。相比之下，孩子在全融合的环境中学习所需的资源就要少一些。一般的目标和特殊教育法的意图都是要将孩子安置在他将在其中表现出最有意义和可测量进步而又最少限制的教育环境里。这些选择可能包括家庭教育计划，特殊的日间教室，为孤独症孩子设计的特别教室、私立学校、学习障碍教室、沟通障碍教室、幼儿园教室、有支持的普通教育教室和在普通教育教室的全融合。这些教室或类似教室的现实性则要根据各个学区的情况而变化。

执行转衔评估的指导方针

在转衔评估中有三个大类（表 7-1）。第一个大类（1~6 项）涵盖了孩子的语言技能，社交技能，学业自主性，和潜在的学习和语言障碍，而所有这些因素都会影响在限制较少环境中的学习。第二个大类（7~12 项）涵盖了孩子具体的学习形式，而第三个大类（13~18 项）涵盖了自助能力，自发性，和独立性。在转衔评估中评估的有些领域在 VB-MAPP 的其他章节中也有论及，但是它们同样也适合于转衔这一背景（如：集体技能、泛化）。因此，与其让读者到这些章节中去找，不如在 VB-MAPP 的这一部分中对此有所重复。

第一个大类将产生最重要的与语言、社交、行为技能，以及学业的独立性相关的内容。第二个大类提供关于孩子在强化教学形式之外学习新技能之能力的信息。一般来说，最前面的这两个类别存在着相反的关系：如果孩子需要较少强化的教育，则他的能力往往是更高，更强。而如果必须用强化的和结构化的教育来推动孩子前进，则其进步速度可能会更慢，并且老师对学生的比率更高。

第三个大类很重要，尽管它不直接地影响安置，但往往对安置也会有影响（如：自我帮助）。例如，在典型的一年级班级里独立如厕是很重要的，如果一个有特殊需要的孩子具备了语言，社交，

表 7-1　与转衔到限制较少的教育环境相关的 VB-MAPP 的各种能力

第一类转衔：VB-MAPPA 得分和学业独立性
VB-MAPP 里程碑评估总分
VB-MAPP 障碍评估总分
VB-MAPP 障碍中负面行为和教学控制方面的得分
VB-MAPP 中关于教室规则和集体技能方面的得分
VB-MAPP 中关于社会行为和社会游戏方面的得分
在学业任务方面的工作独立性

第二类转衔：学习模式
泛化
强化物变化
获得能力的速度
新能力的保持
自然环境学习
转向新的语言操作

第三类转衔：自我帮助、自发性和自我指导
对变化的适应性
自发性行为
独立游戏能力
一般的自助能力
如厕能力
进餐能力

和学业能力能在一年级学习，则不能独立使用洗手间不应妨碍他融入到那个班级里。从另一方面来说，如果一个孩子能独立的使用洗手间，但是没有与其他孩子相称的能力，他可能不会从那个教室里所使用的教学内容和形式中受益，甚至会失去一些技能。每一个孩子的情况和需要都是独一无二的，只有个别化教育计划团队才能决定对每一个孩子来说什么对他最有利。在这个量表中没有一个单独项目或分数是决定性的因素。转衔评估只是一个工具可用来向团队提供帮助安置过程的信息，并监控孩子在这一安置中的进步。读者可在 www.wrightslaw.com 的网站上找到与转衔和有关问题的更多信息。

转衔评估的计分方法

各种分数应该登记在 VB-MAPP 学生概括中的转衔评估表格（第 34～38 页）之中。其中高分是想要的分数，而低分则表明需要努力的领域。这个表格中包含登记 4 次评估结果的方格，但是评估不必拘泥于 4 次。第一个评估可以作为一个干预项目开始的基线测量，并可以帮助提供关于形成和加强技能的方向。转衔评估也可以用作指南来帮助确定当下的安置。另外的评估可以是每年个别教育计划总结的一部分，或者在孩子的安置成为问题时来加以执行。在 18 项转衔评估中的第 1 项和第 2 项测量是 VB-MAPP 里程碑评估和 VB-MAPP 障碍评估的总分。这些评估的有些部分在转衔评估中有第 2 次测试，因为它们对在较少限制下的环境中的安置有其重要性（如：问题行为、集体反应、社交技能和泛化）。

评估者应根据 VB-MAPP 学生概况计分表中每一节所确定的标准应用李克特式的量表（Lykert-type scale）从 1～5 来评价孩子的行为，然后将这个分数转换到转衔计分表上（图表 7-1）。有一些数据是来源于 VB-MAPP 评估的其他部分中的分数，而其他数据则有赖于对孩子的较为主观的评价。如有可能让几位与孩子熟悉的人参与到对这些主观领域的评分，这对于提高信度和一致性

第七章 转衔评估的计分说明

图表 7-1 转衔计分表的样本

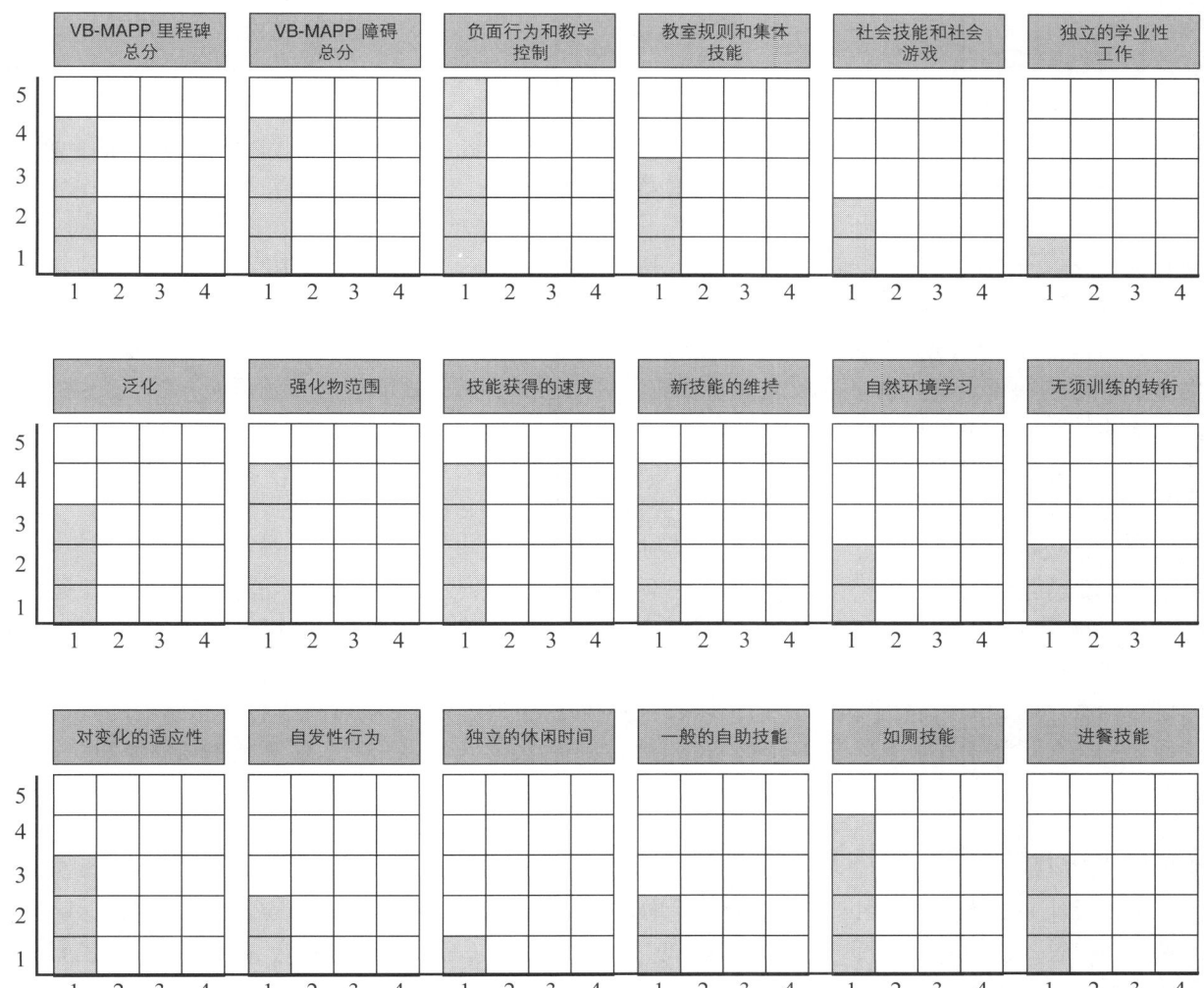

目的来说是有价值的。有些项目可以在转衔评估中得 0 分（如在"自发性行为中"，一个孩子没有任何自发的行为）。对这类项目，没有给 1 就等于 0（将表格中的这一项目留为空白）。但对有些项目不能给予 0 分，例如 VB-MAPP 里程碑的总分（1=0 — 25）。

第一类转衔：VB-MAPP 得分和学业独立性

1.VB-MAPP 里程碑评估总分

也许与成功转衔至较少限制环境有关的一个最严重的问题是将孩子安置在日常用语内容超出他理解水平的教室里。这种安置会有一些价值（如：提供一些社交示范和同伴互动），但是如果孩子的能力明显低于教室里的其他孩子，他未必能与其他的孩子一起学习。课程的内容有价值的教育时间和可能的能力也会遗失掉。VB-MAPP 里程碑评估的总分能为我们提供关于安置之决定的基础。虽然所有特殊需要的孩子能从与普通发展孩子的日常联系和融合中受益，但问题是对于作为个体的孩子来说确定何者为教育优先考虑以及什么教育形式和环境设置可以提供实现这些优先考虑的干预计划。

评分标准和安置建议

如果孩子在 VB-MAPP 里程碑评估的总分主要处于第一阶段，他仍然需要强化和特殊的干预计划。这个计划可以是在家里，在特殊教育教室，或是这两个环境的结合；这个计划也必须成为他主要学习时间的中心（通常对年幼的孩子来说早上或在午睡之后）。同伴互动尽管是重要的，但不应成为这个时候的优先考虑，而可安排在一天中稍晚一些的非正式的活动中（如：玩伴时间、公园和对于年幼的孩子放学后的托儿所）。关于得分主要处于第一阶段之孩子的课程安置的更多信息，可参见第八章。就像前面所说，只有个别教育计划团队才能决定什么对孩子来说是最有利的。

如果孩子在 VB-MAPP 里程碑评估的总分主要处于第二阶段，这就说明了孩子已经获得了一些提要求、命名和听者反应的基本技能，并可能会更快地学习新的技能。这孩子可能开始会受益于更多的集体教学，与年龄相符的自然环境教学（如：美工、游戏、音乐和其他普通的活动），以及更多地与语言更好的同伴进行互动。然而，在第二阶段的孩子应该还是把大多数学习时间（和黄金时间）花在较为强化的教学形式中。孩子仍然需要大量的具体语言和社交技能（如：介词、形容词、对话和社交及游戏技能），尽管有些能力在较少限制的环境中也能获得，但结构性教学可能会导致更快且更彻底地获得这些能力。关于得分主要在第二阶段孩子的课程安置的更为具体信息，可参见第九章。

如果孩子在 VB-MAPP 里程碑评估的总分主要处于第三阶段，则该孩子可能不仅仅是获得了很多基本的语言和社交技能，同时也表现出了更高级的提要求、命名和对话技能。孩子有能力问特殊问题（提要求）、回答这些问题（对话）以及自发地评论周围环境的物理特点构成了重要的里程碑，从而表明孩子已经有了在较少限制环境中参与更加高级的学业和社交项目所需的语言基础。对于得分主要在第三阶段孩子的课程安置的更为具体信息，参见第十章。

2.VB-MAPP 障碍评估总分

根据设计，障碍评估是用于确定妨碍技能增长的语言和学习方面的障碍（见第六章）。必须减少或消除这些障碍，它们往往是对孩子日常干预计划中的主要部分（如：辅助的依赖、行为问题、自我刺激、多动行为和不服从）。通常，这些障碍会构成孩子转至有较少限制的教育环境时最大的绊脚石。

评分标准和安置建议

在障碍评估中获得高分（31～96）说明孩子正在经历一些障碍，需要一个计划旨在减少或消除它们。这个计划很可能因其必要的干预措施类型而具有更多的限制性。例如，尽管孩子已获得大量的命名和听者辨别技能，但他仍然未能获得对话技能，那就有必要谨慎地设计一个对话干预计划。教导对话行为通常很难，并且要求较高的教师和学生比例，有专业技能的员工，细致的教导程序，和严密的监测，因为发展出死记硬背式对话的可能性通常来说是很高的。在障碍评估中获得低分（30分或以下）说明有较少限制的安置可能会成功，当然这要取决于具体的障碍。例如，严重的负面行为经常缩小了选项，因此下面提供对于这些障碍的额外测量（行为问题和教学控制问题在转衔测评中将计分两次）。

3. 在 VB-MAPP 障碍评估中负面行为和教学控制方面的得分

行为问题例如尖叫，侵犯，破坏财产，和在活动中拒绝参与将严重限制孩子进入较少限制的环境。这些行为会让教导孩子变得很困难，并且在教室中会对孩子及其他学生构成安全方面的问题。许多教师可能没有经过恰当而必要的分析和改变这些严重行为的行为管理技术的训练并且可能得不到有效的支持。另外一个融合性的教室环境可能不会有助于改变这些行为，并且会由于各种原因而加剧这些行为问题。例如，如果孩子必须待在早上的圆圈活动中，但是他不想并开始发脾气，通常惯例是把他从圆圈活动中拉出来（通常紧接着是一对一的时间）以便老师和孩子可以继续进行他们的教育计划。然而，这个学生的负面行为得到了强化（即移除了对他的要求），这样在相同的情况下他极有可能会再次发脾气。替代性的干预是让他继续待在圆圈活动中（不移除要求）可能在技术上是正确的，但这样做会使得老师无法教育其他孩子。在较少限制的环境中可能会有很多潜在的引发负面行为的原因，这些都必须经过分析和改善，这也是安置过程中的一部分。安置太早，或者没有必要的训练支持，都可能会危害到将来的安置。

评分标准和安置建议

在 VB-MAPP 障碍评估中负面行为和教学控制部分的得分可用于衡量孩子在与转衔相关的这些领域的能力。应该将在障碍评估中这个部分的得分转换从而匹配转衔评估的其他方面。例如，如果孩子在 VB-MAPP 障碍评估中负面行为和教学控制部分领域得到的总分是 6 分，那么他在转衔评估中应该得到 1 分。关于这 5 个程度的完整标准包含在 VB-MAPP 转衔评估学生概况的计分表中。评估者应使用这些分数进行转换。

如果孩子在 VB-MAPP 的转衔评估中负面行为和教学控制部分得到了 1 分或 2 分，安置在较少限制的教室里可能会比较困难，不安全，并且效果不好。如果孩子表现出这种程度负面行为，则孩子将可受益于一个谨慎设计的行为干预计划，并在一个老师们可以关注减少这些行为的环境中由训练过的教室成员来实施这个计划。如果孩子在转衔评估中得到 3 分，则这些负面行为较少有可能会常常扰乱教育的进程从而能为安置提供更多的选择。得分在 4~5 分之间就表明，负面行为不应该成为决定安置过程中的问题。

4. 在 VB-MAPP 里程碑评估中教室常规和集体能力方面的得分

过渡到最少限制环境的连续过程中的一个主要成分是孩子能遵循教室规则和在集体教学形式中学习的能力。如果孩子需要大量的辅助和区别性强化来转换和参与日常的教室活动，这必定就需要更多的教师资源。如果一个刚刚起步的学生在关于集体行为上的得分主要处于 VB-MAPP 里程碑评估的第 1 阶段或者第 2 阶段的初期，那么他可能在 1∶1 或者 1∶2 这样的老师对学生的比例中学习得最好。之所以需要较高的比例是因为如果需要实施精确的教导程序其中包括辅助、渐退、塑形和丰富的强化物时间表等，那就需要较小的步骤和较多的教导回合。而为了促进孩子进步所必须的大量回合是难以在一个松散的师生比例中得到实现的。然而，随着孩子的能力进步到一定程度，例如需要较少辅助和撤销辅助，并且在相对而言仅仅需要较少的教学回合就可以掌握新的能力，那么脱离完全依赖 1∶1 或者 1∶2 的教学模式就有一系列的好处。在第 8 章中与教室常规和集体技能有关的几节中对这些问题还会有更为细致的描述。

评分标准和安置建议

在 VB-MAPP 里程碑评估中教室规则和集体技能部分的得分可以用于衡量孩子在与转衔相关的这些领域的能力。在里程碑评估中这些部分的得分应该转换以匹配转衔评估的其他方面。例如，一个孩子在 VB-MAPP 里程碑评估中教室规则和集体技能的领域得到了总分 3 分，他在转衔评估中就应得到 2 分（注意这些 3 分可以来自教室规则和集体技能方面的任何项目，也就是说不仅仅限于项目 1、2、3）。关于转衔评估 5 个程度完整的转换标准，包含在学生概况的计分表格中。

如果孩子在 VB-MAP 里程碑评估中教室规则和集体技能等方面得到了 1 分或 2 分，将他安置在较少限制的教室里可能会比较困难并且没有效果。在这个测量中得到高分，如 4～5 分，则建议孩子遵循教室规则并且有能力在集体教学形式中学习，这也是过渡到较少限制环境中的一个主要成分。

5. 在 VB-MAPP 里程碑评估中社会行为和社交游戏方面的得分

在教室环境中有很多发展社交技能的机会。许多这样的机会在家庭干预中是不存在的。鉴于社会行为和社交游戏构成孤独症的一个最典型的印记，所以包含有经过仔细设计的与同伴发展社交能力之计划的环境会让孩子从中受益匪浅。然而，一个孩子可以受益于一个特定环境而又不影响他的计划的其他方面的程度是变化不定的，必须经过他的个别教育计划团队仔细的评估。

当孩子转衔到不同的教育环境中时有很多因素必须加以考虑。通常，一个环境并不能满足孩子所有的需求。很多学校提供各种不同的选择，像与其他教室进行部分融合或结合以家庭为基础和以学校为基础的计划等，但是每个学区都不相同并且有不同的资源和选择。例如，很多小的乡村学区没有一系列教室来为有特殊需要的孩子服务并且转衔至其他学区也是不允许的。因此，对孩子的社交需求必须与其在语言、行为、学业和在 VB-MAPP 各项评估中确认的其他能力一起来加以考虑。

为孩子寻求良好的平衡通常是很复杂的。一般而言，目标是找到一个环境，使得孩子现有社交能力与教室里其他孩子的能力相比既不在顶部也不是垫底的。每个极端对孩子来说都只具有极少的社会价值。例如，如果孩子不会模仿同伴，对同伴提要求，不会与同伴有对话等而他所处教室里的同伴则具有这些技能，这个孩子在社交方面可能会被孤立。尽管孩子所缺乏的有些社交技能对其同伴来说并不是特别明显（如：同情心、提供协助），但其在社会环境中的更为明显的不恰当行为，如高频率的自我刺激、脱衣服或过多且大声的干扰等，肯定会引起其他孩子的注意。这类行为对该孩子在同伴中的社会地位极为不利。另一方面，如果孩子对同伴表现出兴趣，会对同伴提要求，并且发起互动，但在他所处教室里同伴对他的要求或主动发起不作出反应，这种安置对孩子来说也不具有什么社会价值。

评分标准和安置建议

在里程碑评估中的得分应根据在 VB-MAPP 学生概况里提供的计分表格的标准来进行转换。如果孩子在转衔评估中社交技能方面得到 1 分或 2 分并且缺乏语言技能（如：他在 VB-MAPP 的技能均在第一阶段之中），那么他最好到前述第一阶段的那种可以提供强化教学形式的因而有较多限制的环境中学习。而如果一个孩子在转衔评估的社交技能中得到 3 分并且 VB-MAPP 的所有得分主要在第二阶段，那么将他安置在能提供与普通发展孩子有部分融合的教室里（如：午餐、音乐、休息和体育课）这样的有较少限制的环境中会对他有利。如果孩子在转衔评估的社交技能中得到 4 分或 5

分并且 VB-MAPP 的得分主要在第三阶段中，则将他安置在与有语言和社交技能同伴的教室里会对他有利——因为这里的教学形式与在第一阶段和第二阶段所必要的教学形式相比是限制更少。在所有这三个阶段中孤独症孩子都有可能继续从正式且直接的社交技能训练中获益。读者如果想得到更多关于社交技能与相关安置方面的具体信息，可以参阅在第八、九、十章中有关三个阶段中社会行为和社交游戏及其安置的相应部分。

6. 在学业任务方面的工作独立性

在一个较少限制的教室里的主要成分是能独立地进行学业工作，如完成练习册、参与小集体的项目和安静的阅读。在这些活动期间，对孩子的期望是能在没有老师的协助下参与具体的活动或完成规定的练习册，或者停止进行捣乱性行为。例如，在一年级教室里一个通常的活动是 3~4 个小的集体活动平台，在此有 4~5 个孩子坐在桌边完成包含有供抄写样本字母或词语的作业本。孩子通常会得到本子以及指令告诉他们开始做作业。老师可能会在教室内巡回并且给与个别学生 1~2 分钟的辅导，老师的期望是教室里其他的孩子能不需要老师站在他们的旁边或提示他们做作业或别乱伸手，他们也能持续地工作。为了特殊需要的孩子能在这种教学形式中获得成功，他必须要能独立地参与到指定的活动中及等待老师的关注协助。在许多教室里，这些独立活动越来越多地成为日常的部分，因此它们出现在转衔评估的第一类中。如果孩子无法独立地工作，他可能在这段时间里需要一个一对一的助手。尽管一对一的助手在某些方面能有一些帮助，但若不采取步骤教导孩子适应在越来越少的强化物条件下能够越来越长时间地学习，那么一对一可能在较少限制的环境和安置的适当性上拖了孩子的后腿。

评分标准和安置建议

根据在转衔评估表格中提供的标准给孩子在学业工作中的独立性从 1~5 评分。例如，如果孩子只需要大人的一次提示就能独立工作达至少 30 秒，应该给他 1 分。如果孩子能不需要大人的提示就独立工作达 5 分钟，给他 4 分。如果孩子在这个评估中得到了 1 分，他仍然需要独立的训练，只是需要较高的教师和学生配备比例。对于这个孩子，融合性的活动可安排在独立工作活动以外的其他时间（如：读故事或感官性运动）。如果孩子得到 4 分或 5 分，说明他可以在包含有独立学业活动的教室里很好学习（最终在所有的普通教育教室里都能很好学习）。

第一类得分的总结

第一类中的六个领域可能代表了在考虑转衔到较少限制环境去时最重要的几个方面。应该把从这些领域评估中所获得的信息与来自转衔评估其他领域的信息结合起来考虑，并且参考其他合格专业人员对孩子的评估（如：说话和语言报告或心理报告）。由于有很多变量，本评估没有固定的得分，转衔也没有固定的标准。孩子的转衔始终是由他的个别教育计划团队来决定的，而且是以他们对孩子以及可利用资源的了解为基础的。

第二类转衔：学习模式

7. 在时间、环境、行为、材料和人物方面泛化各种能力

泛化的过程能使学习加快速度。最初，很多语言落后的孩子必须接受直接的教育才能学会一个技能，其中通常包括精心准备的辅助，渐退的技术，以及区别性强化略微改进的行为。最后，孩子只需要几次练习就能获得新的行为，在极少甚至没有训练的情况下新行为也开始出现。这种情况发

生的途径之一就是通过泛化的过程。斯金纳（1953）提到："在强化一个操作元素时我们经常使得另外一个行为的强度也显著地增加。训练一个领域的技能行为可能促进另一个行为表现。"（p.94）。Stokes & Bear（1979）进一步详细说明了泛化的一些方面并为泛化的临床应用的提供了一个框架。

基本上，泛化有两种主要的类型：刺激泛化和反应泛化。在刺激泛化中孩子可能学会在一种具体刺激控制之下的反应（如：孩子把自己的鞋子命名为"鞋"），然后不需要进一步的训练就命名一个同属一类刺激中的新刺激（如：不需要训练就能命名哥哥的鞋子）。刺激泛化的发生有几种不同的情况。Stokes & Bear（1979）描述了一个训练过的反应可以不需要进一步的训练就在不同的时间，不同的环境，和不同的人，以及不同的材料中发生。第二种泛化的类型是反应的泛化。在这里，一个孩子可能在一个刺激的控制之下习得了一个反应（如：命名家里的宠物为"小狗"），然后不需要正式的训练就能在同样的刺激下发出不同的却是恰当的反应（如：他同样也可以把家里的宠物小狗据其名字来命名为"麦琪"）。这两种泛化的类型应该在干预项目的所有阶段和能力的所有领域都有发生（如：如厕训练后的孩子应该能使用不同的厕所）。

评分标准和安置建议

根据在转衔评估学生概况表格中提供的标准给孩子在泛化的部分从1～5地评分。例如，如果孩子仅仅可以泛化到不同的人，但无法轻易的泛化到其他的材料，给他1分。如果孩子能很容易并且频繁的表现出刺激和反应的泛化，则给他5分。较容易泛化是学习中的一个重要的里程碑，并使转衔至较少限制的环境中去成为可能，这是因为不再经常需要对每个技能进行多次训练，辅助，渐退，以及细致的强化了。因此，一个孩子就更有可能在较低的教师—学生比例中学习，那里的老师根本没有时间去实施为早期阶段学习所必需的精致教学程序。

8. 起强化作用的物品和事件的范围

对孤独症及其他发展障碍孩子的语言，学习和社交技能之发展的最有效的工具就是强化。幸运的是，在行为分析领域中关于强化有着积累了75年多的研究，应用，和训练材料。强化的一个方面是对于每个单独个人来说起强化作用的物品或事件都会发生变化。对许多语言落后，特别是对患有孤独症的孩子而言的一个问题，就是强化物的范围有限。通常，对于所有孩子来说有强化功能的物品和事件，首先是那些与先天的生理需要相关之物（无条件动机操作），如：饥饿、口渴、身体接触、温暖和消除疼痛。从这一事实中出发的对治疗各种残障的最早技术应用，是成功地用食品，饮料，和身体接触为强化物，在以前被认为是无法学习的人那里塑造出各种具体的技能（如：Fuller，1949）。其他的对于很多个人来说有效的早期强化物是玩具，操作物品，因果关系的物品，视觉移动等等。这些类型的强化物在教导有发展性障碍个人方面有很长的成功使用历史（Meyerson，Micheal，Mowrer，Osgood，& Staats，1963；Wolf，Rislay，& Mees，1964），在教育普通发展的孩子那里也是如此（Bijou & Sturges，1959；Staats，Staats，Schutz，& Wolf，1962）。

不幸的是，许多人从来没有超越对频繁地获得可食用或有形强化物的依赖。而干预计划的一个目标应该是消退对这些形式的强化物的依赖并逐渐过渡到社会性，自主性，或其他与年龄相符的强化形式。普通发展孩子所体验的并且在较少限制的教室环境中发生的，正是这些形式的强化物。本测量的目的是评估目标孩子的强化物的范围。

评分标准和安置建议

如果对孩子来说经常需要起强化作用的物品或活动，而这些物品和活动主要是限于非习得性（与生俱来）的强化物，则在转衔评估中给他1分。从2～4分表现出过渡到更多种类的强化物，如社会性的、与年龄相匹配的、由同伴传递的、经常改变的和较低频率的强化物。强化物也能变成自动性的强化，即无须有人正式地发放它们；相反，人们所体验的许多强化物都包含在行为之本身，也就是说发出这种行为是有趣的（如：孩子喜欢他自己画的画或享受寻找数字点连线的工作）。如果孩子极易通过社会性表扬，语言信息，和与年龄相符的游戏，玩具或活动而得到强化，以及这些强化物种类繁多而且变化频常（如：当看到一个新的物品时能要求，"那是什么？我想试一试"），则给 5 分。

孩子能为广泛的社会性和与年龄相符的结果所强化，而其中有一些是自动的间断性的强化，这将在孩子转衔到较少限制环境的过程中扮演一个主要的角色。如果一个孩子能为广泛的强化物所影响，那他不仅可能学得更多，而且不太会满足于一种强化物或一组强化物。此外，大多数常规教育的教室并不频繁使用可食用的，有形的，或可操纵的强化物。相反，教师依靠其他形式的强化物如社会表扬、成绩和自动性强化活动等。如果一个孩子依赖于可食用和有形的强化物，或频繁的强化时间表（如：要求大量的注意力），就很难将此孩子融入较少限制的环境，如教室里的其他孩子不得到这种形式的强化物就尤其是如此。

9. 获得新能力的速度

需要多少数量的回合训练才能掌握一个新技能，这在行为研究中是一个常常使用的测量标准，通常被称为"达标所需回合"（如：Cooper，et al.，2007；Sundberg & Sundberg，1991）。例如，在比较两种教导程序时，目标行为具有平衡性（如：教导一组 5 个不同的名词），其中一个条件可能包括模仿辅助而另一个条件包含对话性辅助。研究人员接着记录两种不同教学程序中每一种达到目标标准所需要的回合训练的数量。数据的视觉表达将很快显示，在教新能力方面一个教导程序比另一教导程序更好。因此，为教孩子新技能所需要的回合训练的数目（和老师的工作量）可以作为对过渡到限制较少的教育形式的一种测量。刚开始时，可能会需要上百次的训练来教导一个新的命名，但是在孩子成为一个更为有效的学习者后，为学习新的命名所需要的回合训练数目会降至一至两次。

评分标准和安置建议

如果孩子要求几天或几周的训练课程其中包括几百次回合才能获得一个新的能力，但是他最终可以学会，则在转衔评估中给 1 分。2 ~ 4 分表现出的是逐渐进步到需要越来越少的回合训练就能获得新的能力。如果他仅仅需要少数几次练习就能获得新的能力，给他 5 分。随着孩子获得能力的日益迅速，其能力的复杂程度和范围就会增加，而其他支持融合教育的能力也能得到发展。

10. 新学能力的保持

孩子保持新学能力的能力是学习的一个关键部分。如果孩子不断地需要复习以前获得的能力，那就需要对其课程和教导程序进行进一步的分析。之所以需要反复的教导可能是因为所教导的能力脱离了发展，语言，或学业顺序（如：在孩子拥有固定的名词储备之前教导形容词），或在开始时就没有真正地掌握目标能力（如：在难以觉察的辅助下，或在双维刺激条件下才能命名名 – 动组合），或因为所教导的能力脱离了功能性的环境。这些都是不能保持能力最常见的原因，而且都是可以通过更好的课程顺序和更细致的教导方法来预防的。这些问题可以在学业所有的阶段中都看到。例如，一个小学生无法保持数学事实可能是因为他没有掌握这些数学事实的基本前提，或者教导程序可能包含了一些不经意的辅助导致学生在某一技能方面得分，但事实上他从来未能脱离辅助而掌握该技能。

对于"遗忘一个技能"还有一个另外的原因（常见的人类现象），那就是这个技能对个人没有功能性（如：学习三角函数），或这个技能没能得到有足够的练习或泛化以维持它（如：打一个高尔夫球）。关于保持新技能的一个早期测量是看孩子在一段时间过去之后是否仍能持续地对任务作出正确反应。例如，如果孩子在训练时学会了命名"车子"并在训练结束前数次发出正确的反应，那么他是否能在训练结束60分钟后无需辅助而仍能正确地命名车子？

评分标准和安置建议

如果孩子能在短时的延迟后获得成功，则在转衔评估中给1分。2~4分包括逐渐增加在训练和测试之间的时间延迟，并包括为维持这个能力的强度所必需的许多维持性回合训练。4分表示无需维持训练就保持技能。如果他能始终如一地在较长时间之后（如：1周）不需要维持性训练就能维持一个新能力（这个能力就成为他行为技能中一个永久的部分），则给5分。如果孩子能在长时间之后无需维持性训练就能保持一个新能力，他可能会在不频繁提供维持性训练的较少限制环境中学得到更多的东西。

11. 在自然环境中学习

"自然环境"这个短语在教育和学习中有着多重的含义。这个短语的一个通常的运用意在描述在正式的教学安排以外所发生的事件。这里使用"自然环境"通常指的是与孩子的日常活动（美工、进餐、社会游戏、休息、乘车等）相关的事件。"自然"通常与"结构化"产生鲜明的对比。然而，学习应该并可以既是通过回合式教法（结构性教学）也可以是在孩子的自然环境中发生。"自然环境"短语的第二种用法是指老师，家长或其他个人没有直接安排行为与结果联系，而行为却发生变化的那种学习情况。"自然后果"这个短语意思的一个例子可以是，没有注意到正在关闭的门而导致某人的手指被夹到，这些自然发生的糟糕的后果可能会使当事人下次更加注意一些。或者，正确地吹泡泡棒会产生泡泡，但如吹得太用力，泡泡很快就破了，或者吹时用力不够而没能吹出一个泡泡。自然发生的结果会塑造行为以用正好恰当的气流吹出泡泡。这两种含义并不互相排斥，因为程序化的行为结果关系可以发生在自然和人为的环境中，而非程序化（或自动的）的行为结果关系也可以发生在自然和人为的环境中。"自然环境"的这两种意义与孩子的学习都是紧密相关的。

对于很多孤独症和其他发展障碍的孩子来说他们早期的学习需要通过有经验的老师和家长提供结构化的教导和仔细的规划。然而，学习通常变得越来越容易并且孩子开始不需要仔细准备的辅助和强化，或者强化的干预就能够获得新的技能，这就增加了在较少限制的环境中获得成功的机会。当然，正规教育仍有必要，但是新技能往往不需要直接的训练就会开始出现并能得到维持。如前所述，泛化是加强这些新能力的一种方法，而另一种方法是不需要安排程序化的行为结果关系，而孩子从与社会世界的日常接触中自然发生的事件和结果中来学习。例如，很多孩子通过观察他人表现的能力来学习新的能力（命名为"观察性学习"）。一个孩子可能将沙倒在转轮上并高兴地看着转轮旋转。而另一个孩子用他的沙子和转轮模仿这个行为并同样获得了享受。这个新行为的出现不是因为大人辅助和强化的干预，而是因为对同伴的观察，以及由转轮所提供的自动强化。一旦像模仿这样的能力建立起来了（像在结构性教学中那样），它们会在功能性的使用这些技能及其自然的结果中得到维持。

评分标准和安置建议

如果孩子可以在自然环境中不需要正式的前因和结果的安排就能表现出学会至少两个新的能力，在VB-MAPP的转衔评估中给1分。一般来说，在没有正式训练的情况下大动作行为最容易学会。孩子在玩耍和社交活动中学习模仿他人的行为也不需要太多的训练。而语言行为若非正式训练是难以学会的，但有些孩子却可以通过这种方式开始学习语言。根据在没有正式的或结构性的教学而学会新技能的频率和复杂程度，给孩子打2~4分。如果孩子能在自然环境中轻易地并频繁地学习新的能力，则给 5 分。

12. 未经训练就能表现出在语言操作元素之间的转换

大量关于行为的研究表明，学会一种形式的语言行为（如：命名）并不能保证转化为其他形式的语言行为（如：提要求）（Hall & Sundberg，1987；Lamarre & Holland，1985；Sigafoos，Doss，& Reichle，1989；Twyman，1996；Watkins，Pack-Teixeira，& Howard，1989）。也有大量的研究表明学会听者技能不会自动的产生转换为讲者技能（Guess & Bear，1973；Lee，1981）。这就支持了斯金纳（1957）的基本前提即语言是由一些具有独立功能的技能组成的（关于语言操作元素间区别之研究的更具体综述请参考 Oah & Dickenson，1989 和 Sautter & LeBlanc，2006）。

然而，也有学者指出这些技能之间的区分在早期语言的发展中是最突出的，最终在语言操作元素之间会出现自动转化（Hall & Sundberg，1987；Skinner，1957）。例如，一旦孩子有稳定的提要求和命名技能，学会一个新的命名（如：纸风车）后未经训练就可能引起反应的转换变为提要求的行为（如：在以后，这孩子因为有想要纸风车的动机，尽管没有受到关于纸风车的提要求训练，却也会要求"纸风车。"）。这种效应被称为"语言能力的控制转换"，代表着语言发展中一个重要的里程碑。很多为孤独症和其他发展障碍孩子设计的语言训练计划大量使用转换程序以图基于现有技能之上来建立新技能（Greer & Ross，2007；Sundberg，1980；Sundberg & Partington，1998）。这些程序的目标是达到语言能力之间的不需训练的转换。

评分标准和安置建议

如果孩子在两次或更少的转换回合训练后（如：仅在两次仿说辅助之后就能习得一个新的提要求技能）就能表现出从一个能力转换至另一个能力（如：从仿说到提要求），从而有两个新的语言行为，则在转衔评估中给予 1 分。2~4 分代表了进步到在更少的训练下有更频繁的转换并学习更为复杂的语言技能，例如在最初训练了命名之后能提出包含有介词的要求。如果语言能力之间的转换能够日常地稳定地出现，且包含有更高级的语言部分（即副词、介词或形容词）和对话行为（如：在孩子去看过医生之后，没有任何特殊的训练，他能告诉别人他在医生的办公室做了什么），则给 5 分。当在语言能力之间的转换开始能比较一致地发生的时候，则为了一个孩子获得新能力所需要的具体教学时间就开始减少；这就增加了孩子在限制较少的并且没有大量关于转换的强化干预程序的教育环境中学习的概率。

第二类得分的总结

第二类中的六个领域提供了关于孩子如何学习新能力的重要信息。将这些测量综合起来，可以为确保孩子学习和保留新的材料所必须的教育资源提供重要的指南。如果一个孩子在所有这些领域能获得高分，那他可能很容易教导并且有很好的机会能跟上更高级的课程，特别是那些具有宽松的教学形式，其中又不包含很多教育回合，辅助，辅助撤退，和经常性有形强化物的课程。

第三类转衔：自理能力、自发性和自我指导

13. 对变化的适应性

很多患有发展性障碍，特别是孤独症的个人，很难处理有关常规作息和计划活动的变化。然而，大多数家庭和教室的日常生活中充满了未计划的事件。例如，在普通的教室里会在活动中间进行消防演习，也会宣布即兴的集合，或铃声响起之后并没有马上休息。在家里，家庭成员或许会决定今

天天气好故可外出野餐，一个亲戚会突然来访，或者必须取消计划好的活动。如果孩子没有灵活的能力，那就可能导致在孩子周围的家庭成员，教室内的教师，助手，甚至是教室内同学们感到"如履薄冰"，当常规发生改变之后可能受到威胁而要面临严重的令人尴尬的发脾气，或者是其他一些不好行为时，就尤其如此。处理这些问题的方法通常会导致问题变得越来越糟糕，因为当孩子出现问题的早期迹象时，他们可以回到原来的常规之中，所以不好的行为经常得到强化。尽管有些孩子最初对于变化之反抗是源于恐惧和焦虑（大人理所当然地应对此关注），但如果孩子经常因此得到安抚，行为会变得越来越糟糕。此外，孩子可能从未学过包括适应变化的行为在内的有关恰当的能力和情感应对方法。

孩子也可能在口头上喋喋不休地念叨常规中的变化并且很难回到任务中。有能力接受变化是在转到一个有较少限制环境中的另一个考虑因素。如果各种教室摆脱了高度的结构化和较高的师生比例时，发生意外变化的概率会显著增加。孩子必须要能够快速适应许多这些教室里不断变化的特性。

评分标准和安置建议

当不可预见的变化发生时如果孩子能在口头的预告和精心的事先安排下适应一些变化，但他还是会表现出一些不好的行为，而且为尽量避免这些不可预见的变化需要大量的努力，则在转衔评估中给他1分。得分处于2～4分的情况就通过减少负面行为和减少变化所需的准备程度而表现出来的朝向就改变而言有更好适应性方向的进步。对适应性的其他测量还可以包括能够容忍不同的变化和未计划突发事件的数量，变化的迫近性和在变化时抗争事件的性质（如：参与好玩的活动还是关于工作的活动）。如果孩子能够轻易地适应常规及活动的改变和突发事件，并且在这些变化发生时很少出现任何不好的行为，则给5分。得分4分和5分表明一个孩子有潜力能适应在较少限制的环境中发生的难以预料的事件。

14. 自发性行为

当分析语言学习时，自发性具有相对意义并且是非常复杂的。就是说，有很多不同程度的自发性并且它们在不同的行为技能和情形中有不同的应用。《美国传统字典》中对"自发性"的第一界定是"不需明显的外在原因就能发生或出现；自我产生的。""自发的"这一词是一个修饰"行为"一词的形容词；它描述了所出现的行为的特性，并且在字面上该定义表示没有前因来导致行为。如果这是真的，而目标又是教导自发性行为，由此就会提出一些问题。什么条件能引发自发性的行为？什么时候自发性行为是恰当的，什么时候又是不恰当的？当人们为一个语言落后的个人能建立起这个重要能力时他们又如何知道呢？如何测量这个行为？

回答所有这些问题当然超出了本书讨论问题的范围。然而，字典里对自发性定义中的一个重要词语就是"明显的。"可以提出的一个建议是有那么一些前因会引发自发性行为；然而，它们经常是隐晦性的或者私下性的（即"自我产生"）。但是确定自发性等级的前因等级体系对判断具体个人现有的自发性技能及其与他同龄同伴的对比是非常有帮助的。考察自发性的一种方法是与所谓的"辅助依赖"相对照，以及辨别引起一项特殊技能时所必须的一个连续性的额外辅助。

大多数语言落后的孩子，特别是那些孤独症孩子要面对的一个通常的问题是他们所获得的语言和社交技能具有对辅助的依赖性。就是说,在没有一些额外的前因变量(辅助)时目标行为是不会出现的。例如，一个孩子已经学会说"打开"从而得到一盒蜡笔，但他需要大人用"你想要什么？"来提示才会如此说话。而在里程碑所有16个领域中都可观察到相应地缺乏自发性（免于辅助的）。例如，自发性的命名，也就是一个没有大人语言辅助的命名。相反，仅仅是物体世界（非语言的区别性刺激）就能引发命名，就像一个孩子在电影院的墙上看到一个海报，他在没有大人辅助"那是谁？"的情况下也会命名"蜘蛛侠。"对自然环境中发生的事件作出的类似评论也是对话的一个部分。而因为社会行为依赖于额外的语言辅助，因此主动的社会互动可能不会出现。对反应没有辅助，目标行为就不会出现（关于对辅助有依赖性的更多细节，参看第六章中的障碍评估）。任何技能都有可能成为依赖于辅助而不能自发地出现，其原因是该技能从来没有从过度的（往往是隐性的）辅助控制中解脱出来。一个善良的一对一的助理老师经常会过分地提供辅助从而会破坏过渡到较少限制环境中这个目的。

评分标准和安置建议

如果孩子不需辅助就能表现一些行为，但他大部分的语言和社交互动必须有辅助，则在转衔评估中给他1分。2～4分的得分说明他进展到有更多的自发性行为，其测量标准是需要更少的辅助和有更多的（在16个领域中）的自发行为。如果他在VB-MAPP里程碑评估的所有16个领域表现出了较强的，频繁的自发性行为，则给5分。得分为4～5分则说明，对于孩子来说自发性反应的缺乏不是一个问题，从而增加了他有能力在较少限制的环境中学习的综合性信息。

15. 自我玩耍和休闲能力

大部分孩子在独立娱乐方面都没有太大困难。毕竟，玩耍是（根据其定义）有趣的。玩的行为具有自动强化的性质并且不需大人的辅助和强化就能出现。当然，当可供利用和选择的玩耍和休闲的活动非常有限时或它们的价值不及大人的关注时，孩子确实会感到无聊。也许令人惊奇，自我玩耍和休闲行为是大多数教育环境中的一个部分。在教室里有很多没有指令的时间，如休息，在餐点和午餐过后大人打扫的时间、默读时间或课堂中的意外情况（如：参观者、会议等）。甚至在师生比例为1：2的结构性教育课程中的一些成分可能也会是，老师与一个孩子工作几分钟，然后又与另外一孩子工作几分钟。这种安排中最困难的部分，是为孩子寻找在没有大人直接关注的"放松时间"活动。对于一些孩子来说，自我玩耍并不是一个问题，但是对于一些有特殊需要的孩子，特别是孤独症的孩子来说，自我玩耍与休闲的时间可能是非常困难的。如果一个孩子有高频率的自我刺激行为，而这种行为与在一个更为宽松的课堂里可以接受的与年龄相当的玩耍休闲相抗争，那就更有问题了。

评分标准和安置建议

在VB-MAPP语言里程碑评估环节中的独立游戏的得分可以用来测量孩子独立游戏和休闲时间的能力。如果孩子在独立游戏领域的总分至少在3分以上，则在转衔评估中给孩子计1分。在转衔评估计分表格中的得分为2～4分说明的是孩子进展到独立参与游戏和休闲活动能力，以及不需大人的引导来参与这些活动的能力。这个进步可通过在VB-MAPP里程碑和任务分析测量中确认的各种不同行为的发生来测量。其中包括在操场上做游戏，装配和玩玩具，绘画，美工，运动，游戏，参与想像性游戏，协助日常活动，和其他与年龄段相匹配的活动。如果孩子在VB-MAPP里程碑评估的独立游戏领域的总分至少在14分以上，则在转衔评估中给他5分。

如果一个孩子在转衔评估这个部分的得分为1分或2分，需要靠辅助来自我娱乐，或只能参与一些形式的玩耍或休闲活动，那么进一步的分析和干预可能是必要的。一个有较高师生比例的有较多限制性的环境可能会更有价值。一个稍高得分如4分或5分则建议孩子能参与一些自主的活动，并且这个能力在支持他在宽松的学习环境中的成功学习是非常有价值的。

16. 一般的自理能力

最后的三个转衔领域（16～18）包含孩子独立照顾自我的能力。可以从几个方面来独立评估学习自我照顾的能力而不涉及实际技能本身。第一个方面是动机（MOs）：孩子是否有自身动机来照顾自己（如：他想要自己穿上鞋子）？第二个方面是自我发起：孩子是否不需辅助就能照顾自己？（如：他是否想自己穿上鞋子并且是否自己发起这么做的）？第三个方面是努力接近自我照顾技能：孩子是否试图想要照顾自己（如：尝试独立的穿上自己的鞋子）？第四个方面是看自我照顾的能力是否能泛化：这些自我照顾的能力会不会在不同的环境，用不同的材料，与不同的人在一起而发生（如：孩子能否在学校中运用在家学到的自我照顾能力）？最后一个方面考察的是当大人提供一些照料时孩子是否会出现不好的行为（如：大人帮他刷牙时，孩子就会打人）。

如能在教导自我照顾技能中根据一些具体的步骤组合这五个方面，就可揭示关于孩子技能水平的总体评估和可能的干预需要。大的目标不仅仅是孩子"知道"在自理能力清单上的那些技能，而是孩子要用功能性的方式来使用那些能力。对孩子在自我照顾水平的预期应该在发展上看是恰如其分的（如：普通发展孩子四岁时不会在进餐之前独立地洗手）。

关于具体的技能方面，除了如厕和进餐（在下面第17项和第18项中对此有所讨论），孩子需要至少能够大致地洗手，穿衣，刷牙，擤鼻涕，和去除一些小的麻烦（如：因为太热而脱去外面衣服）。这些领域对于转衔至较少限制的环境来说是重要的考量，因为如果孩子不能为自己提供基本的照料，大人必须协助他，这就需要较高的师生比例并且花费教学的时间。如果孩子学得很快并且不太需要强化的教导，那这就是一个小问题。然而，这些能力应该在该教导的环境中而不是在高度管理的环境中加以建立，最好是在孩子转衔之前的家庭环境中对此教导。

评分标准和安置建议

如果孩子无法独立地自我照顾，但是当大人提供一些个人照料时通常不会出现不好的行为，则在转衔评估中给他1分。例如，当大人帮孩子洗脸，孩子不会尖叫并推开大人，或者出现一些其他的不好的行为来逃避洗脸。从2分至4分的得分显示的是孩子进展到具有更为独立和成功的自理能力，表现为可通过从身体辅助减少到语言辅助，更多地尝试独立地大致完成任务（如：自己洗脸），和自发去做一些任务并且获得部分的成功（如：不需辅助拿自己的外套并试图穿上，有时会成功）。如果孩子有动机来完成一些自我照顾的任务（如：想洗掉手上的泥浆），自发尝试大致地完成任务（如：走向水池并打开水龙头），并泛化（如：只要当他手上有颜料，能在不同教室的不同水池中洗手），则给5分。4分或5分的得分表现出孩子有潜力在较少限制的并且额外的资源是较少的环境中学习自我照料。

17. 如厕技能

"他有过如厕训练吗？"当转介孩子到较宽松的环境中时，这是老师通常问到的第一个问题。提这个问题是由于这样一个事实：如果一个孩子必须要用尿布并且需要更换或者他需要别人去教他如厕技能，这就要求教室里的老师为他耗费额外的时间。通常，在较宽松的环境中决定是否需要为孩子提供一个单独助手的主要方面是其如厕技能。因此，如厕技能是转衔中一个重要的考虑因素，并且也应是当孩子仍然处于有较高师生比例，及有如厕训练经验老师之环境时的训练目标。在上面题为"一般自理能力"的环节中讨论过的所有问题都与如厕技能相关（如：动机、自动发起、泛化）。本量表测量孩子如厕技能的具体水平。

评分标准和安置建议

如果孩子表现出有如厕训练的基础（如：能够保持尿布干燥达一段的时间，能够静坐2分钟，能够显示一些迹象表明他得要小便或大便了），但是仍然要用尿布，则在转衔评估中给1分。得分2分至4分则表明了他已经进展到更多独立和成功的使用厕所，并学会了如厕常规（如：脱裤子、擦拭、穿裤子、冲厕所、洗手并擦干双手）。这些分数也表明他已经出现了对小便和大便有所控制和在便桶上排泄的能力。如果孩子能自发地或要求使用洗手间，并能独立完成与年龄相仿的如厕常规步骤，则给5分。得分4分或5分表明孩子的如厕技能已经较好地建立了，并且如厕的问题不会影响转衔的决定。

18. 进餐技能

独立的进餐技能允许孩子在较少管理的情况下参与到与普通发展同伴的午餐环境中（这同样取决于有没有问题行为的存在，如脱离团体而跑来跑去）。午餐时间通常是老师们休息的时间（往往是就业的规定性成分），并且有较少的可利用的资源。如果孩子需要大人大量的辅助和强化才能进餐，那将是考虑将他安置到较宽松环境中的一个变量。就像如厕技能一样，在上面第16条题为"一般自理能力"的环节中讨论过的所有问题也与进餐能力有关（如：动机、自动发起、泛化）。

评分标准和安置建议

对于进餐技能，如果孩子能独立地吃一些食物——通常是自己想要的手抓食物（如：曲奇饼），但是通常需要形体辅助才能吃其他的东西，则在转衔评估中给1分。2～4分的得分显示出他进展到具有更为独立的进餐技能，表现为可通过从身体辅助减少到语言辅助，需要更少的辅助，能够使用勺子，独立地拿自己的午餐盒，从午餐盒里拿出物品，并清理自己的餐后遗留物品。如果孩子能独立地拿取并打开他自己的餐盒，不需辅助就能自己吃，使用餐具，并在少许的对整个小组的提示下清理餐后遗留物品，则给5分。得分为4分或5分说明孩子的进餐技能已经较好的建立了，并且进餐问题不应该影响转衔的决定。

第三类得分的总结

如果一个孩子至少能在某种程度上自我照顾，能适应日常作息的改变并且只要较少的老师及其助手的一对一时间，他就有较大可能在较宽松的环境中获得成功。这些独立的技能是重要的，因为它们可以让老师专注于更为重要的语言、学业，和社交能力和其他与其年龄相当的能力。尽管自理能力不像基本能力如语言能力那么重要，它们仍然会影响孩子在较宽松的环境中成功的概率。

对 VB-MAPP 转衔评估的解释

对转衔评估的三个类别的结果应作不同的衡量。第一大类是最重要的，因为它涉及的是转衔过程中最主要的问题，其中包含孩子的语言，社交和学业程度；语言和学习障碍的存在或缺乏；以及孩子在集体教学形式中学习和独立完成学业任务的能力。第二大类显然也很重要，这通常是在第一大类中得分高或低的原因。这个类别测量孩子学习的模式，比如学习速度，泛化，记忆，以及在自然环境中学习的能力。如果在第二大类中的得分很高，那么在第一大类中的得分应该也很高；如果在第二大类中得分很低，那么在第一大类中得分也会很低，对于孩子来说要获得新的能力就必须有更多的干预。最后，第三大类包含了对自理能力，对常规作息变化的适应性，及在日常活动中自主性的测量。这些能力在较宽松的环境中起着功能性的作用，但是不像在第一大类和第二大类中那么重要。

将孩子转介至较宽松的环境的决定完全属于孩子的个别教育计划团队。一般的目标是以孩子在所选择的环境中能够学习并且得到有意义进展的能力为基础来作此决定。转衔评估的目的是为那些做决定的人们提供有助于这一过程的有关孩子的数据。这一转衔评估的结果不会提供一种正规意义上的标准。然而作为一个一般性的陈述，如果孩子在转衔评估中的得分主要是在0～2分的这个程度，那他很有可能在一个可以提供较高的师生比例，个别化而且强化的教育课程，精心使用行为方法和效果评估（如：数据收集），并且是在合格人员的常规督导和监督下，同时又能为家长和照料者提供正式培训的教室里才能得到更好的效果。如果孩子的得分主要处于 4 分和 5 分的范围，那么孩子能从仅有较低的师生比例，使用接近适用于普通发展孩子的教育形式，但仍使用行为学方法和成效评估，以及能为家长或照料者提供训练的教室里获得好的效果。在最少限制这个连续坐标上，在上述两端之间可能有许多步骤，但是再说一次，关于安置的决定是由个别教育计划团队负责，其重点考虑在于孩子能获得更有意义的进步。

第八章

对第一阶段评估的解读：
安排课程及撰写个别化教育计划目标

里程碑评估、障碍评估（见第六章）和转衔评估（见第七章）的结果对孩子的情况提供了综合性的概述并能用于设计个别化干预的计划。这三个评估确定了孩子需要获得的能力，以及为孩子进步所必须减少或消除的在语言和学习方面的障碍。在VB-MAPP《概况》中所包含的支持性能力清单（第40页至74页）所能提供的许多额外能力的进一步信息也可融入到日常的计划中去。由于支持性能力的数量庞大（约有500个能力）所以没有将该清单设计为一个正式的评估工具，但用它确认的能力有助于发展出一个更为全面的干预计划。同样也包含在《概况》中的任务分解清单（第40页至74页）可以提供达到每一个里程碑的早期步骤。

下面三个章节将描述如何去解读VB-MAPP里程碑评估的侧面图，以及如何在语言行为干预的项目中来决定安置的问题。语言行为计划的基本成分在一些现有的专著和书籍章节中都有介绍（Barbera，2007；Greer & Ross，2008；Schramm，2011；Sundberg，2007；Sundberg & Partington，1998；Vargas，2009）本章聚焦于那些在里程碑评估中得分主要处于第一阶段的孩子们。这一章首先指出与第一阶段有关的几个基本问题，然后提供在孩子达到特定里程碑以后之步骤的具体建议。

如何解读 VB-MAPP 里程碑评估的总体结果

在解读VB-MAPP里程碑评估侧面图时的第一步是要确定一个孩子的一般水平。各领域得分主要处于第一阶段的孩子与得分主要在第二阶段或第三阶段的孩子所需要的干预计划是非常不一样的。很多孩子都会表现出具体的优势和弱势，并且其得分也可能分布在多个阶段中。然而，一个孩子的主要得分仍可被确认是在第一阶段，第二阶段或第三阶段。因为按照设计每一个阶段与一定的语言和发展年龄基本一致，所以特定的能力目标及教育方式可能在特定的阶段会更为有效（如：密集的一对一教导策略与自然环境和集体教导中的策略相对照）。另外，有些主要的程序问题可能主要是涉及到一定的阶段，如得分处在第一阶段中的孩子是否需要使用辅助的交流，或得分处在第二阶段孩子的融合性计划的性质和程度，以及得分处在第三阶段孩子的学业项目的具体重点是什么等。

理解VB-MAPP里程碑评估侧面图的第二步，是分析每一个相关技能领域的成绩及其与孩子在其他领域方面表现的关系。评估者需要看到其优势和弱势，并确定对孩子来说是否有某个领域的特别优势能帮他得到具体的收益，或者是否在某个领域中有弱势需要解决。例如，如果语言很有限的孩子表现出了较强的动作模仿技能，但其仿说技能则相对较弱，一个手语项目可能会给这个孩子的语言发展提供启蒙教育。第三步则是要查寻在每一个阶段所有技能领域中的平衡。按其设计来说，里程碑评估是能够通过寻找一个技能与其他技能之间的平衡来快速地解读一个侧面图。例如，作者做了大量努力以确定一般2岁的孩子能有多少提要求，命名和听觉辨别技能，而里程碑就反映出了这个平均数。比方说，假如一个孩子有100个听觉辨别但是只有少量的命名，那么这个孩子就失去了平衡，因此在其计划中应更多地关注命名以便让孩子重新得到平衡。

图表8-1提供了一个得分基本处于VB-MAPP第一阶段的孩子的样本。这个样本显示了很多语

言落后儿童的通常的侧面图。查理是一个 3 岁的孩子，他表现出有较高的仿说技能，但是没有任何提要求，命名，或听觉辨别技能（LDs），同时他的游戏和社交能力也非常弱。对于这个孩子，干预计划显然应该立即开始。最初时应集中于利用仿说技能来建立提要求能力，其方法可借用有关文献如 Sundberg & Partington（1998）所描述的控制转换程序。可以预测，因为孩子有仿说方面的优势，所以他将很快学会提要求。然而，一个孩子掌握提要求的具体速度则有赖于他动机力度和大人、训练者的能力水平。例如，如果孩子的确很喜欢埃尔默（译者注：芝麻街中的一个人物）并能大致仿说单词"埃尔默"，而且训练者又精通于仿说—提要求的基本转换程序，转换到提要求可能仅仅需要几分钟的时间（Sundberg，1980）。一旦有了几个提要求的能力，关于命名和听者技能的训练就应该开始了（当然每个孩子进步的速度可能不同，而具有资历的专业人员应通过相应分析来作出关于计划的决定）。

解读得分处于第一阶段孩子的 VB-MAPP

一般而言，如果孩子的各领域得分主要在第一阶段，干预的重点应该是建立以下六个基本的语言及相关技能：提要求、仿说、动作模仿、听觉辨别、命名，以及视觉和配对技能。游戏和社交技能同样也很重要并且应该是干预的主要部分，其他的干预还包括增加自发性的语言。重要之处在于注意，孩子可能需要学习各种技能，比如精细动作、粗大动作、自我照顾和如厕技能等，如果合适的话应将此都增加到综合的干预计划中去。

对得分在第一阶段孩子的教学方法可能需要更为密集的教导形式，这包括许多精心准备的条件性教学回合（如：辅助、渐退、仔细的塑形、刺激控制的转换、动机操作的使用和强化等），和对于进步的仔细测量。然而，对于某些孩子，更为宽松的教学策略如在自然环境中的训练可能同样会有效，但是训练的目标依然是相同的。最终，这两种教导策略必须结合使用（Sundberg & Partington,1999）。

撰写个别化教育计划（IEP）的目标

个别化教育计划目标应该确定以一年为时间范围并与孩子学习历史相一致的有关学习，语言，和社交方面的主要里程碑。要为一年的时间预定适当的目标往往是比较困难的。VB-MAPP 里程碑和障碍评估的总体得分能在孩子获得新技能之能力方面给予一定的指点，并且这些数据有助于为个别化教育计划提供一些具体数量方面的建议。除了关于里程碑和障碍方面的目标之外，也有一些其他目标也是合适的，例如那些像语音、职业疗法和适应性体育教育这样的与特殊服务相关的目标。有些能力虽然也需要进一步的发展，但其重要程度还不如模仿或仿说能力那样足以达到个别化教育计划的目标。这些能力可以与其他的活动，如自理、美工、集体活动、音乐、游戏或户外活动等综合一起。如果一个特别的能力对一个孩子来说是个问题，它当然应成为干预的目标。如果在这一年中达到了目标，则干预计划应该自然而然地进入到 VB-MAPP 所建议的更高级的能力。而是否要重新组合一个完整的个别教育计划团队以反映这种变化则取决于每个孩子个别教育计划团队的性质和组成。一般而言，在一年内目标的总数应限制在 12～18 个；虽然可能有例外，但最好不要有太多或太少的目标。

表 8-1 包含了一个其侧面图与查理相似孩子的可能的个别化教育计划目标的清单。除了这些目标之外，还有各种其他的技能和活动能加强孩子的早期语言技能（但是不需要确定为个别化教育计划的目标）。审阅 VB-MAPP 支持性能力清单上的各项任务可为一个孩子设计日常干预计划中有价值的具体目标提供一些可能的建议。表 8-1 中的这些目标仅仅是一般性的建议。对每个孩子实际的目标则应是为他们量身打造的，并且要基于孩子的个别化教育计划团队的推荐。在决定目标时，个别化教育计划团队可以考虑 Cooper 等所著《应用行为分析》中关于"目标"的有些要点（2007，pp. 55-69）。

图表 8-1 在 VB-MAPP 里程碑评估中得分处于第一阶段孩子的例子

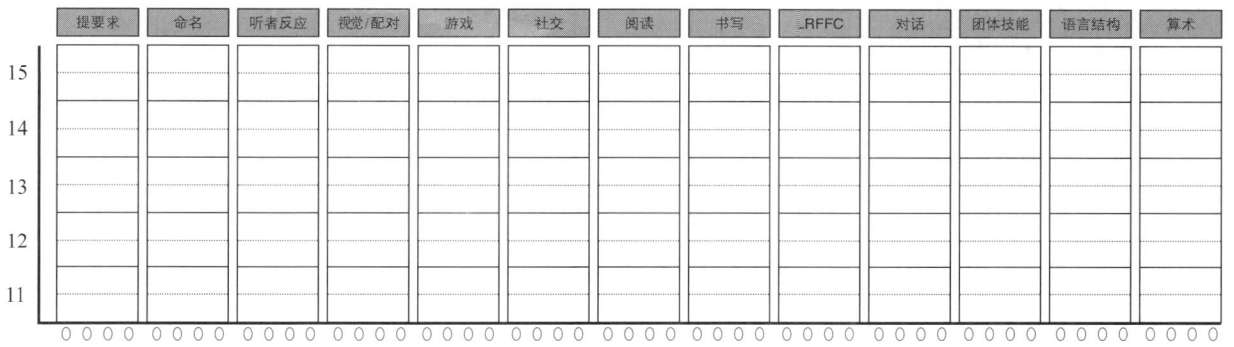

表 8-1　得分主要处于第一阶段的孩子的个别化教育计划目标样本

1. 查理不需要仿说性辅助能够就目前在场或不在场的喜欢物品或活动提出 10 个不同的要求（类似于"你想要什么？"的语言辅助是可以的）。
2. 查理能在每天自发地（不需要"你想要什么？"之类的语言辅助）提出平均 50 个或更多的不同要求（物品可以在现场）。
3. 查理能命名 50 个物品。
4. 查理能命名 10 个动作。
5. 查理能在内含至少 8 个物品的组合中确认目标物品，共达 50 个物品。
6. 查理能在要求下展示 20 个具体的动作。
7. 查理能在内含至少 10 个比较物的组合中完成非等同之物品或图片的配对，共能进行 100 个这样的配对。
8. 查理能模仿 25 组两步的动作。
9. 查理能够在测试时仿说出 50 个包含有 2 个或更多音节的元音辅音组合或完整的单词。
10. 查理能自发地用不同的组成部分（甚至是组合不同的部件）来搭建，组合，或装配一些玩具或其他游戏器具，并能独立地玩这些物品达 5 分钟。
11. 查理每天能自发地跟随或模仿同伴的大动作达 10 次。
12. 查理每天能自发地对同伴提出要求达 5 次。

对得分主要处于第一阶段孩子的特别考虑

干预的强度

在对一个孩子的干预计划刚开始时可能会有各种各样的问题需要解决。一个得分主要处于第一阶段的孩子需要一个强化并且直接的语言和社交能力的干预计划。"强化"这个词语是指训练应该是每天按顺序照计划地进行，有明确的目标，和最佳的行为学方法和教育干预程序（如：Cooper 等，2007；Maurice，Green，& Luce，1996）。正式训练时间的数量应具实质性，如每周 25 小时的学校计划，加上由父母和其他人在孩子全天生活中提供的后续和泛化。也就是说，语言和社交技能的干预是每周 7 天每天 24 小时地进行的，在所有的环境中进行并且包括所有与孩子有互动的个人特别是其家庭成员。与具体的小时数目相比，更为重要的是在这些时间中的收获以及对这个孩子的需要所进行的非常准确的分析。

回合式训练（DTT）和自然环境训练（NET）

对于一个孤独症及其他发展障碍儿童的语言干预计划应该既包含 DTT（结构性的教学课程，通常在桌边或地板上操作）又包含 NET（在孩子的日常活动中教导能力）（Sundberg & Partington,1999）。然而，这些一般教导形式之程度的变化则取决于孩子的能力水平，和其他的需要如与障碍（如：行为问题或不服从）相关的需要。如果孩子的得分主要处在第一阶段，则他几乎肯定需要结构且正式化的强化教育形式（DTT），其中包含由应用行为分析衍生出来的仔细的教育策略（Cooper et al., 2007）。然而同样的一个孩子也能得益于在自然环境中（如：在游戏环境中、在进餐时间和其他日常作息中，或在社区环境中当动机操作出现时而进行的提要求训练）进行的训练。

不见得所有孩子的教育需要都可以在单一的 DTT 或 NET 的环境中得到满足。因此，良好的平衡是必不可少的，通常最好的安排是在教室中或家庭计划中主要执行强化的 DTT 教育程序（同时又包括 NET 的成分），而在家庭和社区内则主要执行 NET 的教学程序（同时又包括 DTT 成分）。然而，无论在什么环境，一旦孩子在一个有结构的教育安排中学会了一种能力，重要之处便在于提供锻炼机会以及将该能力泛化到孩子日常自然活动发生于其中的环境中去（如点心时间、穿衣服和社交游戏）。虽然在两种环境中混用两种策略是上上之策，但如老师具有正式的有关强化教学的训练以及必要的督导以作为整个计划的指南，则在教室或家庭的环境中实施强化的教导策略更能奏效。而家庭环境则有助于实施 NET 宽松的教学策略，并能允许父母充分利用潜在的广泛的动机操作（MO）和区别性刺激（S^Ds），这些机会主要在孩子自然的环境中而非主要在结构性的教学环境中得以产生。

辅助性沟通

斯金纳（1957）明确表示语言行为能以各种反应形式而发生。我们用很多不同的方法与他人交流，如说话、手势、肢体动作、视觉刺激和书写文字。对于孤独症和其他发展障碍的儿童而言，说话是最理想的反应形式，应尽一切努力把它当成目标行为。然而，在很多情况下，孩子能通过手语，图片，或者甚至在有些个案中可通过书写（主要是对鉴定为"超高词汇"的孩子而言，他们认为阅读是容易且有趣的）来得到启动并过渡到更有效的语言行为。然而，语言病理学家，教学老师，以及其他的专业人员在什么样的辅助沟通对语言落后的孩子最有价值的问题上有着很大的分歧。孩子的 VB-MAPP 评估结果有助于为这个领域提供一些指导。

具体来说，孩子在 VB-MAPP 的里程碑评估第一阶段和第二阶段中的仿说技能，动作模仿和配对（MTS）领域的得分能提供关于选择反应形式方面的重要信息。如果孩子在里程碑评估的仿说技能领域得到 3 分或更高的分数，则不管他在其他两个领域的得分如何，都应该把说话作为一种最初的反应形式，并可使用 Sundberg 和 Partington（1998）描述过的提要求训练和有关的匹配程序。如果孩子在仿说技能的得分高于 3 分，则将这些语音反应转换为提要求和命名的可能性是很高的，但这完全要取决于老师和父母执行具体训练程序的技巧。即使一个孩子在仿说技能评估中得分为 1 分或 2 分，仍然需要在开始手语或图片训练之前先实施提要求和匹配的程序。洛瓦斯（1977）一直强烈主张在应用辅助沟通的形式之前先关注说话的问题，本书作者也持有这一观点。

在训练提要求时，假如在认真和精心设计并且尝试正确使用行为分析和语言行为技术之后使用说话来作为反应形式仍不成功，那就有必要看看其他可供选择的反应形式。在这时候，需要就哪种反应形式最适合某个孩子的问题作出决定。可供选择的主要是手语（Sundberg，1980）或图片系统如 PECS（Frost & Bondy，2002），以及在极少数情况下的（在这个早期阶段）书写文字。孩子在里程碑评估中模仿和配对（MTS）领域中的得分可以提供一些方向。如果孩子在这些领域中的某个领域得分较高，而在另一个领域中得分不高，这就建议了一种方向。比如，如果孩子在视觉配对（他能做图片配对）得到 5 分或更高，但是在模仿的得分为 1 或更低，则 PECS 系统或许能有助于其早期提要求能力发展得更快。另一方面，如果模仿强于配对，如得分显示模仿得到 2 分或更多，而视觉配对部分得 4 分或更少（在 VB-MAPP 中配对要到目标 5 才得到测量），这样的话就该尝试教导手语。也有可能首先尝试了一个系统（在仔细地遵循该系统的指导方针之后），但是对某个具体孩子来说结果不太令人满意，而另一系统可能会更为有效，那样的话尝试另一个辅助性沟通系统就是合理的了。

如果他的模仿技能和配对技能非常接近，可以考虑使用手语，因为手语语言学结构与说话相平行并有其他很多长效的优势（在这个问题上的更多细节可见 Schafer，1993；Sundberg，1993b；Sundberg & Partington，1998；Sundberg & Sundberg，1991；Tincani，2004）。另外，PECS 可能对创造一种早期的提要求形式具有很大的价值（Charlop-Christy, Carpenter, Le, LeBlanc, & Kellet, 2002；Frost & Bondy，2002），但命名和对话行为却很难光靠一个图片系统来建立。具体来说，在 PECS 中的"命名"包括向孩子展示一件物品（如：鞋子），然后孩子选择一张那件物品的图片（如：

鞋子的图片）。然而，将此划分为配对比命名更为直截了当。同样的，在 PECS 里的对话可以表现为一个大人说"你穿的是什么"孩子选择一张 T 恤的图片，对此的简单分类更应该是听者行为（LRFFC），而不是一个对话。如果 PECS 训练导致语言行为的出现，而这在任何形式的辅助性沟通中也是常事，那么孩子表现出的说话行为也就解决了命名和对话的问题。此外，在有些孩子那里屡见不鲜的是，他们从说话开始，取得了一些进步，但是在稍晚的日子里又增加了手语以促进表达，同时又加快了掌握提要求和命名的速度。

总　结

对孤独症和其他发展性障碍孩子行之有效的干预计划中包含着几个要素。第一是精确地评估孩子的语言和学习能力以及影响进一步发展的障碍。一旦获得了这些测量的基线，还需要有具备资历的专业人员来设计和执行干预计划。在计划中有很多方面需要做出决定，例如每天活动的时间表，辅助性沟通的可行性，教导形式和方法，数据收集和测量，以及课程进展。亲自执教的老师要有通过正规训练的行为分析师（或具有相似资格的专业人员）来提供训练和定期督导以便能够执行干预计划并保持其更新和有效。最后，家长需要参与，接受训练和持续的支持。

解读第一阶段里程碑的分数和个别化教育计划的建议目标

分析一个孩子在每一个领域的表现，及其与该孩子在其他能力领域和障碍评估中得分的关系，能为每一个个别干预计划提供具体的方向。例如，如果孩子没有提要求或命名，那么紧接的重点可能只是建立最初的提要求能力而将命名训练推迟到建立一部分提要求能力以后才开始。或者，假如孩子在命名方面有较高的得分，但其听觉辨别能力却较弱，那他可能在各种语言障碍上会有较高分数，如扫视的缺陷、条件性辨别的缺陷和对行为有要求就会削弱动机因素。对这些障碍以及与具体目标技能的干预能帮助确保适当能力的形成建立。

接下来的几节中包含了关于安置的更为具体的建议。在提出第一阶段的每一个里程碑（包括孩子在里程碑测量中无法得分的计为"0"分的情况）的同时也从多方面考虑了一个领域的具体得分是如何与其他方面的成绩和各种障碍上的分数相联系的。基于每个孩子在每一个阶段的分数，又对干预计划的方向和重点提出了建议（例如，孩子在提要求方面达到了第 2 里程碑，"下一步该怎么办"）。一般来说目标在于，在所有领域平衡发展的同时各种障碍也有所下降。在每一个能力水平之后将展现一个可供选择的可能的个别化教育计划目标的清单。就像以前提到的，这些目标仅仅是一般性的建议。用于每个孩子的实际目标应该是为那个孩子量身定制的，并且是以孩子的个别化教育计划团队的推荐为基础的。

提要求 — 第一阶段

提要求 0-M	0 分

如果孩子在提要求量表中没有得分，那就必须花费巨大的精力来建立这个重要的语言技能。一般来说，必须确认强化的具体形式与相关的动机操作（即什么会使这些强化物更有价值）。接下来需要选择目标行为的形式（语音，手语，或图片），和需要实施包括辅助，渐退，和不同的强化物在内的基本转换程序（如：Hall & Sundberg, 1987; Sundberg & Partington, 1998; Sweeney-Kerwin, Carbone, O'Brien, Zecchin, & Janecky, 2007）。使用辅助性沟通的决策过程中包括了一系列的因素，读者可以参考前面几节以得到有关这个课题的更多信息。这个孩子也可能在障碍测量的几个领域中得分较高，

其中包括对行为有要求会削弱动机，教学控制，行为问题，和普遍较弱的动机操作。干预计划中的一个部分也正是要解决这些问题，但孩子的干预计划还应以有资格的专业人员对这个孩子精心详细的个别化分析为基础。

提要求 1-M	发出 2 个话语、手语或图片，可能需要仿说、模仿或其他辅助，但不需要肢体辅助（如：饼干、书）

如果孩子能在仿说，模仿或指引辅助下提要求，对他来说这是有意义的一步。主要的重点应该是撤退这些辅助，同时增加大量不同的要求。在此时刻，最好是要增加单字要求的数量而不是试图发展用句子去提要求（如加上"我要……"）此外，注意避免试图教一般性词语（如：还要、请、我的、是）并将重点放在具体的物品或动作（如牛奶、球、推），和孩子在自然环境中可能经常使用的那些字之上。在 VB-MAPP《概况》有关提要求的支持性能力之中，读者们还可以看到更多的与这一阶段和下面诸阶段相应的其他各种活动。

提要求 2-M	在无辅助下（除了"你想要什么？"）孩子能提出 4 个不同的要求，所要的物件可在眼前（如：音乐、彩虹弹簧、球）

如果孩子不需仿说，模仿或指引辅助下就提出 4 个不同的要求，这代表了早期功能性提要求技能的开始。在这时的提要求训练中，可以让孩子看到他想要的物品而不应花太大的努力要求孩子在物品不在的条件下提要求。很多普通发展儿童早期的要求也是由动机操作和非言语刺激（想要的物品在现场）多重控制的。主要的目标是消除无意给予的有关反应形式的辅助（肢体的、仿说的和模仿的辅助）或者相应的对话性辅助（如：对使用手语的孩子说一些口头词语）。对有些孩子来说，尝试过快的撤退其所要之物会导致产生有缺陷的提要求技能。往后的重点应该是：① 在不同的人，地点，材料和对提要求之语言辅助的条件下泛化这些要求；② 增加日常提要求的频率；③ 增加提不同要求的数量；④ 争取有些要求不再需要类似于"你想要什么？"的辅助而能够出现。此外，还要训练其命名、听者辨别以及其他领域的技能（除非有些具体障碍妨碍这种训练）。

提要求 3-M	能将一个强化物泛化于 2 个人，2 个环境，与 2 个不同的例子，从而成为 6 个要求（如：向爸爸和妈妈在屋里和屋外，对红瓶子里的和蓝瓶子里的泡泡分别提出要求）

对于有些孩子来说泛化可能很快就会发生，但是对于其他孩子来说会慢一些；然而，泛化是语言发展的一个非常重要部分，因此是一个里程碑。对很多孩子来说不能泛化是一个常见的障碍，所以提要求训练的早期阶段是开始正规泛化训练的绝佳时机。对开始展示一些泛化迹象的孩子的重点应该是：① 增加日常提要求的频率；② 花更多的努力来使孩子能够自然地提要求；③ 更为复杂的泛化类型；④ 增加不同要求的数量。并且还要提供在其他领域的泛化训练。

提要求 4-M	自发性地提出（没有口头辅助）5 项要求，所要的物件可在眼前

在此阶段的自发性提要求是不需要大人语言辅助的提要求；然而，想要的物品是可以在现场的。这是语言行为的一种强有力形式。一旦孩子开始提出这类型的要求，提要求的频率会增加，这是因为当动机操作强烈时自然强化会起作用（即孩子的语言行为使他能在最想要的时候得到强化物品）。

现在的重点应该是在鼓励自发性，泛化和频繁要求的同时增加不同要求的数量。此外，还应实施更强的关于命名和听者辨别能力的训练计划。

提要求 5-M	在无辅助下(除了"你想要什么")提出 10 种不同的要求，所要的物件可在眼前(如：苹果、秋千、车、果汁)

如果孩子现在有了各种泛化了的，自发性的，和频繁出现的要求，那就应该开始学会要求那些不在现场的物品。同样重要的是确保其他能力如命名和听者辨别能力也会与提要求能力相应地不断增加（也就是说，孩子应该有大约 10 个命名和 20 个听者辨别）。

个别化教育计划中提要求第一阶段的建议目标（仅选择 1~2 个目标并根据个别孩子的情况作出适当调整）。

- 孩子在语言辅助下（如："你想要什么"）但不需要身体、仿说或模仿的辅助能够提出至少 5 个不同的要求。
- 孩子在语言辅助下（如："你想要什么"）但不需要仿说、模仿性的或对话性的辅助（对手语者而言）能够提出至少 10 个不同的要求。
- 孩子每天至少能够自发地要求 2 种想要的物品或活动。
- 孩子每天能够自发地提出平均 10 种或更多的不同要求（对象可以在现场）。
- 孩子每天能够自发地提出平均总数为 100 个或更多的要求（对象可以在现场）。
- 孩子不需要语言辅助（除了像"你想要什么"之类的语言辅助）就能够要求至少 25 个不同的缺失而又想要的物品。

命名—第一阶段

命名 0-M	0 分

如果孩子在命名量表中未得到任何分数，命名训练应该马上成为他干预计划中的一个部分。然而，如果孩子在提要求部分也没有任何得分，则可以等他发展出了部分提要求能力之后才进行命名训练。如果孩子在模仿和仿说技能量表中能得到 2 分或更高，则接下来可谨慎使用在 Sundberg 和 Partington（1998）书中所描述的刺激控制的转换程序，对孩子来说这样会有效。孩子可能在一些障碍测量上得分较高，其中包括教学控制，行为问题，或对行为有要求便削弱其动机。一如既往，必须对每个孩子进行个别的分析才能决定其干预计划的具体成分。

命名 1-M	能在仿说或模仿辅助下对 2 个物品进行命名（如：人物、宠物、角色、喜爱的物件）

在测试中，如果孩子在仿说或模仿（对使用手语者而言）辅助下能命名 2 个物品，就应该把主要重点放在消退这些辅助以及增加命名的数量，最初可用孩子比较喜欢和熟悉的三维实物。这个阶段和接下来的阶段中的很多各种额外活动，可以在 VB-MAPP 关于命名的支持能力清单中找到。

命名 2-M	对任何 4 个物件进行命名而不需要仿说或模仿的辅助（如：人物、宠物、角色或其他的物件）（T）

如果一个孩子得到了 2 分，就表明他有基本的初始命名技能并且应该每日接受强化的命名训练（以及其他相关技能的训练）。命名训练应该在各种环境中进行，包括家庭和学校的各个计划，也包括强化教学的环境和自然的环境。应努力开始促进在人物，环境，时间段，接说词，音调等方面的泛化。另外，也应该开始在具体物品的不同形式方面的泛化，以及既命名图片也命名实物。

命名 3-M	命名 6 种非强化物。（如：鞋子、帽子、勺子、汽车、杯子、床等）

得到 3 分表明孩子已经具备了早期的命名技能，从而不再以动机为唯一的控制来源。现在的重点应该是：①增加命名技能的数量；②泛化命名技能至更为广泛的具体物品的样本（如：命名 3 个不同的狗为"狗"）；③偶尔撤消像"那是什么"的语言辅助来促进自发地命名。在这个时候，孩子每天应该接受几百回合的命名训练。此外，对已经掌握为命名的那些词汇进行听者辨别的训练也很重要。

命名 4-M	自发地（没有各种语言辅助）命名 2 样不同物件

很多言语落后的孩子很难达到这个里程碑。通常这是因为长期以来命名是部分受控于大人的语言辅助及其所给的人为强化物。然而，如果孩子不需语言辅助就能命名一些物品，这种形式的命名应该得到进一步强化，但要注意在某种程度上过度的自说自话的命名是不恰当的。

命名 5-M	能命名 10 个物件（如：常见的物件、人物、身体部位、图片）

如果孩子达到了这个里程碑，那他强化的命名干预计划应把重点放在以下几点：①增加命名技能的数量；②泛化至更为广泛的刺激；③流畅性活动；④自发性，和⑤开始命名一些动作。如前所述，命名应该在全天频繁地发生而且重点要集中于命名的增长和泛化。确认听者辨别与命名在相应地增长进步也是非常重要的。一般来说，新的命名和听者辨别应该同时引入和教导（尽管对于某些孩子来说有例外）。除此之外，继续努力使第 1 阶段各个领域的能力达到平衡以及降低任何现存的障碍也很重要。

个别化教育计划中命名第一阶段的建议目标（仅选择 1~2 个目标并根据个别孩子的情况作出适当调整）。

- 孩子能一致地根据指令而命名至少 10 个对象（人物、物品或图片）。
- 孩子每天能够自发地（没有各种语言的辅助）命名至少 10 样不同物品。
- 孩子能一致地根据指令而命名至少 20 个对象（人物、物品、身体部分或图片）。
- 孩子能命名至少 50 个物品。
- 孩子能够命名至少 20 个动作。
- 孩子能够命名至少 50 个包含两个成分的名词动词（或者动词名词）的联系。
- 孩子能够自发地每小时平均 5 次地命名不同物品。

听者反应 — 第一阶段

听者反应 0-M	0 分

如果孩子在听者量表中未有得分，则听者训练应该立即成为他干预计划中的一个部分。对于无法注意说话声的孩子的干预策略应该包括使说话声变成条件性强化物（Sundberg & Partington, 1998）和区别性刺激（S^Ds）的程序。例如，让说话声和有力强化物成对出现往往能够使得说话声也变得具有强化性质，而强化孩子对说话声的注意可以使得这些声音成为孩子注意行为的区别性刺激。

听者反应 1-M	能通过与讲者的目光接触而注意讲者的声音达 5 次

一旦一个孩子开始注意说话声音，下一个任务就是使他能够对不同的声音控制作出不同的反应。当然这也就是标准的听者辨别（LD）训练（又称为接受性命名）的主要活动了。对于这样孩子的重点，应该在于使他关注有关自己名字、或他所喜欢之人或宠物或角色的名字（如："大鸟在那！"）的声音。有关听者技能之发展的很多额外的各种活动，可以在 VB-MAPP 与听者有关的支持性能力的清单中找到。

听者反应 2-M	在听到自己名字后能做出反应并达到 5 次（如：看着讲者）

如果一个孩子能够对自己的名字和其他一些语言刺激有所关注，则重点就应放在增加他所能达到的听者辨别的数量。还是要重复一下，用于建立他关注喜欢之对象的程序应该作为此时干预的焦点。这个孩子还可接受更为强化的听者训练，而其起点也许可以是把仅仅两项刺激物放在一个组合中的听者辨别（如：在看到怪物曲奇饼和小猫时对"怪物曲奇饼在哪里"的反应）。另一恰当之举是开始训练包含动作的听者能力（如"拍拍手"）。

听者反应 3-M	当家庭成员，宠物，或其他强化物以两个一组的组合呈现时，孩子能看向、触摸或指向正确的对象，达 5 项不同的强化物（如："艾摩在那里""妈妈在那里"）

达到了这个里程碑就意味着一个孩子开始对各种语言刺激有不同的反应，而其表现在于在测试时他能够确认具体的物品。这时的重点应该在于：① 增加孩子能够作为听者而确认的物品的数量；② 开始泛化到不同的人物、环境、和材料等；③ 开始学习根据指令做出具体的形体动作；④ 增加在视觉组合中物品的数量。此外，同样这些词汇也应发展为命名或有可能的话提要求。

听者反应 4-M	在没有视觉辅助下，能依据指令完成 4 个不同的形体动作（如："你可以跳吗""拍手给我看"）

得分达到了这一层次就表示了听者训练应该与关于提要求、命名和社会行为之训练一起，成为一个孩子日常干预计划的重要部分。很显然其他各种能力都非常重要，但对于一个其得分开始达到第一阶段之顶峰的孩子来说，上述四种能力更为关键。这时的关于听者之训练的重点应该是：① 增加孩子能够作为听者而确认的物品之数量；② 增加在视觉组合中物品的数量 — 更广泛地使

用图画和图画书；③ 更为努力地泛化至不同的材料；④ 增加关于动作的训练；⑤ 更多地在自然环境和社会游戏及社会互动背景中进行关于听者辨别能力的训练。

听者反应 5-M	能在 4 个一组的组合中，选择正确的物品并达到 20 个不同的物件或图片（如："把猫给我""摸鞋子"）

正常发展的 18 个月大的孩子已经有了很好的听者技能。他能够对许多话语作出反应并且几乎每天都在学习对新的话语作出反应。他已经懂得口说之语与他环境中的物品和行动有着联系。如果一个语言有障碍孩子的得分达到了这一程度，那就应该接受强化训练以发展这些重要的听者技能。重点在于既要持续上述各种技能（第一里程碑到第四里程碑），同时又要教孩子确认一些身体部位，并为他提供更多的在自然与社会环境中进行的听者训练。此外如前所述，重要的是努力争取在各个领域中的能力平衡（即把重点放在对缺失能力的教导之上），以及降低各种障碍。

个别化教育计划中听者反应第一阶段的建议目标（仅选择 1~2 个目标并根据个别孩子的情况作出适当调整）。

- 当大人提及其称谓时，孩子能看向或指向至少 10 个家庭成员、宠物、或者强化物。
- 孩子能根据指令至少发出 4 个不同的形体动作。
- 孩子每天至少能平均回应两个不同的语言批评如 "不"、"烫" 或者 "停"。
- 当大人提及其称谓时，孩子能选择、指向或者区别性地看向总共至少为 25 个的不同物体、图片、人物、或身体部位。
- 孩子能在至少 8 个一组而其中又含有 3 件以上相似刺激物的混杂组合中，确认至少 50 个不同的物件。
- 孩子能够根据指令做出至少 20 个具体的动作。
- 孩子能够根据指令发出至少 100 个含有两个成分的名词动词（或动词名词）的反应。

视觉感知能力和样本配对（VP-MTS）— 第一阶段

视觉 / 配对 0-M	0 分

如果一个孩子在视觉感知和样本配对测试中没能得到任何分数，那要对他的视力进行检查。如果他的视觉系统没有问题，则可试用极具强化意义的物品在孩子眼前晃动（如果此时刺激性玩具为其所爱，也可以用这种玩具）并且区别性地强化其视觉跟踪物品的行为即给孩子他所跟踪之强化物。

视觉 / 配对 1-M	视觉上能追踪移动的刺激物达 2 秒并达 5 次

一旦孩子开始视觉跟踪物品，训练伸手去抓静物或移动物品的程序可以帮助建立手眼间的协调。如果在训练中使用强化物，而大人又是循序渐进（如：开始时的伸手去抓是非常容易的），那训练会更为成功。这类的互动大都应该在自然的环境中以玩耍或游戏的形式进行。这个阶段和接下来的阶段中的很多各种额外活动，可以在 VB-MAPP 中有关视觉感知和样本配对的支持性能力的清单中找到。

| 视觉 / 配对 2-M | 用拇指和食指抓起小物件（钳形抓法）共达 5 次 |

如果一个孩子能够成功地抓起各种小物品，那就应该给他很多机会去玩各种触摸性玩具。另外，可以使用各种物品（如：小块的橡皮泥、棉花球、珠子豆豆和各种有强化意义的小玩具）。目标在于去强化手眼协调，精细动作能力，以及建立早期游戏能力。

| 视觉 / 配对 3-M | 视觉上注意一个玩具或书本达 30 秒（不是一种自我刺激） |

当孩子开始能对一个特殊材料注意一段时间时，许多感知行为正在发生。以后，这种注意能有助于命名和听者能力，所以应该加以强化。这时的重点应该是通过触摸物品从而得到一个特殊的效果（如：挤压一个玩具而发出一种声音，试图将不同的形状放入一个形状球）。

| 视觉 / 配对 4-M | 完成以下或其他类似的活动达 2 项：放置 3 个物品在容器中、堆叠 3 块积木或将 3 个环圈挂在桩子上 |

如果一个孩子达到了这个里程碑，他在显示着较好的视觉感知能力，那就应该给他提供机会以进行各种触摸物体和原因及结果的活动。应该在孩子的自然环境中以游戏形式来实施这些训练同时区别性地强化更为复杂的技能。此外，应该开始以嵌入式拼图，三维游戏和玩具，配对的角色以及任何其他有强化意义的配对性物品来开始更为系统的样本配对活动。应该为孩子提供众多的配对机会和材料，并且区别性地强化更为高级形式的配对。

| 视觉 / 配对 5-M | 配对任何 10 个相同的物品（如：嵌入式拼图、玩具、物件或图片） |

这时，孩子显示出他已经能够触摸和关注刺激物，配对完全相同的物体，并且在他的世界中产生原因及结果。此刻的重点应该在于通过下述方法来增加其视觉活动的复杂性：① 增加样本配对的机会；② 增加比较组合的规模；③ 在自然环境中进行配对游戏（将一把调羹与碗橱抽屉里的其他调羹放在一起）；④ 逐渐地开始引入将不完全相同的物品（如：不同大小或者不同颜色的狗之图片）进行配对。这些活动也能够提升听者辨别能力并且在以后提升对功能、特性和类别的听者反应，因为这三种能力都要求有仔细注视一个比较组合的能力，而样本配对是培养仔细注视一个组合的最为简单的方法。

个别化教育计划中视觉感知能力和样本配对技能第一阶段的建议目标（仅选择 1 ~ 2 个目标并根据个别孩子的情况作出适当调整）。

- 孩子能够将不同的物品放入一个容器或者形状球，堆叠积木，或将环圈挂在桩子上，而其总数至少达到 10 个不同的视觉性形体活动。
- 孩子能将至少 10 个完全相同的物品和图画与在数量至少为 3 之组合中的相应物品和图画相配对。
- 孩子能够完成至少 10 个不同的嵌入式拼图。
- 孩子能对在至少 10 个一组的混杂组合中的完全等同的物品和图画进行配对，其总数至少达到 100。

- 孩子能对在至少 10 个一组的混杂组合中的不完全等同的物品和图画进行配对，其总数至少达到 100。
- 孩子能够将相近的颜色和形状分类，并达到 10 个不同的颜色和形状。

独立游戏 — 第一阶段

游戏 0-M	0 分

如果一个孩子在独立游戏测试中没能得到任何分数，那就马上要开始努力帮孩子产生对物体和活动的兴趣。因为大部分的"游戏"无非是做那些有自动强化意义的行为（Vaughan & Michael, 1982），所以应该把努力集中于为孩子发展起这种自然性强化。干预程序应该包括结合和创造各种动机操作（MO）以增加物品和活动作为一种强化形式的价值，同时对孩子日益成形的游戏行为进行区别性强化。最后，必须逐渐减少人为的区别性强化，从而让有自然（自动）强化意义的游戏行为得到发展。

游戏 1-M	触摸和探究物体达 1 分钟（如：看着一个玩具、翻转它、按下按钮）

一旦孩子开始对使用物品进行游戏表示出兴趣，那么就要增加这种行为的频率。如果玩具会发出声音，有特殊的质地，明亮的颜色，特别的气味，并且能够出声和移动，则对孩子来说最为有趣。而当"游戏"行为确实发生时，大人要对它进行强化（使用关注、微笑和表扬）。此外，应该开始努力用配对和创造各种动因（如：在一个办公椅上转动）来使得活动具有强化意义。这个阶段和接下来的阶段中的很多各种额外活动，可以在 VB-MAPP 有关游戏的支持性能力的清单中找到。

游戏 2-M	能独立地与 5 个不同的物件互动从而显示游戏中的变化（如：玩环圈、然后玩球、再玩积木）

如果一个孩子在游戏测试中得到 2 分，那他就开始显示进行这些具体行为能够产生自然的结果。这时的重点，应该通过为孩子提供机会来玩有趣的物品和活动以及相应的强化来增加这些行为的频率。此外，还应为孩子提供许多机会接触那些会产生特殊效应的玩具（如：会突然跳起的玩具、音乐书、各种喇叭等）。

游戏 3-M	能在一个新环境中进行探索活动和操作玩具达 2 分钟（如：在一个新的游戏室）从而表现出泛化

如果一个孩子在游戏测试中得到 3 分，那他就显示出对玩东西有强烈的兴趣，而这种行为应该能够自动地维系与保持。游戏行为非常有助于发展出一系列对将来学习有重要意义的成分，这些成分包括精细动作能力，视觉感知能力，创造性行为，新形式的强化，以及建立起刺激控制（如：有些会突然跳起的玩具要求将其扭转，而最后这样的玩具会引发出一种特别的扭转行为）。如前所述，为这样的行为提供经常性的机会是非常重要的。大人还应引入新的物品以便维系兴趣，将这些活动与各种强化物相配对，并且提供表扬和社会性关注等强化。对有些孩子来说，游戏能力有可能比第一阶段其他领域的能力发展得更快。所以，另一重要方面是确保为第一阶段中所有能力而提供的训

练是平衡性的。

游戏 4-M	独立进行运动性游戏达 2 分钟（如：荡秋千、跳舞、摇晃、跳、攀爬）

运动是孩子们游戏的一个重要形式。大多数早期社会游戏（在 VB-MAPP 有关社交的章节中所讨论的）都与运动有关。对独立运动的强烈兴趣可以有助于社会游戏以及要求动作的机会。例如，如果一个孩子喜欢在旋转木马或走马灯上转悠，那他就很容易地可以与其他同样喜欢在旋转木马或走马灯上转悠的孩子一起游戏。在此时候，新奇性和多样性可以使得游戏行为具有娱乐性（自动强化的性质）。孩子应该得到许多机会去体验原因与结果的事件，例如玩偶匣、汽球放气、小球下坡、沙入风车等。此外，即使正常发展的孩子在此发展年龄阶段也往往是对一种玩具只玩上几秒钟或几分钟，然后就转移到其他的玩具那里去了。如果一样东西对孩子来说不再好玩，那就不再是"游戏"了。

游戏 5-M	能独立玩因果关系的游戏达 2 分钟（如：往容器中倒东西、玩弹出玩具、牵拉玩具等）

如果一个孩子在独立游戏的测试中得到 5 分，那他就很可以从与游戏相联的各种学习机会中获益。现在关于游戏的重点应该放在增加游戏的复杂程度和玩一个特定玩具，以及进行一个特别活动的时间长度。在此时候，孩子可能对有许多部分以及需要组装的玩具感兴趣。这类游戏有助于发展重要的诸如学习时间关系和预测接下来步骤等能力。

个别化教育计划中独立游戏第一阶段的建议目标（仅选择 1～2 个目标并根据个别孩子的情况作出适当调整）。

- 孩子能自发地玩因果关系的游戏达至少 2 分钟的时间，如：按按钮以发出声音、把积木堆起和推倒、推动物体、牵拉玩具等。
- 孩子能自发地表现出根据玩具或物体的功能而用之并且每天达至少 10 分钟的时间，如：看着并掀翻一本书的纸页、用耳朵听电话、摇晃洋娃娃、用梳子梳头发等。
- 孩子能自发地进行形体游戏并且每天达 10 分钟的时间，如：骑三轮车、踢球、拉小车、奔跑、跳跃、爬结构性玩具、滑滑梯、荡秋千等。
- 孩子能自发地用各种物体玩游戏达至少 5 分钟的时间，这些物体可以包括沙盘箱、豆米盘、小桶和铲子、各种玩具，或者拼图等。

社交行为和社交游戏 — 第一阶段

社交 0-M	0 分

如果一个孩子在社交技能测试中没能得到任何分数，那就应该由一位经过训练的行为分析师来进行关于导致孩子行为可能原因的功能性分析。一般来说孩子们都是很有社会性的，即使许多具有孤独症诊断的孩子也是如此。但是有些因素会使得与他人交往具有负面性质，或不具有强化性。如果确认了一个或者一些原因，那就可以开始进行干预。干预程序可以包括试图用配对的方式而使他人成为有条件的强化因素，增加强化物的发放，训练提要求能力，把握与创造动机操作，以及减少使用负性控制（Sundberg & Partington，1998）。

社交 1-M	能够至少 5 次地视觉追视他人的移动并对此表示兴趣

如果孩子用目光接触来提要求，那是一个好的兆头。如果对孩子来说看到熟悉人们是一种强化，这说明他人是有条件的强化因素，而因为社会行为的一个主要成分在于孩子喜欢与他人接近，所以上述现象很重要。如果他人具有负面意义，则与其相连的任何刺激如他人的声音或气味都会具有负面意义。如果一个孩子对他人兴趣不大，则要增加系统地运用强化和配对程序并且减少任何可能影响孩子的负面因素（如：对孩子来说可能具有负面性质的大人声音的音量或者语调）。这个阶段和接下来的阶段中的很多各种额外活动，可以在 VB-MAPP 中有关社会技能的支持性清单中找到。

社交 2-M	能有 2 次表达他要别人抱他或想玩身体接触之类的游戏。（如：爬到妈妈的腿上）

如果一个孩子的得分达到了这一阶段，他虽然尚未发出任何社会语言行为或与其同伴进行互动，但他已在显示某种社会交往。对处于这一阶段的孩子来说，目标可以包括提要求以与大人进行社会或形体方面的互动（如：说"挠痒痒""上去""躲躲猫""转"），对同伴的关注，容忍与同伴的形体接近，以及模仿同伴。

社交 3-M	自发地与其他的孩子有目光接触共达 5 次

有些孩子会与大人进行社会交往但不与同伴进行社会交往（由于一系列可能的原因，同伴可能具有负面性质）。如果一个孩子与同伴有目光接触但又不接近同伴或与其互动，那就应该实施一些程序来使得同伴成为有条件的强化因素而没有负面性质。这些程序的绝大部分与上面为大人所建议的程序是一个道理（如：配对、提要求训练和辅助互动）。这时的目标不是在于与同伴进行语言互动，而是形体接近（并行游戏），以及可能的模仿行为。

社交 4-M	自发地在其他孩子的周围进行平行游戏共达 2 分钟（如：靠近其他孩子坐在沙箱旁）

进行并行游戏可能是早期社会发展的最重要里程碑之一。如果一个孩子自发地接近其他孩子并在他们周围玩游戏（如：进行包括沙箱、水桌、城堡或游戏架的游戏），或者在其他孩子的近处游戏，那么下一步的重点就是要建立具体的同伴互动和同伴对孩子行为的刺激控制。也就是说，这个孩子做出一个行为是因为其同伴做出了一个行为。这时，三种简单的刺激控制形式包括动作模仿（如：像同伴那样地倒沙），仿说行为（如：重复一个同伴的语音行为），和追逐或跟随一个同伴。辅助与强化这些行为的程序应该成为这一时期的干预重点。一旦这些技能开始出现，则须把重点放在撤消大人的辅助及其提供的后果。对社会互动的强化最终应该或是自动的强化或是通过同伴的强化。

社交 5-M	自发地跟随同伴或模仿他们的形体动作 2 次（如：跟随同伴到游戏房去）

如果一个孩子在社会技能测试中的得分为 5，那么干预的重点就应该是教这个孩子去发起与其他孩子的互动。一般来说，孩子要发起非语言的互动比发起语言的互动要更为容易。在游戏活动、集体活动、和户外活动中，有很多机会辅助一个孩子去发起与其他孩子的互动（如：交换玩具、操作

玩具、互相传递东西、形体游戏或打打闹闹地玩）。各种社会游戏（如：躲猫猫或环花而舞等）也是教育孩子发起社会互动的绝佳良机。最先的语言发起一般都是提要求或者提要求—命名之组合（如："冰淇淋车！"）。训练这些提要求的程序包括将目标孩子看重的强化物给同伴然后辅助目标孩子向同伴提要求。

个别化教育计划中社交行为和社交游戏第一阶段的建议目标（仅选择 1 到 2 个目标并根据个别孩子的情况作出适当调整）。

- 孩子能自发地跟随或者模仿一个同伴的形体行为并且每天达至少 10 分钟的时间。
- 孩子能自发地向一个同伴提要求并且每天达至少 10 次。
- 孩子能自发地要求别人注意他所注意的同一刺激物并且每天达至少 5 次。
- 当一个同伴在说话时孩子能做出恰当的听者行为并且每天达至少 10 次。
- 孩子能自发地模仿同伴所说之语并且每天达至少 10 次。
- 孩子能自发地回应同伴的要求并且每天达至少 10 次。

动作模仿 — 第一阶段

模仿 0-M	0 分

如果一个孩子在模仿测试中未能得分，就应该马上开始努力去教这一技能。观察和模仿他人的能力是许多能力（如：游戏技能、社会技能和自理技能）的基础。应该使用形体辅助、消退辅助和强化等方法直接地教孩子去模仿他人。对不能模仿之孩子的有关程序和更细的干预策略，可以在 Leaf & McEachin（1998）和 Lovaas（2003）的著述中找到。

模仿 1-M	在"这样做"（如：拍手、举起双臂）的辅助下模仿 2 个粗大动作

对许多孩子来说，模仿 2 个形体行为的能力可以是一个重要步骤。如一个孩子的形体模仿能力比其他领域严重滞后，就要花大力气利用他可能喜欢的行为和活动（如：跳跃或跳舞）去教他模仿他人行为。如果孩子在第一阶段其他领域的得分都差不多，则应每天把模仿能力与其他能力结合起来进行训练。如果孩子不能发出任何仿说行为（在仿说评估中得 0 分或 1 分），但却能够模仿有些形体动作，这孩子有可能得益于以手语为形式来发展其早期提要求或命名能力（关于以手语为形式的早期提要求训练的教育程序，可参考 Sundberg & Partington，1998）。这个阶段和接下来阶段中的很多各种额外活动，可以在 VB-MAPP 有关动作模仿的支持性能力清单中找到。

模仿 2-M	在"这样做"的辅助下模仿 4 个粗大动作

因为在模仿训练中有许多使用形体辅助程序的机会以及模仿的自然性强化的特点，所以初学者在模仿领域的进步可能表现得比其他领域更快。例如，对一个孩子来说玩躲猫猫可能很好玩，从而这孩子可能会开始遮着自己的眼睛以表现出部分的模仿，但他也有可能以此提要求来继续这一游戏。使用或不使用物体的模仿训练应该成为日常训练程序的一个主要焦点。这时干预的重点应该在于增加模仿行为的数量，扩至其他个人和环境的泛化，和关于使用物体模仿的教育。如果一个孩子在模仿测试中得 2 分而在仿说测试中得 0 分或者 1 分，那么以手语为形式的提要求训练对他可能会迅速

地生效。

模仿 3-M	模仿 8 个形体动作，其中 2 个涉及物体（如：摇晃沙球、敲击木棒）

如果一个孩子在 VB-MAPP 的这个领域得分为 3，他大部分的模仿行为往往是在大动作的方面（如：拍手、敲桌子、伸出手臂、用鼓槌敲鼓等）。此刻，应该进一步地加强这些技能，但同时应逐步引入更为精细的动作如摆动手指（就像在"挠痒痒"中的动作那样）。模仿训练的一个基本目标是要建立一种"泛化了的模仿技能"。也就是说，孩子最终应能在第一个回合中就模仿新的行为。其他的主要目标还包括没有辅助的模仿、自发性模仿和模仿同伴。教育模仿技能也能改善游戏和社会能力，以及注意力和眼光接触。

模仿 4-M	在 5 种情况下，自发性地模仿他人的动作行为

能够自发模仿他人行为的能力对孩子有着重要的价值。例如，如果一个孩子不知道如何解决一个问题，他可以通过跟随别人（如：从哪个门进去、如何使用一个特别的玩具）来解决这个问题。如果一个孩子的分数达到了这一阶段，那他就开始显示出模仿行为的基本基础。如果模仿能力与第一阶段的其他能力处于平衡状况，则它应该继续成为日常干预的一个重点。如果这一能力远远低于其他领域，那就应该提供更为强化的训练。如果这一能力超过其他技能（这种情况更为常见），那就可以用它来帮助教导其他能力。例如，可以通过模仿用手语来发展提要求和命名。同样有可能的是，在动作模仿训练中通过教孩子具体地控制和发出行为的动作顺序来促进其仿说能力的发展。

模仿 5-M	模仿 20 个任何类型的动作（如：精细动作、粗大动作、涉及物体的模仿）

如果一个孩子的得分达到了这一阶段，那他可能开始显示一种"泛化了的模仿技能"的早期兆头。如果这一分数与其他分数一样的话，则可进入到模仿的功能性形式（如：玩玩具、自我帮助、社会游戏），包含两个成分的模仿（如：拍手和跳跃），和包含两步的模仿行为链（如：先拿面纸再擦鼻子）就颇为恰当。此外，应该对自发模仿和模仿同伴进行强化。有些孩子在进入干预计划时可能已经在 VB-MAPP 第一阶段中的模仿测试中得 5 分，而在仿说、提要求、命名测试中得 0 分或 1 分。这些孩子是接受手语干预计划的极好对象。

个别化教育计划中动作模仿第一阶段的建议目标（仅选择 1 到 2 个目标并根据个别孩子的情况作出适当调整）。

- 孩子能在指令下至少模仿 8 个形体动作，加上 6 个包括物体的动作。
- 孩子能在指令下至少模仿 25 个任何类型的形体动作。
- 孩子能模仿 25 个包括两个步骤之链的形体动作。
- 孩子能至少模仿 25 个包括两个成分的功能性动作。
- 孩子能每天 10 次地自发模仿大人或者同伴。

仿说（EESA）分测试 — 第一阶段

仿说 0-M	0 分

如果一个孩子在测试中没能发出任何仿说行为，则应该马上开始努力以发展这一重要能力。对不能仿说之孩子进行干预的方法，可以在 Sundberg and Partington（1998）的著述中找到。这种干预方法的重要成分包括配对程序、提要求训练、使用辅助性沟通以及其他一些技术（Drash, High, & Tutor, 1999；Sundberg, Michael, Partington, & Sundberg, 1996；Yoon & Bennett, 2000）。

仿说 1-M	在 EESA 分测试中至少得到 2 分

在仿说测试时一个孩子即使只能模仿性地发出 2 个声音，这种能力对一个在提要求和命名测试中得分为 0 的孩子来说也有非同小可的好处。如果使用强有力的动机操作，强化物，和控制转化程序，（Sundberg and Partington，1998），这些仿说行为常常可以转化为提要求的条件。对一个处于这一阶段的孩子，仿说训练应该成为他日常干预中的一个重要部分，而且要用多种方法去增强其仿说能力。

仿说 2-M	在 EESA 分测试中至少得到 5 分

如果一个孩子在仿说测试中得 2 分，他开始显示出对声肌的控制。干预计划的一个主要重点，应该在于增加不同仿说性反应的数量和每天发出仿说行为的频率。如前所述，任何仿说性行为可以用来发展提要求能力。对有些孩子来说，这种类型的转向动机和仿说控制可以产生戏剧性效应。我们建议对一个只有几个仿说词的孩子来说，在考虑辅助性沟通之前应先力图发展说话这一反应形式。

仿说 3-M	在 EESA 分测试中至少得到 10 分

如果一个孩子在仿说测试中得了 3 分并且这一分数与其在 VB-MAPP 第一阶段其他领域的分数处于平衡，那么仿说训练就应成为他日常干预计划中的一个常规部分。假如这里的 3 分明显地低于其他分数，那就需要更为强化的仿说干预。而如果这一分数明显地高于提要求和命名的分数，那么把强化重点放到在继续进行仿说训练的同时用孩子现有的仿说技能去教其提要求和命名就会非常有利。

仿说 4-M	在 EESA 分测试中至少得到 15 分

如果一个孩子在仿说测试中得了 4 分，那就说明孩子已经有了仿说发展的早期基础和从仿说转化到提要求和命名的可能性。此外，仿说行为也可用于增加自发的发音并提供机会塑造更佳的表达。然而，由语言病理学家进行的更为彻底的语言评估将为处于这一阶段孩子的仿说和表达技能提供一些具体的方向。

仿说 5-M	在 EESA 分测试中至少得到 25 分（第 1 组别中至少得 20 分）

对于一个初学者来说，在仿说测试中得到 5 分无疑是展示了很好的仿说技能。这一分数应该大致上与孩子在其他领域的分数相平衡，也就是说大多数分数应该在第一阶段的顶端或者渐入至第二阶段。如果情况确实是这样，那么训练应该是以同样平衡的方式而继续。如果孩子在仿说测试中的分数高于他在提要求和命名测试中的分数，那就有必要增加训练提要求和命名的频率（但又不放慢仿说训练的速度）。如果在仿说测试中的 5 分要比其他分数低的话，则有必要增加改善仿说行为的努力。

个别化教育计划中仿说第一阶段的建议目标（仅选择 1 到 2 个目标并根据个别孩子的情况作出适当调整）。

- 孩子能够根据指令仿说至少 5 个元音、复合元音或辅音。
- 孩子能够根据指令仿说至少 10 个元音、复合元音或辅音。
- 孩子能够根据指令仿说至少 25 个元音 — 辅音的复合。
- 孩子能够根据指令仿说至少 50 个包括 2 个以上音节的元音 - 辅音的复合或者完整的词语。

自发性的语音行为 — 第一阶段

语音 0-M	0 分

一个普通发展的孩子一天中可以在没有大人辅助的条件下发出语音达几千次。这种语音游戏对增强音肌有着重要的影响并且最终导致仿说行为的发展。如果一个孩子一天中没有发出任何或发出极少的说话声音，则应马上开始努力以增加其语音的频率。这时的目标是增强孩子的音肌以便增加他用仿说控制语音行为的概率。对于未能做出很多语音行为的孩子的一个干预战略是多方着手使用可能增加语音行为的各种程序。有些可能增加孩子语音的程序是：① 联接配对；② 将语音行为用于提要求模式；③ 标准的仿说训练回合；④ 直接强化任何发音；⑤ 使用辅助性沟通；⑥ 动作模仿训练；⑦ 在物体和活动背景下的仿说训练。

语音 1-M	平均每个小时自发性地发出 5 次声音

如果一个孩子每小时能发出一些声音，他也能够得益于上述各种程序。大人除了要增加孩子发音的频率，还应将重点放在增加所发之音的变化多样，以及用不同的语调、音高、音量和韵律发同样的音。这时的重点是要使得语音对孩子来说是好玩的并且具有自动强化的性质。配对和提要求程序有助于建立喃喃学语的自动后果（也就是说，孩子喜欢听自己的声音）。取得语音游戏的这一效果意义重大，因为无须大人提供后果该行为也能得以维系，婴儿的牙牙学语也正是这样地得以维系的。这种效果可以自动增强音肌并且增加达到仿说控制语音行为的机会，而这是语言发展的重要里程碑。

语音 2-M	自发地发出 5 种不同的声音，平均每个小时共达 10 个声音

如果一个孩子的得分达到这一阶段，那他可能也具有某种程度的仿说，从而继续努力以增加其

语音的生成就是非常重要的。在此阶段，大人可以调节其强化的频率以便把重点更多地放在促成新的声音及其混合，和富有变化的语调等。

语音 3-M	自发性地用多变化的语调发出 10 种不同的声音，平均每小时共达 25 个声音

在这一阶段，对于孩子来说语音的生成本身已经不那么重要了。大人应该继续注重于对新颖的语音作区别性强化，但这时大人还应该强化发出混合语音和接近整个词语的努力。大人可能还不懂得这些"词语"，但是应该对此加以认可和强化。

语音 4-M	自发地发出 5 种不同的近似的完整词语

如果一个孩子经常地牙牙学语并且开始发出整个词语，那就没有必要用一个正规计划去干预语音的发生。极有可能的是语音的自动后果就足以产生希望的效果。关于语音的重点应该转向用仿说、提要求、命名来控制这些语音以及改善发音表达。

语音 5-M	能自发地发出 15 个完整的字或词组，并且音调和节奏都要恰当

如果孩子更为频繁地牙牙学语，并且开始发出短语和以变化语调表现的不同词语，那么这往往是从牙牙学语"自然地"转化为提要求和命名前的最后一步。

个别化教育计划中语音行为第一阶段的建议目标（仅选择 1～2 个目标并根据个别孩子的情况作出调整）。

- 孩子能够自发性地发出至少 10 种不同的声音，平均每个小时至少 30 个声音。
- 孩子能够每天至少 5 次自发地用不同的语调、音量和韵律发出同样的语音。
- 孩子能够每天至少 10 次自发地说出包括多个音节的近似词语。

第九章

对第二阶段评估的解读：
安排课程及撰写个别化教育计划目标

如果一个孩子在 VB-MAPP 上的得分为第二阶段，该孩子还处于学习的早期阶段，但他已经开始表现出一些扎实的学习和语言技能了。在这一阶段中，干预计划的焦点应该是用各种方法来扩展这些技能。下述总体目标应该成为语言干预计划的核心：①扩展提要求、命名和听者等技能的数量和范围（其途径是教更多的名词、动词和形容词等）。②发展起 2~3 个成分的语言或非语言的前因和反应（即句子）。③开始训练对功能、属性、类别等词汇的听者反应能力。④开始关于对话能力的训练。⑤发展与同伴的社会和语言的交往。⑥发展与团体和教室有关的能力。⑦在较少限制的环境学习（如：自然环境、集体情景、游戏、艺术和手工）。

毫无疑问，有些其他能力与领域也应包含在一个完整的程序之中（例如精细动作、粗大动作、独立能力、自我照料、如厕能力和减少语言与学习障碍等），但是，更高级的语言与社会能力将取决于 VB-MAPP 第二阶段中的各项关键技能。相关的教育方法仍然应该是以强化教育和仔细使用基本行为操作为主。不过有些相对松散教育和自然环境干预方法（NET）的成分也应该逐步地增加。

一个孩子的个别化教育计划及其干预计划的具体方面将取决于对该孩子 VB-MAPP 里程碑的各种分数和障碍方面分数的分析。评估者应该对该孩子在每一个技能领域的分数以及这些分数与孩子在其他领域中的表现联系起来进行分析。提要求、命名和听者技能的各分数是否非常接近（或平衡），还是有明显的高低之分？评估者必须确认其各种能力的优势与弱势，以决定是否有一个领域中的特别优势对孩子会有帮助，或者有一个领域中的特别弱势需要在干预计划中花费更多的努力。例如，一个孩子有可能在命名方面较强，而在提要求方面有较多的局限。在这种情况下，可用孩子在命名方面的优势来提高和平衡其在提要求方面的弱势。图表 9-1 显示的是一个基本处于 VB-MAPP 第二阶段中的孩子的例子。这个例子表现了许多患有孤独症和其他发展性障碍孩子的共同特性。克里斯蒂是一位 4 岁的女孩，她刚刚显示出提要求、命名和听者能力，而其仿说、模仿、配对能力则超出一般。克里斯蒂的对功能特性类别的听者反应能力以及对话能力刚刚露头，而她的游戏和社交能力则相对薄弱。

在 4 岁的时候，克里斯蒂的语言能力明显地低于普通发展的同龄孩子。她的强化干预计划需要注重于本章第一段所指出的七个领域。除此之外，对其在学习与语言方面现存障碍的分析也会有助于设计一个具体的干预计划。表 9-1 包含了适用于与克里斯蒂 VB-MAPP 里程碑模式有类似之处的孩子的一些个别教育计划可能性目标。而 VB-MAPP 支持性能力清单所确认的能力及其所提供的其他关于干预目标的建议会有助于对克里斯蒂日常干预计划的设计（但这些目标不一定用作其个别化教育计划的目标）。

图表 9-1　在 VB-MAPP 里程碑评估中得分处于第二阶段孩子的例子

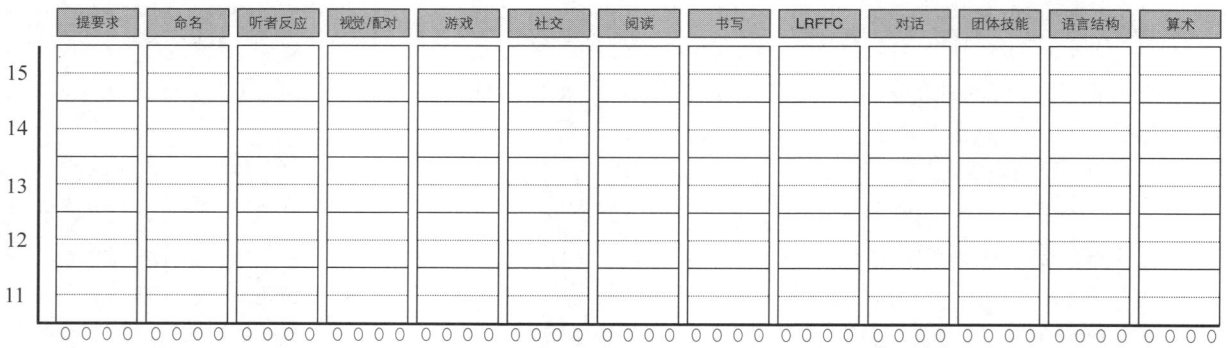

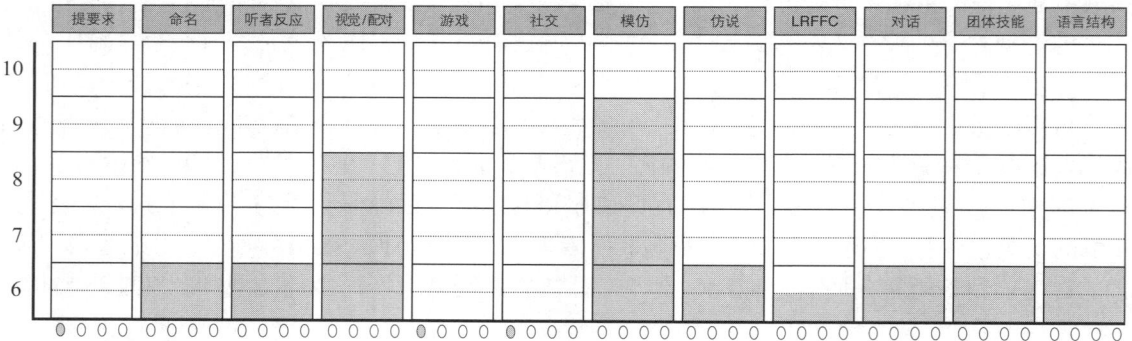

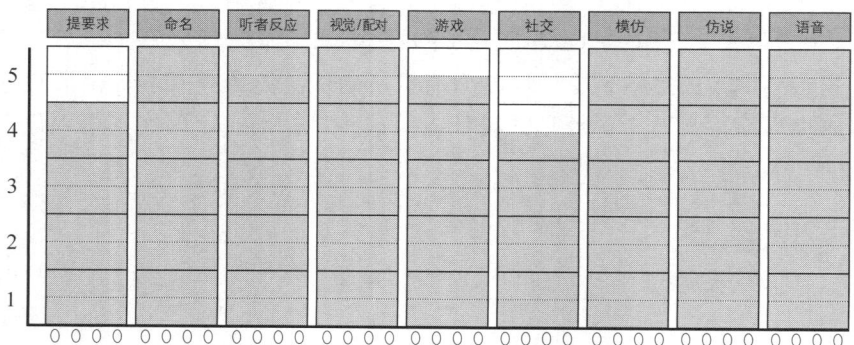

表9-1　评估分数基本处于第二阶段早期之孩子的个别教育计划的样本目标

1. 克里斯蒂能够在口头辅助下（如："你要什么？"）提出50个不同的要求，而所要之物不在当下。
2. 克里斯蒂能够在一个游乐场所、游戏或其他自然环境中自发性地要求他人做出10个不同的具体动作。
3. 克里斯蒂能够命名250个不同的物件并且具有相应的区别性听者反应能力。
4. 克里斯蒂能够命名250个不同的动作并且具有相应的区别性听者反应能力。
5. 克里斯蒂能够命名200个包含两个成分的名词加动词（或动词加名词）的合成词汇并且具有相应的区别性听者反应能力。
6. 克里斯蒂能够在包含5个不同颜色或形状的组合中选择或指出不同的颜色或者形状共达10种颜色或形状。
7. 在一个组合中有10个物件而其中3件互相类似。克里斯蒂能够从中配对不完全相同的物体或图片共达200个物体或图片。
8. 在听到包含有物件之功能、特性、或类别的填充或WH（什么等）问题的时候，克里斯蒂能够在一个包含10个不同物件的组合中选择正确的物件共达200件。
9. 克里斯蒂能够正确地回答200个包含有物件之功能、特性、或类别的填充或WH问题。
10. 克里斯蒂每天能够回答10个来自同伴的要求。
11. 克里斯蒂能够独立地使用、组合或排列具有不同部件（甚至含有不同种类）的玩具或者其他游戏物品，并且用这些物品独立游戏达5分钟。
12. 克里斯蒂能够自发地参与体育游戏达10分钟，例如骑小自行车、踢球、拉小车、奔跑、跳跃、爬上游戏器材、滑滑梯、荡秋千等。
13. 在集体环境中，克里斯蒂能够在10分钟内的50%的观察时段中注意同伴和老师。

对得分基本处于第二阶段孩子的特别考虑

　　VB-MAPP里程碑的各种分数和这一章所讨论的安置计划以及个别化教育计划的各项目标有助于确认一位个别孩子对于课程的特殊需要。然而，因为每一位孩子都与众不同，所以有必要同时考虑其他各项变量，例如孩子的学习障碍、学习历史（如：掌握新技能的速度）、教育环境、家庭支持和现有资源等。同样重要的是确定要有懂得行为分析和斯金纳语言行为分析的合格专业人员定期检查这一计划。随着语言变得越来越复杂，行为分析所提供的各种理论工具可用于避免许多潜在问题。例如，许多患有孤独症和其他发展性障碍的孩子容易有死记硬背的毛病；而一个错误设计的课程往往是导致这一问题的原因，其例子包括教育实践中常见的在干预计划中过早地教形容词、代词、介词或者对话等。如果一个孩子尚未具备基本的语言技能来支持这些更为高级的语言行为的成分，这孩子就极有可能表现出死记硬背的行为。

　　对评估分数处于第二阶段孩子的干预程序比对评估分数处于第一阶段孩子的干预程序远远地更为复杂。这种复杂性可以表现在几个方面。例如在第一阶段，主要目标应该说是直截了当的。孩子必须学习基本的提要求、命名、倾听、模仿、仿说和配对等技能和一些初步的游戏技能和社会技能。教育步骤相对而言也是清楚的，并得到大量的基础与应用研究的支持（如：Brady, Saunders, & Spradlin, 1994；Sautter & LeBlanc, 2006）。许多孩子能够很快地完成第一阶段的各项目标，但却往往滞留于或不能超越第二阶段的各项里程碑。许多孩子都有这种学习的瓶颈停滞时期，表现为一批孩子不能发展出有用的对话能力、高级的提要求和有意义的社会行为。

　　在超越名词、动词、基本的提要求和命名之后，发展很快就会变得复杂化的（如：名词与动词的组合、对功能属性类别等词汇的听者反应、对话以及语言和非语言的社会交往）。专业人员必须要能够实施一些高级的干预步骤，其中包括结合学生已经掌握的命名和区别性听者技能进而将其推向对功能属性类别等词汇的听者反应和对话的框架中去，创造与运用学生的动机以促进其提出比享用具体奖励物更高的要求的能力，安排教育情景以使孩子必须注意多项目标刺激并且表现出多项反应（如：句子）。此外，这时的教学还必须包括有关步骤以促进孩子技能的泛化、自然化、在各种语言功能间转换的能力、与同伴进行社会和语言交往的能力、及其在日常生活自然环境中功能性地和有意义地使用刚刚学会的各种能力。为了达到这一目标，有许多不同的途径，但也存在不少有待克服或最好避免的潜在障碍、易犯错误和语言困境。为每一个里程碑而提出的学生安置方案和一般性的个别教育计划目标的意义在于提供一种课程的进展（指路图），用以帮助引导课程设计者顺利通过在这一过程中将要面临的各种挑战，从而帮孩子建立起有效的语言和社会方面的技能。

干预与教育形式的强度

得分于第二阶段的孩子仍然需要强化的和精心设计的语言和社交技能的干预计划。正规教育的课时应该与为得分处于第一阶段孩子推荐的教育课时相似（即每周为 25 小时的学校教育程序，加上家长和他人在孩子日常生活的其余时间、晚上、周末和假期中所进行的跟进和泛化）。语言和社交技能的干预仍然应是全时性的，而与孩子交往的所有人特别是家庭成员也应参与对其教育。与教育的课时相比，在此时间中的孩子进展程度如何更为重要，而对个别孩子需要的精确分析也更为重要。

回合式训练（DTT）和自然环境训练（NET）

处于第二阶段的孩子仍然需要强化和正规的教育方法，但也有必要增强注重在自然（不同于桌面）环境中的泛化和功能性地应用所学到的技能。在回合式训练与自然环境训练之间保持平衡仍然是非常重要的，因为这两种方法都会对孩子的学习作出独特贡献，并在其语言和社会的发展中发挥其不可或缺的作用。对得分处于第二阶段的孩子来说，有许多非常有价值的寓教于自然环境的机会和活动，例如艺术、手工、辅助性游戏、社区出游、社会性游戏和其他各项幼儿园和小学的通常活动等。然而，在这些环境中进行教学要求有经验的老师能很好地理解什么是孩子语言和行为的学习目标以及如何在宽松的教育形式中来实现这些目标。

融合与社交

一个干预程序在其开始之时，就应着眼于孩子与其他同伴的融合与社会交往。而当孩子开始掌握更为高级的语言和行为技能时，融合与社交在这干预计划中的比重就越来越大。社会行为是非常复杂的，有兴趣的读者可以在 VB-MAPP 里程碑、安置程序和支持性能力清单中发现课程指南和教育活动。除此之外，许多优秀的文献也能够帮助决定恰当的融合程度，并有助于培养孤独症和其他发展性障碍孩子的社会与游戏技能（如：Attword, 1998；Baker, 2003；Bellini, 2006；Krempa & McKinnon, 2005；Leaf & McEachin, 1999；Leaf, Taubman, & McEachin, 2008；Taubaum, Laaf, & McEachin, 2011；Taylor & Jasper, 2001；Weiss & Harris, 2001；Wolfberg, 1999）。

总　结

对于普通发展的孩子来说，2～3 岁是语言能力迅速发展的时期，而许多患有孤独症或其他发展性障碍的孩子却往往错过这一"语言爆发"的机会。VB-MAPP 的目的就是引导专业人员和家长带孩子通过语言和社会发展的这些阶段（如：从各种基本技能出发、到提出关于信息的要求、对话技能、多重反应、自然表现和社会行为）。重要之处在于这种发展要尽可能与普通的语言和社会发展相一致，同时清晰地看到只有在初始能力的坚实基础上才能够发展出高级的能力。期望通过干预计划而迅速进步，或者忽视了去仔细分析影响语言行为的确切的控制根源，都会导致不必要的障碍和学习的困难，而不克服这些障碍和困难就不能帮孩子进入第三阶段的语言和社会能力。

解读第二阶段里程碑的分数和个别化教育计划的建议目标

分析一个孩子在每一个里程碑上的表现，及其与该孩子在 VB-MAPP 评估其他部分之分数的联系，能够为干预计划提供具体的方向。例如，如果一个孩子有着较强的命名能力但其听者能力则相对较弱，那就应该在对他听者能力训练方面花更多的努力。又如，如果一个孩子提要求能力的发展受到种种障碍的影响，那就必须首先减少或排除这些障碍，然后才能在其命名和听者能力方面发展得更远。以下一节为处于各个里程碑孩子们的一般学习安排提供建议。其中既叙述第二阶段的所有里程碑，同时也考虑到各种技能具体分数之间的互相联系及其与障碍评估之分数的联系。在每一个技能领域后，还有一个关于个别化教育计划的可能目标之清单。这些目标仅仅是一般的建议。一个孩子的实际教育目标还必须与其具体情况相结合，并且要以其个别化教育计划团队的建议为基础。

提要求 — 第二阶段

提要求 6-M	在无辅助下（除了如"你想要什么"）能够要求 20 种不同的缺少东西（如：当给予一支蜡笔时，要求纸张）

如果一个孩子处于这一阶段，那他已经表现出非常有用的能力即要求不在当下的东西。这代表着在提要求技能发展进程中的一个重要里程碑。这些技能应该得到发扬光大，并且在尽可能多的自然环境中泛化到不同的人们和不同的物品之中。此外，在没有如"你想要什么"的语言辅助下的自发行为应该得到区别性的强化。下一步就是教孩子提出关于动作的要求。有些孩子在有强烈动机时已经会提出关于动作的要求（如：在秋千上会说"推"）。训练过程应该包括需要有大人的动作才能完成一个特殊的行为链（类似于要求物品）。例如，如果一个孩子在做美术作品时不能挤出胶水，他应该将胶水瓶给大人并要求说"挤"或者"帮帮我"。有必要指出，提要求应该完全取决于存在着对某一特殊物品或者动作的动机。

老师和家长需能确认一个孩子是不是以及在何时对某一物品有强烈的动机，以便进行提要求能力的训练（关于抓住与创造动机的具体方法，读者可参看 Carbone，2013；Hall and Sundberg，1987；Sundberg，1993a；2004；2013）。动机操作可以有不同的强度，并在所有环境特别是孩子身处其中的自然的（即与正规上课不同的）环境中进行；所以，关于提要求的训练应是全天候的，并要求所有与孩子接触的人们都能一致参与。一个屡见不鲜的现象是患有孤独症或者其他发展性障碍孩子的提要求技能落后于其命名技能和听者辨别技能。究其原因有多个方面，但其中常见的一个原因在于，要抓住与创造孩子提要求的动机具有相当的复杂性，而在结构性教学中发具体指令则要容易得多。对提要求的训练必须在所有的环境中并当孩子有较强动机时进行。在 VB-MAPP 有关提要求之支持性能力的章节中，读者还可发现更多的用于教导处于这一阶段孩子提要求的恰当活动。

提要求 7-M	要求他人发出 5 种不同的动作，而这些动作是享受自己喜欢之活动所需要的（如：要求"开门"以可到外面去、在秋千上时要求"推"）

如果一个孩子在学习要求名词和动词，人们应该鼓励他尽可能频繁的和自然的提这些要求。一般说来，自然结果（即提要求本身所带来的具体强化）会发生效果，而无需人为地去维系这种能力。这时的重点应该是通过抓住与创造新的动机条件来增加孩子提要求技能的数量。自然环境、通常游戏和社会活动非常有利于教孩子提新的要求。事实上，要在正式的回合式训练环境中来强行训练孩子提新的要求可能会非常困难的。此外，要辅助（或规定）和强化其中包含一个名词和一个动词或其他语言成分的要求（如："推我""还要果汁""开灯"）。

提要求 8-M	提 5 个不同的其中包含两个或两个以上单词（不包括"我要"）的要求（如："快走""该我了""倒果汁"。）

大部分两岁左右的普通发展的孩子都可以提包含有两个（或两个以上）单词的要求。这时候语言干预计划的重点应该是提要求的泛化、自然化和增加要求的多样化和频率。这时应该引入对信息的初步要求如"那是什么"和"妈妈在哪里"以及对其他语言成分的要求如代词（如："我的鞋"），形容词（如："大的饼干"），和副词（如："快跑"）。其他提要求的行动可以包括要求除去不爽（如："不要"）和包括"是"与"不"的要求。包括动作的要求也应该得到强化，例子可以包括孩子在提信息要求（如："妈妈在哪里"）时抬起张开的手掌，或者在说"停下！"的同时向前伸出手臂。孩子的提要求取决于其当下的动机。如果孩子并不具有对一个特别东西、活动或者信息的动机，对其进行提要求的训练就是不正确的并且很有可能由此发展出有缺陷的提要求行为。

提要求 9-M	自发地提出 15 个不同的要求（如："我们来玩吧""打开""我要书"。）

一个有效的提要求能力包含着许多成分。如果一个孩子在提要求方面达到了本阶段的里程碑，那他应该能够做到：① 无需辅助的提要求；② 提出许多不同的要求；③ 每天提要求的频率很高；④ 提要求能力的泛化（包括刺激方面的泛化、行为方面的泛化和动机方面的泛化）；⑤ 提出包括两个或两个以上单词的要求；⑥ 要求缺少的东西；⑦ 提出对非消费性或者非娱乐性强化物的要求（如：副词、形容词、信息等）；⑧ 提要求的恒常性（对消退有抵制力）；⑨ 对同伴提要求。所有这些技能都应不断地通过自然的和功能性的方式来得到提升，而重点应该放在通过为孩子提供各种新颖而具有促动性的东西、活动和机会以发展其新的要求。另外，开始教孩子提出关于信息的要求、"礼貌地"要求除去不爽以及培养其无需直接训练就能掌握的提要求技能等也都很重要。

提要求 10-M	没有经过特别的提要求训练就能提出 10 个要求（如：没有经过正式的提要求训练就自发地说"小猫到哪里去了"）

大人一般不需要正式地教正常普通的孩子去提要求。有时候，干预的目的是让孩子减少提要求的频率，或者更"有礼貌地"提要求。而对孤独症和其他语言发展迟缓的孩子来说，目标在于让孩子具备基本的提要求技能以使他们能够有效地用自己的语言行为来控制他人的行为。对所提要求的具体强化就可以达到这一目标，由此，提要求的能力往往无需强化的干预就能进一步地发展。此外正如前面指出，对于提要求的进一步发展来说自然环境成了最好的教育安排。此时的主要重点应该是提出对语言信息的要求。对于孤独症孩子来说，因为他们很少从语言信息中得到强化，所以提这方面的要求往往成为一个问题。如果情况确实如此，那么就有必要应用各种程序来使得信息成为有用的强化物。（参看 Endicott & Higbee，2007；Lechago, Carr, Gow, Love, & Almason, 2010；Sundberg, Loeb, Hale, & Eigenheer, 2002）。另外的提要求训练活动可以包括区别性强化新颖的要求，包含各种不同语言成分的要求，和包括三个或三个以上单词的要求。

个别化教育计划中提要求第二阶段的建议目标（仅选择 1~2 个目标并且根据个别孩子的情况作出适当调整）。

- 孩子在自然环境中自发地要求至少 25 个不同的东西。

- 孩子平均每天 5 次在一个玩乐场所、游戏中或自然环境中自发地要求他人至少做 3 个不同的具体动作。
- 孩子每天至少 50 次用 3 个或更多单词组成的句子自发地提出要求。
- 孩子每天至少 25 次用 3 个或更多不同的问题或问题单词（如："什么""哪里""谁""什么时候""可以吗""能够吗"等）自发地提出关于信息的要求。
- 孩子每天至少 25 次用 8 个或更多不同的形容词或介词（每种至少两个）并以平均 3 个单词以上的句子自发地提出要求。
- 孩子每天至少 25 次用 8 个或更多不同的代词或副词自发地提要求。

命名—第二阶段

命名 6-M	当被问到"那是什么"（如：书、鞋、汽车、狗、帽子）时，能够命名 25 个物品

在这一阶段的得分表明一个孩子已经掌握了对名词进行命名的基本能力。此时的重点应该是从几个方面来增加和加强这种能力。而其中最重要的，可能就在于用巨大的努力将此能力泛化到新的个人、物品和环境中去。例如，假如一个孩子能够命名"狗"，他就应该要有机会命名许多不同种类的狗，这样他的命名行为就不会仅仅是对狗的无关特点如其颜色或尾巴的偶然反应。

命名技能的范围也应该是干预计划的目标。一般来说，用强化教学模式训练孩子对名词的命名最为有效。在自然环境中的训练也有其价值，但在命名能力发展的早期阶段，以桌面为形式的训练有助于具体实施行为教育的许多程序，如矫正程序、辅助、消退、区别性强化、交叉性（"混合的语言行为"）教学方法等。同时，融入对区别性听者反应之类技能的回合训练也很重要。就名词而言，往往最好是同时教育命名能力和区别性听者反应能力（Petursdottir & Carr, 2011；Sundberg & Partington, 1998）。除此之外，日常干预计划中也应该包括对命名动词的训练。但在此时，大人们最好避免企图对语言其他成分的正规命名训练，如形容词、代词、介词和副词等。大部分处于这一阶段的普通发展孩子的语言行为，无非是名词和动词及许多相应的要求（以及一些仿说和模仿行为）。对处于这一阶段孩子的其他适宜的教学活动，读者可以参考 VB-MAPP 中关于命名之支持性能力的相关章节。

命名 7-M	在测试时或从已知泛化清单中，能够泛化命名 50 种物品的 3 个不同例子（如：命名 3 种不同的汽车）

一般来说，当孩子处于这一语言发展的阶段时，每过几天就可以掌握一个新的命名。这些新命名的对象物品可以来自孩子在家里或社区所接触的刺激物、书本、视频、托儿所及班级的环境、新鲜事物和其他适合其年龄的材料。教导者应用这些机会来开展关于命名的训练回合，但又要注意避免在这一方面的拔苗助长，或者把训练搞得太像操练。应该把训练趣味化并尽可能使之有别于正规的个别回合训练或操练。应该逐渐更多地将重点放在培养命各种名词与动词以及命名多于一个字的词组（如："有一个……"之类的反应）。

命名 8-M	当面临"我在干什么？"（如：跳、睡、或吃）等问题时，能命名 10 个动作

对所有孩子来说，命名各种动作的能力是一个重要的里程碑。与命名名词的情况一样，这一

阶段的重点要放在用新的动词以及各种机会泛化已知动词来扩展和加强这种能力。因为在自然环境中比在桌面环境中有更大的可能出现更多的动作，所以上述训练的最佳场所可能是自然环境。其他的训练活动可以包括对听觉刺激和其他感觉刺激的命名；对书本、场景、和自然环境的命名；以及对身体各部位、人物和其他通常刺激的命名。任何种类的自发命名以及包含有两个以上单字的命名都应得到强化。这时，也可开始着眼于对多个名词（如："狗和猫"）的命名和对动词加名词（或名词加动词）的命名（如："转陀螺""妈妈烧饭"）。

命名 9-M	在测试时或从已知命名双词清单中，能够命名 50 如动词加名词或者名词加动词的两种成分组合（如：洗脸、Joe 游泳、宝宝睡觉）

如果一个孩子能够把名词和动词作为一个语言行为来命名（即形成较长的句子），就可以开始更为正式地训练他命名形容词、代词和其他修饰词了（这要取决于该孩子一般的学习与维系的特点）。如前所述，一般最好是在训练命名能力的同时来训练听者辨别反应能力。因此，确认孩子同时也能对名词加动词、形容词、和代词作出正确的听者辨别反应是非常重要的（然而，当语言变得更为复杂时，对许多类似"你的"和"我的"代词的语言能力来说，听者辨别反应比命名能力更容易掌握）。如果合适的话，这些语言反应也应作为要求而出现。自发的命名和任何未经直接训练而发生的命名（包括泛化的命名）都应该得到强化。

命名 10-M	在测试时或从已知命名的积累清单中，能够命名总数为 200 的名词和/或动词（或其他语言成分）

一旦命名技能达到这一水平时，确认命名与其他语言技能的平衡发展就是非常重要的了（其实，在任何时候都应该对此有所检查）。往往可以看到，有些孩子已经能够命名几百个物品、动作和属性，但其提要求和对话技能却极其软弱或者根本没有。就命名能力的进一步发展而言，应该持续地着眼于增加词汇量、培养泛化与流利、以及在自然环境中对这些技能的功能性使用。其他的命名活动可以包括开始命名物品的功能（如："你用来画画的那些东西"、"用来吃饭的"、"用来跳着玩的"），命名类别（如："动物""衣服""玩具"），和命名物品的特别属性（如："翅膀""轮子""尾巴"）。在这一时候，训练关于各种地点的命名和包括"是"与"不是"的命名也是恰当的。

个别化教育计划中命名第二阶段的建议目标（仅选择 1~2 个目标并且根据个别孩子的情况作出适当调整）。

- 孩子至少命名 50 个名词加动词（或动词加名词）的双词组合。
- 孩子平均每小时至少自发地命名 5 个物品。
- 孩子至少命名总数为 150 个名词和/或动词（或者其他语言成分）。
- 孩子至少命名 5 种不同的颜色和 5 个不同的形状。
- 孩子命名 20 个不同的形容词。
- 孩子命名 6 个不同的介词。
- 孩子至少命名 50 个三词组合（如：形容词加名词加动词、主语加动词加名词等）。

听者反应 — 第二阶段

听者反应 6-M	能够从每次展示的 6 种物品的随意组合中选择正确的物品，共能选择 40 个不同的物品或者图片（如："找出猫"或者"摸摸球"）

在这一阶段的所得分数表明的是，当一个孩子听到指令的时候，他有能力对一些相应的物品作出区别。这时的重点在于从不同的侧面来增加与加强这种能力。除了要增加一个孩子能够区别确认物品的数量以外，还很有必要着眼于其能力的泛化和并且使得这些听者能力对孩子有用。在一系列的场合、与不同的大人和应用不同的材料，这种听者辨别能力（LDs）都应该表现出来。尽快地进入各种自然环境是非常重要的。通过把听者辨别能力的训练融入到与年龄相应的游戏与活动、美术与手工、和孩子一天中的其他自然发生的事件中，从而使之有趣好玩。尽量避免将听者辨别能力的训练搞得像结构性很强的个别回合（尽管它们仍然是个别回合）。例如当大家在厨房里做饼干的时候，大人应可让孩子从柜桌上的一组餐具中找出并递过一把调羹。通过使用更多的物件、刺激、自然环境和颜色类别形状相似的刺激等，这种组合应可变得越来越复杂。从 VB-MAPP 有关听者反应的支持性能力清单中，读者还可以发现更多的听者反应的能力。

听者反应 7-M	泛化听者辨别能力（LD），即在一个数量为 8 的随意组合中找一物品的 3 种不同形式（如孩子能找到 3 种不同形式的火车），共达 50 种物品

这一阶段的重点，既要扩展听者辨别能力的数量，也要注重包括名词和动词在内的双重成分的刺激和反应。因为大多数语言行为都包含着多重刺激和多重反应，所以现在的目标是尽快超越单一的区别性刺激和单一的反应。但是，对于新的辨别来说，仍有必要给予单一的区别性刺激。此外，注意在孩子生活的自然环境中以及在其他诸如游戏、故事、美工、音乐和游乐场等与年龄相应的各种活动中培养其听者辨别能力通常来说仍然是非常有益的。随着孩子的进步，应该在听者辨别能力的训练计划中引入越来越多的动词。要帮助孩子建立起对动词的听者理解，最容易的方法莫过于让他跟着指令而做出简单的形体动作。

听者反应 8-M	能在指令下做出 10 个特殊的形体动作（如："让我看看你拍手""你能跳一下吗"）。

孩子能够在语言指令下做出特殊的形体动作是一个十分重要的发展里程碑。一旦孩子能够做出这些特殊的动作，应该把重点放在扩展和加强这种能力，其方法包括帮助孩子泛化这种能力，增加这种能力的数量，辨认他人的动作，提高动作的复杂性，和将这种能力用于孩子日常生活中自然发生的活动中去。例如，在辅助孩子做游戏的过程中要求他摇摇"摇篮中的婴儿"。要注意避免用图片来教动作的想法。对动词成功的听者辨别反应意味着教孩子对动着的刺激（各种动词）而不是对静着的刺激（各种名词）作出区别。例如在一个游乐园可以问孩子，"哪个女孩在跳"图片总是静止性的，图片可以在后阶段用作一种形式的泛化；但如在训练的早期阶段使用图片，这种程序往往会导致形成不正确的对动词的听者辨别能力。在这一阶段同样重要的，是开始将语言指令发展为双重成分的语言刺激和双重成分的非语言反应。一般来说，这一任务最为简单的表现形式，是训练孩子在有关指令下（如："给我鞋和书"）选择两个目标物件（名词加名词）。而下一步通常就是教孩子在有关指令下（如："给

我看看猴子在跳")用一个特指的物品做出一个特指的动作(名词加动词)。

听者反应 9-M	能够遵循 50 个由名词加动词和/或动词加名词组成的双重成分的指令(如:表演宝宝睡觉、推秋千。)

在这一阶段,干预计划可以开始更多地注重语言的其他部分,例如包含各种颜色(红色、蓝色和黄色)和形状(如:圆圈、方块和爱心)的形容词。此外,一旦动词和名词在各种双重成分的任务中牢固地建立起来后(最终会有数以百计这样的任务),语言的其他成分也可望在各种双重成分或三重成分的任务中建立起来。有必要重申:在自然环境中训练和泛化是培养听者能力的一个重要部分。一个正规的个别回合训练环境中往往包含着许多在自然环境中或许并不存在的不利因素,例如被束缚在一个桌子的边上等;而这些额外的因素不消除,泛化也就难以发生。

听者反应 10-M	能够根据所提供的名称而从书中、图片场景、和自然环境选择正确的物品共达 250 件(通过测试或从已知单词的累计清单表明)

一旦听者辨别能力达到这一水平,那就应该如同命名的情况一样,确保这种能力与其他语言能力的平衡发展是极为重要的。在 VB-MAPP 有关章节中,提要求、命名、对话和对功能特性类别的听者辨别能力也应接近 10 分。否则的话,干预重点就应有所转向到对其他技能的加强之上。为了听者反应的进一步发展,对于增加词汇量、教导语言的其他部分(即形容词、代词和介词等)、促进泛化和流利的程度、以及在自然环境中功能性的应用这些技能,都应该给予持续的关注。其他的听者活动可包括开始区分物品的功能(如:"用于切割的""用于登高的")、物品的类别(如:动物、衣服、玩具)和物品的具体特性(如:尾巴、腿、轮子)。

个别化教育计划中听者反应第二阶段的建议目标(仅选择 1 到 2 个目标并且根据个别孩子的情况作出适当调整)。

- 孩子能在指令下至少做出 20 个具体动作。
- 孩子能在自然环境中表现出 25 个不同的听者辨别动作。
- 孩子能在指令下至少做出 100 个包括名词加动词(或动词加名词)的双重成分的反应。
- 孩子能去 10 个不同的自然环境,而在每一个环境中至少拿回或指向 5 个不同的物品(共完成 50 个任务)。
- 孩子能从一个具有相同物品的大组合之中选择或指向 10 个不同的颜色或形状。
- 孩子能从一个具有相同物品的大组合之中选择或指向 20 个不同的形容词。
- 孩子能从一个具有相同比较的大组合之中选择或指向 6 个不同的介词。
- 孩子能至少选择或指向 50 个三重成分的非语言组合(如:形容词加名词加动词或主语加动词加名词等)。
- 孩子能够从书中、图片场景、或自然环境中选择或指向至少 250 件物品。

视觉感知能力和样本配对
（VP-MTS）— 第二阶段

视觉/配对 6-M	在一个 6 件物品的随机组合中，能够配对完全一样的实物或图片，共达 25 件物品

通过配对训练可以建立许多重要的智力方面和语言方面的能力。其中之一就是能够在一个视觉领域仔细地寻找有关物件。刚刚开始的时候，这种视觉领域可能仅仅是桌面上放着一些图片或实物，但以后的目标视觉领域将是自然环境或者表现在视频、图片场景或书中的自然环境。提高视觉扫描能力的最简单的方法，是要求孩子用一个视觉样本与放在一个自然组合中的目标物件相配对。而到了以后，这种视觉样本不会再明摆在那里，孩子得在同样的自然组合中去找同样的目标物件，而他所得到的是语言指令（即区别性听者辨别和对功能特性类别的听者辨别）而不是视觉刺激。这样，配对训练不仅可以教学生懂得物以类聚的道理和对事物进行分类的方法，而且可以教学生学会如何去寻找和发现那些不在当下的物品。

如果一个孩子达到了目前这一里程碑，那说明他能够从视觉上来综合周围环境中的物品。在这一孩子的发展过程中，这是一个重要的技能并且对他有多方面的价值。现在的重点应该是增加配对项目的数量和提高组合的范围及其复杂性。配对训练的一个重要目标是教孩子去扫视或仔细观察物理（非语言）世界。实现这一目标的一个方法，就是开始用包含有相似刺激的组合（如：将一个调羹与一个同时又包含刀和叉之组合中的调羹相配对）。此外，这种训练也要开始包括将不完全相同的物件相配对，其例子包括具有不同颜色和种类的袜子、玩具车、和鞋子等。在 VB-MAPP 中有关视觉与配对的支持性能力清单中，读者还可以发现与以下各个层次相应的各种视觉与配对能力。

视觉/配对 7-M	能按照所给的范例对相同的颜色和形状进行配对，共达 10 种不同的颜色或形状（如：在得到红色、蓝色和绿色的碗以及一堆红色、蓝色和绿色的小熊时，孩子能够按照颜色对物品进行配对）

对颜色形状进行配对往往意味着孩子开始表现出对物件进行归类的能力。以后，孩子还将学到对动物、玩具、车辆和食物以不同的方式归类，而通过完全同类配对及其后的同类而不同样配对的形式对其他范畴的归类也应成为训练计划的一个部分。此外，在一个包含相同刺激（物品都在某一方面有类似之处）的大组合中将双维物品（图片）和三维物品（实物）进行配对以及对相关而不相同的物品进行配对也要成为视觉感知/样本配对训练程序的一个部分。有各种自然环境和游戏活动可以用来提升这种能力，其例子包括配套玩具、拼图、游戏、玩具与积木的组装，和美工活动等。

视觉/配对 8-M	在一个数量为 8 的随机组合中而其中另有三样相似物品，孩子能够将同样的东西或图片进行配对并且共能进行 25 个这样的配对（如：将一只狗和在同时又包含着猫、猪和马的组合中的一只狗进行配对）

一个孩子可以对相似刺激物进行辨别的能力表现出了他有很好的扫视能力。而这些能力在以后会成为更高级的听者辨别能力和对功能特性类别的听者辨别能力各种任务的一个部分。先用像完全相同配对的简单方法，然后又以同类而不同样配对、相关联系配对、双维与三维配对等方法来帮助

孩子建立起坚固的扫视技能，那将是最好不过的。这一阶段中的各种错误，将充分预示以后与听者辨别能力和对功能特性类别听者辨别能力各种任务有关的相应潜在问题，因为后两方面都会要求扫视能力。而最高的目标，则是要建立一种"泛化了的配对技能"。也就是说，一个孩子一旦接到任何样本，他马上能够找到最接近的配对。

视觉/配对 9-M	在数量为 10 的随机组合中对同类而不同样的实物或图片进行配对并且配对总数为 25（如：将一辆福特卡车与一辆丰田卡车进行配对）

在这一阶段的孩子，其配对技能应该是已经很好地建立起来了，从而重点应该转向更多地对书本中、场景中、和自然环境中的情况进行配对以及将二维对象与三维对象进行配对。这个孩子离泛化了的配对技能应该已经不很遥远了。这一阶段的组合应该是既比较复杂同时又包含有多样的相似刺激。

视觉/配对 10-M	在数量为 10 而其中包括 3 个相似刺激的随机组合中，能够对同类而不同样的实物（三维）与图片（二维）或其相反秩序进行配对，并且配对的总数为 25 组

现在的重点应该是扩展与泛化配对能力，并将这些能力转化为听者技能。以下几种方法可以用来扩展配对技能，其中包括增加样本和比较物品的不同样的方面，要求多项比较物品，以及增加组合中相似刺激的范围和数量从而使得组合更为困难。例如，如果让孩子看了一张锤子的照片后孩子就能从桌子上找到锤子。一个更为困难的任务可以是让孩子看锤子的轮廓而非其照片，同时又把一把真实的锤子放进一个包含有其他不同工具的乱糟糟的工具箱。这一特殊任务使得孩子可以将样本刺激随身带着，也就是说孩子可以拿着这张图片一直到他取得工具箱为止。以后，这张图片可以不再需要，而区别性刺激可以转化为一个由语言来表达的区别刺激，如"你能够帮助我找到一把锤子吗"（现在，这就成了一个听者辨别任务了）。很显然，这是一个更为复杂的任务。然而，如果孩子可以在自然环境中扫视一个复杂的组合，教导者又花功夫仔细地将视觉刺激（那个图片样本）转化为语言刺激（关于"锤子"的话），这更为困难任务的成功概率也就大大增加了。

个别化教育计划中视觉和配对第二阶段的建议目标（仅选择 1~2 个目标并且根据个别孩子的情况作出适当调整）。

- 在一个有 10 件物品并且其中至少有 3 件相似刺激的组合中，孩子能对同类而不同样的实物和图片进行配对，并其数量至少达到 200 个。
- 孩子对互相有关的物体进行配对并其数量至少达到 25 个。
- 在一个至少有 10 件物品并且其中至少有 4 件相似刺激的组合中，孩子能对同类不同样的实物到图片或图片到实物进行配对，并其数量至少达到 200 个。
- 孩子能完成 50 个不同的其中至少包括 6 件不同成分的积木组合、拼板、形状拼图或类似的任务。
- 孩子能够完成 25 个其中至少包括 3 种不同成分的图形或者顺序。
- 孩子能够将 100 个同类同样或同类不同样的物品与图画、书本或者自然环境情景中的相应物品进行配对。

独立游戏 — 第二阶段

游戏 6-M	能寻找玩具中的遗失部分或对应的玩具或一套玩具中的某个成分共达 5 个或 5 套玩具（如：一块拼图板、一个投掷玩具中的球、一个玩具娃娃的奶瓶）

当一个孩子开始无需大人辅助就去寻找玩具中的遗失部分时，这就表示动机操作（MO）是控制游戏的根源，而找到想要的物件有自动强化的意义。这样，该行为就应该在没有大人辅助和人为强化的情况下发生（即"独立游戏"）。不过提供直接的辅助和示范游戏动作，以及用强化来进一步加强这类和其他的游戏行为仍然是重要的。在这一阶段，玩具和活动的新奇性和多样性能够使得游戏行为具有娱乐性（自动强化的性质）。通过游戏也可以帮助语言的互动。当一个孩子感到轻松并且享受乐趣的时候，他就更有可能自然地发出声音。教导者应该向孩子提供各种机会使之体验各种具有因果的活动，例如盒子里的杰克、气球里冲出空气、玩具风车随风而转、或者小球顺着架子往下滑等。这些活动也提供了共同探索的机会。在这一年龄阶段的普通发展的孩子往往会用这些玩具玩上几秒钟或者几分钟，然后走开去玩其他玩具。在 VB-MAPP 中有关独立游戏之支持性能力清单的部分中，读者还可以发现适宜得分于这一阶段孩子的其他活动。

游戏 7-M	能独立地表现出按照其功能而使用玩具或者物品共达 5 项（如：把一辆火车放在轨道上、用手拉小车、将电话放在耳朵旁）

此刻的重点应该是通过提供各种机会使孩子接触各种实物和活动而增加其游戏活动的频率与变化。可以用示范来为孩子显示如何操作一个玩具，然后辅助孩子自己去独立地摆弄这一玩具，并且在他如此游戏时提供社会性强化。这时的强化可以非常简单如坐在孩子的边上，与其进行目光接触、微笑或高声大笑、并且提供关注和肯定。尽管最后的目的是让孩子自己开始游戏活动并从中得到自然的强化，但对许多孩子来说有时还是需要提供直接的示范、辅助和强化。孩子还得要有机会接触各种玩具和包括不同部分的成套玩具（如：各种积木、插轴、土豆头先生、小人群众、动物圈等）。"游戏"可以包括任何物品和活动，如果能够免用"玩具"而进行游戏也很有价值（例如用毯子做成的帐篷、用鞋当作电话、将袜子作手套戴、以及用橘子和苹果从架子上往下滑等）。

游戏 8-M	能够使用日常物品而有创意地进行游戏共达 2 次（如：把一个碗当作鼓或者把一个盒子当作想像的汽车）

普通发展的孩子往往似乎是整天都在玩。不同游戏活动的范围是非常广泛的，而每一个孩子却可能有其几种特别喜欢的活动。如前所述，这些游戏活动有助于一些重要行为能力的发展，例如想像力、对精细和粗大动作的控制、从部分到整体的完成、视觉辨别能力、和解决问题能力等。有许多种游戏在这时开始出现，这些游戏并不依赖正规的玩具，而仅仅包括以不同方法来玩通常的物品而使得孩子从中得到乐趣。而孤独症孩子往往难以从这种创造性游戏中得到乐趣，从而尽早提升这种些游戏能力就显得至关重要。变化多样是非常重要的，因此，一种物品可有不同玩法（如：调羹既可以用作敲鼓的棒槌也可以用于喂东西给玩具娃娃吃），而一种活动也可以使用不同的物品（如：为了敲鼓可以使用铅笔、长勺或玩具房子木条来作为鼓槌）。这时的目的是让孩子懂得如何享受乐趣，而所用之物不一定非得是从市场上买来的玩具。此外，注重变化和想像游戏有助于防止重复性刻板性

游戏的发生。

| 游戏 9-M | 能够使用活动建筑与操场上的游戏设备独立地游戏达 5 分钟（如：滑滑梯、荡秋千） |

体育游戏对于一个孩子有多方面的重要性。除了对健康有好处以外，早期孩提时期社会行为的一个重要部分就是体育游戏活动，其中包括在操场上、游泳池内或活动中心里（如：有些快餐店里的活动建筑）的各种活动。如果一个孩子能够先以独立游戏的形式而完成有些相关活动，这将对他具有社会意义。例如，假如有些其他孩子在快餐店活动建筑中爬进爬出其中的管道而目标孩子却不能爬过或者害怕这种管道，那他就会失去这个跟随或者融入其他孩子的可能性社会交往机会。而如果这孩子事先掌握了这一游戏技能，他就更有可能自然地参与发生在这些场合的自发性社会游戏。如同在其他许多游戏中的情况那样，可能有必要先为孩子展示游戏方法或为其提供形体辅助，然后再逐渐地消退大人的辅助和强化。

| 游戏 10-M | 组装具有多样部件的玩具共达 5 套不同的材料（如：土豆头先生、小人组合、玩具臭虫和 K'Nex 组装玩具） |

随着孩子慢慢长大，他们花在单一活动中的时间一般也会逐渐延长。他们的兴趣也会变化，有些东西例如看到一整套玩具（如：小人们的池边派对）或者获得所有的玩具部件（如：土豆头先生的胳膊、腿、耳朵、眼睛、和帽子等）会成为更有力的强化物。这些游戏活动会促进许多重要的能力，如持久性、对任务的关注、配对能力、想象力、精细动作能力、和手眼协调能力等。如同在体育游戏中的情况一样，这些能力对于社会性互动有其价值意义。在一定意义上，具有良好游戏能力的孩子"为社会场合添砖加瓦"。一个例子是假如目标孩子懂得如何组装火车玩具，而他的伙伴却不会组装或者因为在这方面不行而可能得益于目标孩子的技能，那么这一能力就有其社会价值了。与体育游戏相比，含有组装要求的游戏在开始时也许要有大人更多的辅助、示范和强化，但目的还是要向独立的方向发展。

个别化教育计划中独立游戏第二阶段的建议目标（仅选择 1～2 个目标并且根据个别孩子的情况作出适当调整）。

- 在一个星期中，孩子至少能有 10 次自然地进行假装或想象游戏（有时与相关语言行为一起出现）、角色扮演、表演日常生活、电影电视、或其喜欢的活动。
- 孩子能够进行涂色、画画、作图、剪纸、粘贴、胶纸、穿珠、橡皮泥等美工活动达至少 5 分钟。
- 孩子能够重复 5 种粗大动作的游戏行为以获得更好的效果。
- 孩子能够组装 10 个有多项部件的玩具。

社会行为和社会游戏 — 第二阶段

社交 6-M	发起与同伴的形体互动达 2 次（如：推小车、手握手、拉手唱歌跳舞）

　　如果一个孩子能够注意同伴、模仿同伴、并且愿意与同伴互动，但却并不具备必要的语言能力，那他可能会用负面行为来作为社会交往的一种形式。在这一阶段的社会发展中，将重点放在教孩子与其同伴进行简单的语言互动是非常重要的。与同伴之间的成功互动也能减少社会焦虑和离群索居的可能性。孩子之间最具功能性的早期语言行为是提要求。命名与对话当然也很重要，但这些语言形式更为复杂，而其出现也相对更晚。孩子必须学习四种与提要求有关的行为，其中两种是说话者行为而另外两种是听者行为。作为说话者，孩子必须学会：① 向其同伴提要求以得到强化物（如：寻求跷跷板的伙伴）；② 要求同伴去除自己不喜欢之物（如：赖在秋千上而不愿意换位）。作为听者，孩子还必须学会：③ 回应同伴的要求而向他提供强化物（如：骑上跷跷板一起玩）；④ 回应同伴的要求以去除其所不喜欢之物（如：从秋千上下来）。这些行为比较复杂，因为像其他提要求行为一样它们受到各种动机因素的制约而有可能难以发现与控制。更为复杂的是如何教孩子在有某一动机时而却表现出恰当的社会行为（如：不能用打人的方式来获得上秋千的机会，或者非常软弱地将强化物缴给同伴）。

　　在教一个孩子掌握这四种提要求技能之关系的过程中，最为简单的一种就是让他向一个同伴要求一件喜欢的物件。为此，必须设计一种环境而在其中执行向同伴提要求的程序。因为这时的目标是使得社会行为在同伴间前因和后果条件下发生而不是在大人控制下发生，所以在教育这种行为的过程中逐渐撤消大人的辅助（如：提醒"向玖玖要软糖呀"）和强化（如："大家分享，很好！"）是非常重要的。如果大人一直控制着社交条件，那么孩子自然向同伴提要求的的目标就很难实现。读者在 VB-MAPP 有关社会行为和社会游戏的支持性能力之清单的相关章节中还可发现如何进一步提升社会行为其他方面的各种活动。

社交 7-M	自发地向同伴提要求达 5 次（如："该我了""推我""看""过来"）

　　一旦孩子开始自发地向同伴要求自己喜欢的东西，就可以教他其他三种与提要求有关的技能了。回应同伴的要求，对有些孩子来说非常容易，而在其他孩子那里可能非常困难。这时的任务是训练孩子在没有大人辅助的情况下能够注意到同伴的要求（如："推我"）并且对此要求作出非语言的反应（如：推一个在小车上的同伴）。这种行为技能听起来容易但做起来难。目标孩子可能不愿意去推同伴，不理解同伴的要求或不知道如何去推小车上的同伴，他的注意力可能是自己想得到小车，或其注意力集中在其他什么活动上。训练一个孩子向同伴提要求比教他去回应同伴的要求会更快些，因为从前一种行为中孩子可以得到什么，而从后一种行为中孩子不一定能够得到什么（如：即使是大人往往也会忘记强化别人回应他们的要求）。提要求以去除自己不喜欢之物和回应同伴的要求以停止一种行为或者归还一个物品同样也更为复杂，但在有效的社会交往中这些都是必要的成分。通常所谓的"轮流机会"和"互相分享"都包含着这些有关提要求的基本成分，同时也包含着 VB-MAPP 中关于社会行为和社会游戏的支持性能力之清单中所指出的其他能力。游戏环境可以提供许多机会来教这些关于提要求的技能以及去提升社会行为的其他方面。鼓励与协助孩子与同伴之间的持续游戏将为社会技能的发展提供机会。

社交 8-M	在没有大人辅助和强化的情况下，能持续地与同伴们进行社会游戏达 3 分钟（如：一起合作摆好游戏玩具、玩水）

如果目标孩子能够进行包含想象力或仿说行为以及提要求乃至命名等合作性社会游戏，这时的重点可以逐渐地转移到训练他向同伴提要求、轮流、分享、以及初级的对话行为。另外，也可以引入创造性和想象性游戏的各个方面以使得孩子能够超越具体的游戏。一个孩子如果能够逐渐地增加参与社会性的游戏而同时减少对大人辅助的依赖，那就表明他已经可以在更为松散和自然的环境中与"玩伴"进行社会互动。而更为复杂的社会能力则仍然需要一个较有结构性的环境才能建立起来。

社交 9-M	自发地回应来自同伴的要求达 5 次（如："把我拉进小车""我要那个火车"）

一旦一个孩子能够向同伴提要求或者回应同伴的要求，其他更为复杂的语言与非语言互动行为就可能自然而然地发展起来。许多所谓的"友谊"就包括有提供强化物（包括关注）和去除其痛苦。提要求可以达到这个目的。一旦一个同伴变成条件性强化，孩子将模仿他的行为作为乐趣，从而从中学习新的行为。想要与其他孩子相处是一个极为不易的过程。因为其中包含着许多复杂的因素（即有效的社会交往所赖以形成的许多复杂的语言、非语言和听者能力），所以许多正常发展的孩子也难以进行成功的社会交往。如果一个目标孩子能够成功地向同伴要求强化物，这就增加了他能够"邀请"同伴参加其活动、与其相处、或与其合作进行社会游戏或互动的机率。在这个重要的社会过程的开始阶段，用具体的教学程序来辅助和强化一个目标孩子使之能够在活动中包容其他孩子将极具价值。

社交 10-M	能够自发地要求同伴一起参与到各种活动和社会游戏中去达 2 次（如："大家来玩吧""让我们来挖个小洞"）

对大多数患有孤独症或其他发展性障碍的孩子们来说，这个里程碑是重要的一步。它表明对各种社会交往来说极为必要的动机因素在起作用并有效地产生了语言行为，而这些行为又可导致情感与社会性的进一步发展。语言行为是社会行为的关键成分，所以应该利用各种机会来鼓励孩子们在社会游戏中进行语言互动。一旦孩子能够互相模仿和互相提要求，其他各种语言交往就可以通过社会游戏而得到发展。描述游戏中的活动是一种命名，但它也包括提要求和对话行为的成分。从而，这是一种复杂的行为形式；它只能在这个阶段才会开始出现，然而却应该得到鼓励。例如一个孩子说："我像一个蜘蛛人一样在用手撒网"（这是一种命名，但同时也在要求关注）。而第二个孩子也回应说哦"我也是，看我的！"（一种对话和提要求）。从而，这就形成了就同一话题而进行语言交流的开始，同时也代表了一种非常健康的社会行为。目标孩子在这种与同伴的语言与非语言互动中所花的时间越长，对他来说社会行为变得越来越容易和有效的机率也就越大。在这一阶段，把教育程序重点放在通过合作而得到某种结果、分担责任、轮流机会、通过要求信息的语言交流以及孩子间的对话行为等，将成为计划中非常重要的组成部分。

个别化教育计划中社会行为和社会游戏第二阶段的建议目标（仅选择 1~2 个目标并且根据个别孩子的情况作出适当调整）。

- 孩子平均每天至少能有 25 次自发地向同伴们提出要求。

- 在一天中，孩子能自发地回应同伴们提出的要求达 25 次。
- 孩子能与同伴进行合作性、创造性或者体育性的游戏活动至少达 5 分钟。
- 孩子平均每天至少能有 25 次自发地用问题、指向和指令等形式向同伴们提要求（如："这是什么？"、"你的中午饭在哪里？"、"来呀，把你的自行车拿去吧"）。
- 在一天中，孩子至少能有 5 次在没有辅助的情况下与同伴们轮流机会和分享强化物。

动作模仿 — 第二阶段

模仿 6-M	能够模仿 10 个动作，而每个动作都要求从一个组合中选择一个具体的物件（如：从一个包含有喇叭与铃铛的组合中选择一个鼓锤并且模仿大人敲鼓）

得分处于这一阶段的孩子可能在学习模仿他人的行为，但这种模仿行为可能仍然处在大人的多重语言辅助的控制之下，例如"这样做"。正规的模仿技能训练对孩子有几个方面的重要作用。例如，模仿训练能够帮助孩子注意别人的行为（许多孤独症孩子在这方面有严重缺陷），同时也可以成为一个有力杠杆训练其他诸如游戏、自我照顾、集体反应、配合能力和社会能力等行为。模仿也可以加强各种粗大和精细动作技能以及促进体格。这一阶段的目标是鼓励孩子自发性的模仿和在自然游戏与社会（集体）环境中模仿他人。除此之外，大人还要注重增加孩子不同模仿行为的数量以及教孩子更为复杂的使用物件的模仿（如：用积木搭房子、刷牙以及穿鞋），和教孩子在日常自然环境中进行有功能意义的模仿。同时也要鼓励动作模仿与语言模仿（即仿说，如：假装睡觉并且打呼，假装开车并说"嘟嘟"）。在 VB-MAPP 有关模仿的支持性能力之清单中，读者还可以看到适宜于这一阶段以及其后阶段的其他各种模仿活动。

模仿 7-M	在"这样做"的辅助下模仿 20 个不同的精细动作（如：摆动手指、拧、握拳、做蝴蝶）

模仿细小动作的能力有助于创造条件使得其他一系列技能得以发展，如自我照顾、吃、画画、写字、将不同东西相接和组装物体等。以后，模仿会开始自然而然地发生和经常地发生。如是，则模仿应该慢慢地不再成为日常干预计划中的正式目标（如：在强化的个别回合训练中那样的目标）。对许多孩子来说，像别人那样地行为会变得具有自动强化的性质。事实上，在发展动作与语言模仿方面的一个基本目标是自动强化的建立。正如在普通儿童发展中的情况一样，维系仿说与模仿行为的强化物应该从人为设计的强化物逐渐地转化到自然或自动的强化物。开始时，孩子们可能需要训练才会去模仿别人；但到了以后孩子们模仿别人的原因是模仿行为之本身自动地产生了强化物。当孩子自然而然地模仿大人时（如：在电话上聊天、梳理自己的头发或者把一个娃娃放到摇床里），这个道理是显而易见的。像爸爸妈妈那样地行为、像电影电视里的人物那样地说话、或者跟随自己的同伴，都是很开心的。在游戏和社会活动中，模仿也常常导致自然的或者说非人为设计的强化物，例如一个"翘大拇指"引发了一个交互性的"翘大拇指"以及得到了来自他人的强化。许多类似这样的模仿性能力都可以在自然的环境中通过与孩子年龄相宜的活动而得到进一步的提高，这些活动可以包括互动性地唱歌和促进动作模仿的游戏（如："头肩膝脚"之歌和"摇摆舞"之歌）。这一阶段的目标应该是逐渐撤消语言辅助、增加行为的复杂性和重视在自然环境中的模仿。

模仿 8-M	在"这样做"的辅助下,模仿 10 个不同的有三步顺序的动作(拍拍手、跳一下、摸脚趾;拿起娃娃,把她放进摇床里,摇摇床)

一旦孩子已经学会关注与他人并且模仿其行为,许多其他的教学部分就会变得更为容易。例如,一个大人对孩子说"我做给你看"并示范将食物放进喂鸟食盘里,其后孩子也能不用特殊训练就把食物放进喂鸟食盘里,这种模仿能力就开创了新的学习机会。这一阶段干预的重点应该包括,增加孩子模仿行为的种类、建立与其发展程度相宜的模仿行为的长链以及继续在功能性和自然性环境中促进孩子的模仿行为(如:学做物品、美工项目、自我帮助活动、想像性游戏与增进体格的活动)。

模仿 9-M	能够在自然环境中自发地模仿 5 个功能性的技能(如:用勺子吃东西、穿衣服、脱鞋)

如果一个孩子能够在自然环境中自发地模仿他人的行为,那他就在掌握模仿技能方面达到一个最重要的里程碑。这个孩子可以开始仅仅通过察看其他人是如何完成任务的而学习各种新的行为或完成各种任务(观察性学习)。这也很好地表明这个孩子可以在一个更为宽松的环境中学习。这一阶段的重点应该在于确保这种模仿行为得到强化,为孩子提供各种机会去模仿更多的功能性行为,而其一般的目标在于发展出一种泛化的模仿技能。

模仿 10-M	在大人使用或不使用实物示范任何新的动作后,能够模仿(或者试图近似地模仿)这种动作(这也就是所谓的"泛化的模仿能力")

有些能力最后都应该成为"泛化了的技能",而动作模仿、仿说、配对、抄写文字等都属于这种能力。也就是说,孩子无需进一步的训练就能够模仿任何新的动作、声音、姿态或者语言。一旦孩子已经学会了去模仿别人,他往往能够在第一个回合就发出新的模仿性行为,从而表现出泛化的模仿能力。这个孩子就已经学会了如何模仿。这种技能对任何人都可以是非常有用的。一个孩子如果达到了这一能力程度,那他就更有可能融入一个更为宽松的环境之中。在学习、社交、娱乐、和社区活动中,模仿能力一直都会非常有用。在家庭环境中,模仿对于促进自我照顾技能和训练简单的日常生活能力(放好桌子准备吃饭、将东西放好、喂狗、穿衣服)来说,都是一个颇具价值的工具。在这一阶段,语言行为的教学大纲中不一定非得包括进一步的有关动作模仿的个别化教育目标,但是功能性的模仿仍然应该成为孩子日常活动的有机部分。

个别化教育计划中动作模仿第二阶段的建议目标(仅选择 1~2 个目标并且根据个别孩子的情况作出适当调整)。

- 孩子能够在一个 15 秒的流利程度测试中模仿 5 个新的动作。
- 孩子至少能模仿 25 个有三步程序的动作。
- 在一个没有结构的想像性活动、游戏环境或其他自然的环境中,孩子能够自发地模仿他人以创造一种相应的效果,至少达 5 个不同的活动。
- 在第一个回合中,孩子就能够模仿任何新的动作并且共能够模仿 25 个这样的动作(泛化的模仿性行为)。

仿说（EESA 测试领域）— 第二阶段

| 仿说 6-M | 能够在 EESA 的测试领域至少得 50 分（其中在第二组中至少得 20 分） |

在这一阶段的分数表明，一个孩子能够在得到指令时控制自己的发音肌肉。这时的重点应该是用社会性强化自然语音的方法来加强这一技能的力度并且注意培养更多音节的仿说行为。大人如果在一个游戏环境中（即将声音与强化物相结合）教仿说能力可以得到更多的成功。另外，为向仿说性行为提供某种基础而加以视觉辅助（如：在试图帮助孩子改善关于"球"的仿说时拿一个球给孩子看），可能也会有所帮助。这时的目标还包括增加孩子的发音以及帮孩子将其已知仿说转化为提要求、命名和对话。

| 仿说 7-M | 在 EESA 的测试领域至少得 60 分 |

对一个在这一阶段得到 60 分的孩子来说，正规的仿说训练将越来越不再是其干预程序中的具体目标。这种训练将融入到所有其他的语言活动中去（比如提要求训练和命名训练将包括对较好的发音进行区别性强化）。不过,处于这一阶段的孩子也有可能继续得益于意在提高其特殊发音的正规语言矫正治疗。

| 仿说 8-M | 在 EESA 的测试领域至少得 70 分 |

在这一阶段，仿说技能对孩子来说应该是非常的功能性的。也就是说，因为这个孩子能够很快地学会去模仿一个新的字并且将这个新的字转化为一个新的要求或者命名，所以他能够更快地掌握新的提要求和命名。具体的发音错误应该继续由语言矫正师来处理。

| 仿说 9-M | 在 EESA 的测试领域至少得 80 分 |

一个孩子得如此分数，则他应该是趋向于掌握泛化了的仿说技能。也就是说，他应该已经能近似地仿说绝大多数新的语音。这时的重点应该是继续慢慢地通过塑形去改善其反应的形式。

| 仿说 10-M | 在 EESA 的测试领域至少得 90 分（其中至少有 10 分是来自于第 4 和第 5 组） |

这一得分代表了仿说行为的目标即一种"泛化了的仿说技能"：这时孩子对几乎任何语字或者短语进行非常接近的模仿。从年龄发展上说这一阶段相当于 30 个月左右。几乎所有处于这一年龄的孩子都可能发出有些陌生人难以理解的字词，但日常的实践会慢慢地造就其更好的发音。如果能将每一节课或者每一次语言互动都视为帮助孩子改善其发音的机会，那将会很有用的。

个别化教育计划中仿说第二阶段的建议目标（仅选择 1～2 个目标并且根据个别孩子的情况作出适当调整）。

- 在指令下，孩子至少能模仿 50 个包括 2 个或更多音节的元音加辅音的组合，或者由两个字组成的短语。
- 在指令下，孩子至少能模仿 100 个包括 3 个或更多音节的元音加辅音的组合。

对功能、特性和类别的听者反应（LRFFC）— 第二阶段

LRFFC 6-M	根据每次展示的 5 之组合中的一个食品或饮料（其他还有 4 个非食品或非饮料的物件），并在"你吃的东西……"和"你喝的东西……"的语言填空指令下，能够选择 5 个不同的食品或饮料。

训练孩子对功能、特性和类别的听者反应能力有两个方面的重要价值。一是发展其更为高级的听者反应能力，而这一目的可以通过各种形式的功能特性类别的听者反应来实现；二是发展孩子的对话行为。如果一个孩子在对功能特性类别的听者反应方面的得分处于这一阶段，那么对他的功能特性类别的听者反应能力的干预计划应该注重于其听者反应能力，而不是对话能力（这一方面的干预开始得较晚）。对这个孩子对功能特性类别的听者反应能力训练的一个方面的目标，是用系统的方法来帮他学会正确地回应越来越复杂的语言刺激。

在超越了一般听者辨别（LD）训练之后的第一层次的复杂性在于，功能特性类别的听者反应的技能部分地是建立在以下的前提之上：人们常常提及但又并不直接地命名环境中各种事物和事件，而只是这样那样地来描述这些事物与事件。将这些描述分类为功能、特性和类别是一种比较粗浅的区分方法（除此之外还可以有其他描述事物与事件的方法），但这种区分方法的确可为评估与干预提供一般的方向。这时的语言刺激也在另外一个方面变得更具复杂性：语言的陈述包含有更多的部分（如："找出一个既生活于水中又生活于陆地上的动物"）。第三个方面是内容变得越来越复杂（如：日常的衣着对马达的部件）。评估的程序中融合了这些程度更高的复杂性。

由于各种食物和饮料往往具有强有力的动机因素，而且一个孩子也会常常接触到像"吃"和"喝"这些字，所以对功能特性类别听者反应能力的评估把食物和饮料作为其最开始的里程碑。其他各种具有较少动机因素的种类往往要到语言发展的稍后阶段才出现。如果一个孩子在大人没有直接命名食物或饮料而是用类别来描述它们的情况下也可以找到这些食物和饮料，那么下面一步就是进入到用动词和功能以及常用名词来完成一个填充句子。为能成功地完成这一任务，这个孩子必须已经能够确认各种动词和名词（作为命名和听者辨别）以及动词加名词（或者名词和动词）的组合。例如，假使一个孩子不会命名一个会转的物体或者不具备与此相关的听者辨别能力，则他将难以学会如下的功能特性类别之听者反应技能：当大人问他："你转的东西是……"他能够（不是死记硬背式地）选择一个陀螺。如果有些孩子的听者辨别技能较强而命名技能较弱，他们也许可以成功地完成这些对功能特性类别的听者反应，但是要注意别让其听者辨别能力太超前于其说话技能，这一点很重要。从而这时干预的重点，应该是教孩子去确认那些他们以前通过命名与听者辨别技能业已了解的但现处于不同的和更为复杂的语言刺激控制之下的物件。在 VB-MAPP 关于功能属性类别听者反应的支持性能力的清单中，读者还可以参考各种相关的具体活动和复杂技能的顺序。

LRFFC 7-M	在听到任一关于功能特性类别之听者行为的需要填空的陈述时（"如你可以坐在上面的……"），能够从 8 个物品的组合中选择一件正确的物品完成填空，共达 25 个不同项目

得分处于这一阶段的孩子刚刚开始发展其更为高级的听者能力。这一阶段的重点应该是：①通

过引入新的功能特性类别听者反应之关系的填空句（数量可以达到数百之多）而扩展这一技能；②逐渐过渡到与 WH 有关之问题的形式；③从已经知道的物件从泛化到这些物件的变化形式；④泛化到不同的人物；⑤用新的传动语；⑥使用不同的语气、音量和语调等；⑦增加组合中的物件数量。可能最为重要的是，进行关于功能特性类别听者反应的训练可以教孩子去更仔细地注意复杂的语言刺激，而这是一个对于以后对话能力发展具有重要意义的能力。

可以继续引入填空陈述的新的物品，但应尽快进入包含特殊疑问词的问题或进入到孩子可能遇到的更为自然的陈述（填空式的陈述在自然对话中不常发生，故可视为一种在一定时候应该予以消退的辅助）。例如，不是说"你可以乘坐的……"，现在可以用接近孩子的欢快声音说，"嗨莱恩，我们马上要乘坐的是什么"（在消退过程中或许可以先强调"乘坐"这一步骤）。功能特性类别之听者反应可以提供极佳机会来发展语言刺激控制，成为在自然环境中实施的有趣程序。要将已经学会的内容融入游戏与社会活动、集体指令、美工，以及其他教室与家庭活动中去。在此阶段也可引入其他特殊疑问句如"哪里""哪一个"和"谁"等。再说一遍，对这些任务在开始时可以填空形式教几个回合，然后很快地过渡到特殊疑问句的形式。

LRFFC 8-M	听到与功能特性类别之听者反应有关的含有"什么""哪个"或"谁"的动词和名词问题时（如："你乘什么""什么会叫""谁会蹦跳"），能够从 10 个物品的组合中（或从一本书中）选择正确的物件，共达 25 个不同物件

当一个孩子学会新的命名和听者辨别反应后，应该迅速将这些内容纳入到功能特性类别之听者反应中去。泛化仍是功能特性类别之听者反应发展的重要方面，从而应成为每天训练的一个部分。这一阶段的另一重要方面是开始努力发展语言刺激的类别，其中不同的语言区别性刺激引起孩子选择同一物品（如："你乘什么？""什么东西有轮子？"）。并应开始将这些组合纳入到场景、书本和自然环境中去。

LRFFC 9-M	在听到有关一个物品而分别表述为三个不同的语言句子（如："找一个动物""什么会叫""什么有爪子"）时能选择这个物品，去能如此选择 25 个物品

根据关于一个物品的不同陈述而选择一个特殊的物品，有多方面理由可以说这种能力非常重要，并且应以不同的方法来持续与之有关的训练。相关的教育程序称为多样本训练即结合许多不同的刺激和反应的正反例子来帮助孩子建立概念、发展辨别和消除错误和死记硬背。例如，如果一辆消防车呈现在一个组合之中，一个孩子应该能在听到许多不同陈述时（如，"找一找红色的车""消防员开什么车""用什么去灭火"）选择消防车，而在听到其他陈述时（如，"什么东西在天上飞""什么东西在水上漂"）不选择消防车。重要之处在于，这一能力要在不同的物品和活动（如动物、人、玩具和衣服）之处得以建立，从而确定关于语言刺激和反应的泛化是在发生。另外如下所述，功能特性类别之听者反应为对话的发展打下了良好的基础。

前面说到关于功能特性类别的听者反应技能的第二个有用之处是它有助于促进对话行为。这是因为在功能特性类别听者反应技能训练中的语言刺激与对话关系中的语言刺激几乎完全相同。例如，假如在功能特性类别听者反应技能训练回合中的语言刺激是"你用什么画画？"而后孩子摸摸蜡笔；完全相同的语言刺激也可以发生在对话之中，只是这时孩子不再是摸摸蜡笔（一种非语言反应），而是说"蜡笔"这个词（一种语言反应）。许多孩子将开始在功能特性类别听者反应技能训练回合中自发地命名组合中的非语言目标刺激物。这种情况很好地表明对此孩子可以进行更为广泛的对话训练，并且从功能特性类别听者反应技能向对话行为过渡的操作程序也很有可能会有效。在这一阶段可能实施的具体的功能特性类别听者反应能力包括从一个类别中选择多个项目（多种样本的训练）、流利的活动（限定时间的反应而重点在于快速反应），更多地利用书本和自然环境以及过渡到由形容词加名词多种成分组成的语言刺激。

LRFFC 10-M	能够在 50% 的与功能特性类别之听者反应有关的训练回合中自发地命名之物品（如：在听到语言指令"找一个动物"并看到一个包含狗的图画的组合时，孩子能够说狗）

如果一个孩子达到这个里程碑，就可以对他进行更为强化的对话训练了。在功能特性类别之听者反应的发展方面，物件组合和语言刺激应该继续地趋于复杂。物件组合中应该开始包括在形状、颜色、大小、功能、类别或质地等任一方面相似的刺激物。现在的任务是要开始使得孩子难以发现目标物件（就像在"探宝"游戏中那样）。这种活动会加强孩子的注意力和视觉扫描能力，而这些能力在人类行为的许多方面（如：社会行为、体育活动、自我照顾和职业技能）扮演极为重要的角色。各种语言刺激也应该开始包括更多的成分，诸如为了区分各种选择而为物体提供两三种特性或功能。例如说，"找出一个大的喜欢水的动物"与"找出一个小的喜欢水的动物"相对应。

关于过去与将来的语言能力也可以通过功能特性类别听者反应的形式来得到发展。举例来说，假如一个孩子早些时候在学校看到一辆救火车，有关功能特性类别听者反应的任务可以包括向孩子提供一个包括救火车图片的组合并问他："今天你在学校里看到了什么"有关顺序的技能，也可以通过相似的方式而加以发展。例如，在关于功能特性类别听者反应的训练回合中可以向孩子展示一个包括浴巾的组合并提供语言刺激："你洗完澡之后需要什么"最后，需要持续不断地注重在自然环境中的泛化训练、引入新的主题、以及使得训练回合变得有趣自然和对孩子有相关性。

个别化教育计划中训练对功能特性类别作出听者反应的第二阶段的建议目标（仅选择 1～2 个目标并且根据个别孩子的情况作出适当调整）。

- 从不同的唱歌填充、动物叫声、或者吃与喝的类别中，在一个数目至少为 8 的组合中，孩子能选择正确的物件，共达 25 项。
- 从不同的名词加名词的组合、动词加名词的组合、和动词加名词的 WH 问题中，在一个数目至少为 8 的组合中，孩子能选择正确的物件，共达 50 项。
- 根据不同的包括物品之功能特性类别的填充句或者 WH 的问题，在一个数目至少为 8 的组合中，孩子能选择正确的物件，共达 100 项。
- 根据不同的包括物品之功能特性类别的填充句或者 WH 的问题，在一个数目至少为 10 的组合中，孩子能选择正确的物件，共达 200 项。
- 在一个数目至少为 8 并含有相似刺激的组合中，孩子能在 1 分钟内正确选择 10 个物件。

对话 — 第二阶段

对话 6-M	完成 10 个任何形式的不同填空短语（如：歌词填空、社会游戏及娱乐填空、动物或物品的声音）

得分处于这一阶段的孩子正在开始表现出早期的对话行为，但这种行为对这孩子也许并不具有

很大的功能性。然而发展这种早期而简单的语言刺激控制的一个基本目的，是开始一个过程以把语言反应从仿说和命名的控制中解脱出来。语言刺激控制是非常复杂的，而一个通常的倾向是从对孩子来说是过于困难的语言刺激来开始这种语言训练（如："你想玩什么""你今天在学校里做什么啦"）。一般来说，填空短语比WH问题要容易得多，也有助于更为有效地教会孩子对他每天遇到的成千上万的语言刺激作出辨别。得分处于这一阶段的孩子的直接目标，是要去扩展其所发出的语言刺激的种类和由他发出的对话行为。每天的训练应该既包括正规训练课，也包括在自然环境中的训练，以便为孩子提供频繁的机会来学习这一极其重要的技能。读者在VB-MAPP有关对话的支持性能力清单的章节中还可以看到能够进一步发展对话技能的其他各种活动。

对话 7-M	当别人问"你叫什么名字？"时，孩子能够说出自己的名字

对一个孩子来说，这一对话能力是重要的里程碑，往往要到2岁左右才出现。要注意孩子不是用同样的名字来名称呼所有的人。一旦孩子能够说出自己的名字了，在此之上可以加上其他人的名字，并且应该首先将此视为命名部分来进行训练（如：在姐姐在场的时候进行训练，用语言填空的方法说"你姐姐的名字是……"，然后消退姐姐的存在）。然而，对话程序的主要重点应该放在动词加名词和名词加名词的填空和一些特殊疑问句之上。

对话 8-M	完成25个不同的填空短语（不包括歌曲）（如：你吃……、你睡在……、鞋和……）

一旦孩子能够对以填空形式出现的各种语言辨别刺激成功地作出反应，就可实施各种程序从而过渡到以特殊疑问句的形式作为刺激控制。例如，假使一个孩子能够在得到"你乘坐的是……"的语言刺激后答复说"车"，那么接下来的步骤就是将大人的语言改为一种特殊疑问的问题，如"你乘在什么中？"而对此的正确答案仍然是"车"，但现在的答复是针对有所不同但更具实用性的语言刺激而发出的。换句话说，在自然环境中孩子所遇到的往往是特殊疑问句问题，但在刚刚开始时填空性的对话往往更加容易学会。在引入新的对话关系时，这种填空的形式仍然可以是一种有用的工具。在孩子成功地回答了几个"什么"的问题之后，就有可能开始引入几个"哪里"和"谁"的问题。此外还要进行泛化训练以使孩子能够应对不同的人、不同的语调、和不同的环境等等。此时，这些活动和其他关于这一阶段支持性能力清单中所建议的活动应该成为孩子日常语言干预计划中一个更为重要的部分。

对话 9-M	回答25个不同的关于什么的问题（如：你喜欢吃什么？）

处于这一阶段的孩子已经表现出较为坚实的初步对话能力，而干预重点应该是对这种能力的扩展和泛化。所谓扩展，应该包括将已经学会的提要求和命名转化为处于语言刺激控制的强化的对话能力训练活动。例如，假使一个孩子对"铲子"、挖的动作和从事于铲的行为等已经能够命名并具有听者辨别能力，这时就可以教其进行对话："你用什么东西挖"或者"你用铲子干什么"有关的泛化应该既包括刺激泛化的形式也包括行为泛化的形式。就刺激泛化而言，重要的在于孩子能够对不同的语言刺激发出相同的语言反应。例如，假使孩子能够对"你用什么来挖"的语言刺激答复说："铲子"，那么训练就可以包括用其他语言刺激来引起同样的反应即"铲子"，例如说，"我们需要什么在这里挖一个洞呢"或者"我们需要一个罐子和……"。

而关于对话的行为泛化则是指教孩子用各种不同的语言行为来应对同样的语言刺激。例如，假使一个孩子用"铲子"来回答"你用什么来挖"的语言刺激，那么训练就在于扩展反应群组（如："你还可以用什么挖"）以包括可以用来挖东西的其他用具，如"调羹""凿子""棍子"和"锄头"等。有许多程序可以用来促进泛化，例如在从对功能特性类别作出听者反应过渡到对话能力的程序中使用多样本的训练方法，或者在自然环境中作游戏如用一个调羹挖一个洞等。

对话 10-M	回答 25 个不同的关于谁或者哪里的问题（如：谁是你的朋友？你的枕头在哪里？）

在语言干预程序的这一时期，一个孩子应该能够很容易地学会新的提要求和命名，所以干预计划应该更多地把重点放在对于对话能力的训练。从某种方面看，可以把训练看作是教孩子能够在不同的背景中使用已经掌握的词汇。许多这样的背景刚好是语言背景，而上述转化也需要通过正式训练才能实现。例如，一个孩子能够要求和命名"牛棚"和"牛"，但是不能用语言说："牛住在牛棚里"，或者"牛能够给我们牛奶"，或者其他的动物也住在棚里等。对话训练可以提升这些能力从而孩子可以在事物或者事件不在场的时候也能够谈论它们。在这一阶段的对话训练程序中，更多的重点可以放在含有两个成分的问题上，而其中的一个字可以改变另外一字的意义（即为"语言的条件性辨别"）。例如，"你能够说出一种热的食物吗？"与"你能够说出一种冷的食物吗？"这里，在每一个问题中"食物"这个词是同样的，但"热的"和"冷的"就改变了正确的答案，从而要求这个孩子对一个句子里每一个成分要有更多的注意（对有关细节可以参考 Axe，2008；Eikeseth & Smith，2013；Ingvarsson & Duy，2011；Sundberg & Sundberg，2011）。除了这些活动，在此阶段训练包括事物之功能的"什么"的问题也是适宜的（如："你用一根软水管干什么"）。

个别化教育计划中对话能力第二阶段的建议目标（仅选择 1 到 2 个目标并且根据个别孩子的情况作出适当调整）。

- 孩子能够用对话形式对 25 个不同的唱歌填充、动物叫声、或者趣味填空的语言刺激作出反应。
- 孩子能够对 100 个不同的包括名词和动词的填空问题提供正确的语言反应。
- 孩子能够正确地回答 100 个不同的包括名词和动词的关于"什么"的问题。
- 孩子能够为 100 个名词提供正确的功能或者类别，以及根据 100 种功能或者类别说出相应的名词。
- 孩子能够正确地回答 50 个不同的关于"哪里"的问题。
- 孩子能够正确地回答 25 个不同的关于"谁"的问题。
- 孩子能够正确地回答与展示给看他的物品有关的起码 3 个不同的问题，共达 25 个不同物品。
- 大人给孩子一个类别下的至少三个不同的物件，孩子能够确认其类别，共达 25 个不同的类别。

教室常规和集体能力 — 第二阶段

集体能力 6-M	能在集体吃点心或午饭时坐在桌边 3 分钟而没有不好的行为

当特殊需要孩子一开始进入幼儿园或小学环境时，他们往往会对与一大群不熟悉的孩子和大人同处一个教室而感到不安。此外，正规教室中的常规和结构对他们来说也是新的东西。许多孩子新到学校的一个共同特点是哭闹（有时表现出分离焦虑），或者以其他方式表达他们对这一新环境的不满（如：站在门口不动、发脾气、攻击性行为、破坏物品或者自我伤害等）。对于这些孩子，使用如强化其暂时的安静、配对（安抚）、提供提要求机会（如果有可能的话）、各种有趣活动和降低要求等方法往往可以减少他们的情绪性或负面性行为。一般来说，一到两个星期后大多数孩子都会对新

的环境开始适应。有些孩子并无任何分离问题，而是马上开始转悠于新的环境之中、并且玩有趣的玩具，有时甚至与其他孩子一起玩。但是，他们可能仍然不能静坐较长的时间（3~5分钟），而且在听到大人指令时他们也没有反应。任何孩子都有可能处于上述两个极端之间的某种状态，而对所有特殊需要孩子的共同目标是他们不仅能在教室环境中感到适应而且能在这一环境中学习。

所有的教室都不完全一样，但是多数的教室都在一定的结构下运作，例如点心或午餐、集体时间、小组学习、活动中心、上厕所及休息以及正式上课时间。有些孩子可以马上服从这些教室的作息时间安排，但也有其他一些孩子则难以放弃他们的自由。这些孩子在障碍评估中特别是在指令控制和行为问题方面往往得分过高。对于有些孩子来说，这会成为一个严重的问题，从而需要通过描述性的或者功能性的评估加上正规的行为干预计划来处理。有特殊需要的孩子对加于其上的结构（如：上床的时间，上车系安全带、坐下吃饭、桌边活动或者任何其他限制）产生抵触的情况是屡见不鲜的。然而，如果一个孩子能够在点心桌边坐下3分钟但却不能坐得更长，或者不能在工作台、集体环境以及桌面活动中安静地坐下来，干预的重点就应该是建立教学控制，包括对在座位上坐更长时间进行强化。要求不能过高，在桌边的活动或者集体活动应具有趣味性，仔细系统地强化其安静坐好的行为，同时逐渐地增加对其要求以及坐时长度。这时的重点主要是建立教学控制以及服从教室的日常作息。如果大人对孩子没有教学控制，则教他学习新的技能将会是非常困难的。在VB-MAPP有关教室作息与集体技能的支持性能力清单中，读者们还可以看到更多的与进一步提升这些能力有关的各种活动。

| 集体能力 7-M | 只用一个口头辅助，就能够放好个人物品、排队、或会走到桌子边上来 |

教室的作息时间有助于建立一些重要的能力，例如模仿同伴（如：当其他同伴在排队时自己也就排队），听从集体指令（如："大家排队了"），自我照顾能力（如：使用餐巾纸），降低对辅助的依赖以及独立能力。一旦一个孩子开始只需要微小的辅助就能够服从日常的教室作息时间，干预的重点就要转到其他能力上去。例如，从一个活动到另外一个活动的过渡是很重要的，但因为有些孩子以前从没有在听到指令后从事一个特别活动的经历，所以上述过渡在开始时对他们来说可能会很困难。除此以外，过渡也许要求孩子得放弃一个有强化意义的活动（如：下课时间）而从事一个更少强化意义的活动（如：桌面任务），或者孩子也许会在两个活动的过渡中分散注意力，而这种种因素必然与口头指令或独立过渡形成竞争。在培养教室作息习惯的这一阶段，重点应该在于继续减少大人的直接辅助（如："瑞恩，去拿你的午饭"），最低辅助而又没有负面行为的过渡，以及能够在集体活动中坐得更长并且没有企图要离开或从事其他不好的行为。

| 集体能力 8-M | 仅需要一次手势或语言辅助就能从一种教室活动过渡到另一种教室活动 |

一旦一个孩子能够随从基本的教室作息常规并且无需多少大人辅助就能从一种活动过渡到另一种活动，干预重点就应转移到使他能在集体教育形式中学习具体的能力。对任何孩子来说一个主要的目标都是要学得有关能力以便进入到一个更为宽松的教育形式之中。尽管有许多孩子会极大地得益于老师和学生的一对一的教学比例，但迟早会有那么一天这种全天候的一对一教学形式对孩子可能并不是最为有利。一个最为明显的问题可能就在于，因为长期以来的仔细安排指令和提供强化物从而形成大人掌握对孩子的强势刺激控制的状况（即使有多位大人参与，但由于一对一的安排本身及其成功，这种教学方式形成了牢固的刺激控制）。

孩子在一对一形式中的成功可能会在开始时造成其难以在更为典型的大人与孩子的社会与教育

比例中学习与反应。这些更为普通的情况可能并不具有不断的辅助、无错误教学、或仔细提供的强化物。此外，过分地依赖于大人孩子间一对一的教学形式，因其由大人建立的牢固的强化历史以及缺乏在集体中与其他孩子互动的经验，从而可能会影响同伴之间的交往。还有其他各种潜在的问题也与完全依赖一对一的教学比例相关，例如与泛化相关的问题、对辅助与其他形式的依赖性、难以形成新的条件性强化物、难以接受变化和多样性以及在督导和课程发展方面的困难等。尽管在教育与社会程序的一定时期，许多孩子显然需要一对一教育并会从中极大地得益，但集体教学也可以是非常有价值的。

所以，我们建议在这一时期应该把重点放在提升孩子在集体教学的形式中学习的能力。这种活动应该成为孩子日常训练计划的一个部分，但同时也不要放弃一对一或一对二的老师教学生形式，而是将直接训练与年龄适宜的社会规则和社会活动也作为孩子计划的一个部分。这一时期的目标应该包括教孩子能够在集体的形式中（3名以上的孩子）坐得住并且没有什么负面行为。以后，注意老师讲课和教学材料以及表现出恰当的语言和非语言行为都应成为教育目标。早期的集体活动可能会有让孩子"得到乐趣"（如：美工、音乐、木偶秀和游戏等）而不是去教育孩子的感觉，但是学会在集体形式中坐好是一种重要的往往又是必须教导的能力，也是在这种教育形式中学会其他更为高级能力的前提条件。

集体能力 9-M	能够在小组里坐下达 5 分钟而没有扰乱行为或企图离开小组

一旦一个孩子能够坐在小组里而没有扰乱行为，这时的重点就应该是增加他在集体中注意老师及其所使用教材的时间并且能够回应老师的问题和指令。一开始时，应该根据孩子已经掌握的一系列技能（即他所知的各种命名、听者辨别能力和对话能力）来设计对他在集体形式中的训练回合。这时的主要目标应该是教孩子能够在集体形式中回应老师，而不是教新的语言和非语言方面的行为。应该以对一个孩子适宜的程度来强化其坐下、注意和回应的行为。对有些孩子来说，也可以增加其他一些目标行为，例如不要碰其他小朋友或抢他们的东西（如："把手放好"），要等轮到自己机会时才可说话或站起来、与同伴分享物品、好好使用物品以及恰当时注意同伴等。

集体能力 10-M	能够在小组里坐达 10 分钟，有 50% 的时间能注意老师和材料、并能对老师的 5 个指令作出反应

如果一个孩子能够很容易地在集体形式中完成已知任务，注意老师与教材并且没有太大的行为问题，那就可以着眼于教其掌握新的语言和非语言行为。许多早上的集体活动包含着各种短小的活动与题目并且有可能反映着当天或者本周的一般主题（如：各种节日、昆虫与蝴蝶、冬天季节以及农村动物等）。在集体形式中也可以使用在一对一教学中使用过的各种辅助、消退、转换和强化等程序来教学生掌握新的命名和区别性反应者技能等。除此之外，这时的施教形式应该开始包括"集体区别性刺激"，其中老师的问题和指令并不包括个别学生的名字或明确的要求哪一个具体的孩子应该回答（如："谁能告诉我……""有谁知道……""大家一起来……"）。这将开始培养孩子注意这些类型的语言刺激，而在很大程度上有别于蕴含在一对一形式中的大人间接辅助（如：叫孩子的名字、直接坐在孩子对面、为一个孩子做所有的训练回合、用限制行动或说话音调表现出来的轻微惩罚性控制以及日复一日地用同样的教学方法）。在这时如果开始增加集体中孩子的数量从而自然而然地减少对某一孩子的辅助数量，可能也是非常恰当的。

在拖儿所和小学的教室里，常常可以看到许多不同的集体教学形式。在各"工作站"或者"中心"，较小的集体可以注重于特别的活动或者一个特别主题的某一方面。孩子们3~4人一组轮流去做不同的活动，而老师助理或老师们则主持一个特别的工作站。例如，如果主题是鱼，一个工作站可能包括剪割与粘贴纸鱼的美工活动。在这种活动中包括提要求、命名对话和模仿等行为是不难的。除此以外,还可以注重强化独立工作和/或同伴互动。第二个工作站可以包括阅读一本关于鱼的书籍(如：Seuss博士写的《一条鱼、两条鱼、红色鱼、蓝色鱼》)。在这一小组中用这种材料可以教各种新的语言和非语言的行为。第三个工作台可以是关于钓鱼游戏,孩子们可以在此用磁性钓鱼竿从水池中钓鱼。这样就可以用一种有趣的并与年龄适宜的教学形式为孩子提供许多机会来学语言行为、模仿、同伴互动、分享和配对等。最后在结束时大组集中形成圆圈，其中可以包括关于三个工作站的各种对话性问题。

个别化教育计划中教室常规和集体能力第二阶段的建议目标（仅选择1~2个目标并且根据个别孩子的情况作出适当调整）。

- 仅需要一次语言辅助，孩子就放好自己的东西，排队以及会走到桌子边上来。
- 孩子能够在小组里坐达10分钟，其间能有50%的时间注意老师和材料、并能对老师的5个指令作出反应。
- 仅需要一次手势或语言辅助，孩子就能从一种教室活动过渡到另一种教室活动。
- 在一个有3人或更多孩子的小组中，孩子无需辅助就能够回应5个不同的小组指令或者问题。
- 仅需要语言辅助，孩子就能上厕所并且洗自己的小手。

语言结构 — 第二阶段

语言 6-M	孩子表达了10个命名，而熟悉的大人即使没有看到孩子命名之物也能够明白孩子表达的意思

一般来说，因为在语言刺激和语言反应间的对应关系，所以孩子在仿说控制下的发音最为清晰。然而对许多早期学生来说，一旦这种配对关系不存在了（如：在提要求、命名和对话中那样）发音的质量就会变得更差，而听者往往难以理解孩子在说什么。目前的这一里程碑用以作为关于孩子脱离仿说辅助以及听者脱离其命名对象时孩子发音质量的一个早期标志。通常来说，如果早期学生说一个字而一个听者却不能看到（或者听到、摸到等）其所指，则听者往往更难理解孩子说的话，但这却是语言能力发展的方向从而使得语言对孩子有功能性的价值。这种现象在大人那里也不难看到，即他能够重复一种他知之不多的语言而且这种重复非常接近这种语言中的字，但是当仿说性辅助消失以后，他就很难有正确的发音。

如果一个大人能够理解一个孩子所发出的一连串的命名，这对许多孩子来说是一个重要的里程碑，但是为了采取下一步的行动，对这孩子作进一步的分析是很重要的（请参考关于表达之障碍的部分）。应该避免过快地添加新的词汇，特别是那些互相押韵的字、包含难读音的字和困难地混在一起的字（对一个学习手语的孩子也应该作如是之观）。如果新的词汇量增加得过快，吐字往往就变得越来越难以理解。可能正因如此，对于发音有困难的早期学生应该经常进行关于这一里程碑中所列举的命名测试。除此之外，语言矫正师的专业特长也会有助于保持孩子语音发展不走弯路。有必要记住，即使正常发展孩子的语音发展也需要一个很长的过程。语音表达的实践开始于牙牙学语（出生后的3~4个月），并在其后几年中不断地持续。尽管许多孩子在出生后几年中成百上千地"实践"发音、吐字和表达短语，但陌生人仍然常常不容易理解3岁孩子的许多发音。在VB-MAPP有关语言结构支持性任务之清单中，读者可以发现更多可用于进一步提升孩子语言结构技能的各种活动。

语言 7-M	能够具有 100 个字的听者反应词汇量（如："摸鼻子""跳一下""找钥匙"）

　　词汇的数量可能是最为常见的语言发展的衡量标准。一般来说，听者能力的数量（传统上称为接受性语言）比说话能力（传统上称为表达性语言）要发展得更快。但是，这种一般的特点可能非常具有假象性。绝对没有一条规律说一个孩子必须先具有听者能力然后才可以学习命名能力Petursdottir & Carr, 2011。事实上，有些孩子先掌握命名能力，但却仍然不能掌握听者辨别能力。不过，在这早期阶段这两种能力必须同时得到发展。如果一个孩子在听者辨别能力方面得分很高，但却在命名能力方面得分较低，那就应该把重点放在发展其命名能力，反之同理。重要的是要使得这两种能力的词汇量互相接近。人们如果认为听者能力在认知方面类似于说话能力将是一个很大的错误。最好把它们看作是互相区别的行为技能，而一个孩子应该能够显示两种能力。如果一个孩子达到了目前的里程碑并且表现出与其他能力的平衡性，则重点要放在继续增加其听者辨别能力的复杂程度，及其相应的命名能力，这一点在 VB-MAPP 指南中有关听者能力和命名能力的章节中已有所描述。

语言 8-M	每天发出 10 个除仿说以外的任何形式的（如：提要求、命名）两个字的短语

　　平均语音长度（MLU）是另外一个常见的语言发展衡量标准。一般来说，这一衡量标准考察的是孩子在一个短语或者句子中所表达的独立语素（"具有意义的单个发音"）的数量。从这一目的来看，像"我要……"或者"这是……"这类的没有"意义"而发生的连接短语（即没有单独的前因控制之源）并不算作单独语素。这一衡量标准的重要性在于它能显示出一个孩子的语言行为开始受制于多重因素，如对象及其运动、颜色、和形状等等。一般来说，一个 2 岁孩子能够显示出 2 个 MLU 而一个 3 岁孩子能够显示出 3 个 MLU，而超过 3 岁后 MLU 的发展就可能是变化多端。注意 MLU 也可能在各种语言要素之间出现变化。例如，对一个 3 岁孩子来说，他所提的一个要求可能仅仅包含一两个字（如："走快"），而这个孩子的一个对话却可能包含着十几个互相联系的单字（如：一个关于公主的故事）。这时的目标是继续增加 MLU，而为达这一目标可能有不同的方法。最为常用的程序包括辅助、消退、链接法，以及对逐渐趋于复杂的行为进行区别性的强化。

语言 9-M	一天内在 5 个场合发出具有功能意义（即节奏、重音、声调）的语调（如：把重音放在像"这是**我的**！"这样的某个字上）

　　可以有不同的方式发出一个字以便达到对听者的特定效果。斯金纳把这种行为称为自动附加的一个例子（Skinner，1957，第 12 章）。自动附加指的是说话的人用一个附加的语言行为来自己发出的另外一个语言行为作某种调整。从而，自动附加是关于说话人自己语言行为的语言行为。例如，一个孩子可以说"别拿这个"，或者一个孩子也可以叫起来"别拿这个！"这种叫声展示了说话者的情绪状态（一种动机操作）并且是一个自动附加的加强要求，它伴随着初始的要求而出现从而对听者出生一个特殊的效果（如：我的意思是真格的你别拿这个）。语音往往包含着这些额外的自动附加行为并且是不经任何特殊训练就会出现。也就是说一旦孩子们学会了初始的提要求、命名、和对话，他们因受不同影响而会将第二性的自动附加融入他们所说的话中以达到对听者的特殊效果（有关具体论述请参考 Peterson，1978）。

语言 10-M	具有 300 字的讲者词汇量（包括除仿说以外的所有语言操作元素）

　　一个正常发展孩子在 30 月的时候已经掌握了几百个语言行为。如果一个孩子在 VB-MAPP 中有关语言之部分的得分处于这一阶段，那他将能每天学到一些具有各种语言功能的新词汇。再说一遍，衡量词汇量是重要的，可人们在使用这一衡量标准时往往忽视各种语言功能的区别。然而，各种个别的单字可以是提要求、命名或者对话，能够用这些单字表达一种语言功能的能力并不保证能够以此表达另外的语言功能。这样，仅仅依赖词汇量作为衡量语言发展的基本标准具有某种程度的假象和误导的性质。例如，一个孩子也许能够提出关于跳的要求，但却不能命名跳；或者一个孩子也许能够在唱"老麦当劳"歌的时候用对话的形式说"农场"可是他却不能命名一个农场。

　　个别化教育计划中语言结构能力第二阶段的建议目标（仅选择 1～2 个目标并且根据个别孩子的情况作出适当调整）。

- 孩子平均每天发出至少 25 个不同的包含两个字的词组。
- 孩子能够正确地用复数形式说 25 个名词。
- 孩子平均每天至少 20 次正确地发出关于过去式和将来式的时态。
- 孩子能够发出包括平均 3 个字的词组与句子。
- 孩子能以听者、命名者或对话中回答者的身份正确地回应至少 10 个不同的以否定句形式出现的问题和情况（其中在听者、命名者或对话中每种至少各有 2 个问题或情况）。

第十章

对第三阶段评估的解读：
安排课程及撰写个别化教育计划目标

如果一个孩子开始达到第三阶段的各个方面的里程碑，他就展示出一个牢固的能力基础，由此允许引入更为高级的语言、社会和学习课程。第三阶段的开始相当于 30 个月左右的发展程度，在此期间大部分普通发展孩子已经掌握了数以百计的提要求、命名及听者行为，并能在日常基础上较为容易地学习新的语言。提要求是自发地、经常的并且受到孩子个人动机特别是与语言信息有关之动机操作（如：提问题）制约的行为。这些要求经常变化并且无需什么正规训练就有新的要求出现。事实上在此阶段的问题常常是一个孩子提的问题太多（"两岁孩子令人讨嫌"）。而仿说和模仿技能也已经形成，这就使得对新的语言和能力的教育更为容易。这时的视觉感知和配对能力显示出更为抽象的思考并且开始促进各种社会和学习方面的能力。对话能力可以说是迅速和每天在进步，并且很快会形成数以千计的对话联系。与大人和同伴的社会交往是日常的基础并且不断地帮助大量新能力的发展。

孩子个别化教育计划及其干预计划的具体方面将取决于对孩子在 VB-MAPP 上的总体得分（包括其障碍分数）的分析。评估者应该分析各个领域的分数及其与孩子在其他领域中表现的联系。提要求、命名和听者辨别方面的分数是否互相接近（平衡发展），还是某一方面分数显著高于其他方面？评估者也要看到孩子在这些能力方面的强项和弱项，并且确认在某一领域的强项是否可对孩子特别有用，或者在某一方面的弱项是否需要更多的干预。例如，一个孩子可以有较强的对功能、特性和类别的听者反应能力，但其对话技能则相对薄弱。对功能、特性和类别的听者反应能力就可用来发展与平衡对话技能。

一般来说，这一阶段的干预重点应该放在：① 通过教新的提要求、命名和听者反应来增加孩子说话的内容；② 通过教孩子如何用形容词、介词、代词、和副词等来修饰名词和动词的方法来扩展其句子长度；③ 发展更为复杂的提要求，如提出对于信息的要求和包括语言不同部分的要求；④ 教对话行为（如：怎么来谈论那些不在当下的东西或事件）；⑤ 学会根据社会情景而恰当地使用这些语言能力；⑥ 增加同伴游戏与社会交往的频率与复杂性；⑦ 扩展孩子在集体教育模式下的学习能力；⑧ 过渡到更少限制的教育环境中去；⑨ 发展起初级的学习知识的能力。除了这些目标以外，一个孩子还需要其他各种能力以构成一个更为完整的计划，其中包括自我照顾、粗细动作、自我独立、休闲、安全、以及减少任何明显的行为问题或语言学习的障碍。

图表 10-1 显示的是一个得分基本处于 VB-MAPP 第三阶段户的孩子的例子。雅各布是一个 4 岁的孩子，他表现出较强的命名与听者能力，并且已经很好地掌握了仿说、模仿、和配对技能以及一些初步的学习知识能力。但是，他的提要求和对话能力相对较弱，正如他的社会和游戏能力也非其强项一样。作为 4 岁的孩子，雅各布的阅读、书写和算术技能都还可以，但他的语言（如：命名和对话）和社会能力都远远低于其他普通发展的同伴。他的干预计划需要着眼于上述九个能力领域中的其中几个方面。此外，对于已有语言和学习障碍的分析也有助于为他设计一个特殊的干预计划。表 10-1 包含了适用于与雅各布 VB-MAPP 里程碑特点有类似之处的孩子的一些个别教育计划可能性目标。而对其 VB-MAPP 支持性能力清单中所包含的里程碑和转衔评估中所确认能力的进一步细分，

图表 10-1　在 VB-MAPP 里程碑评估中得分处于第三阶段孩子的例子

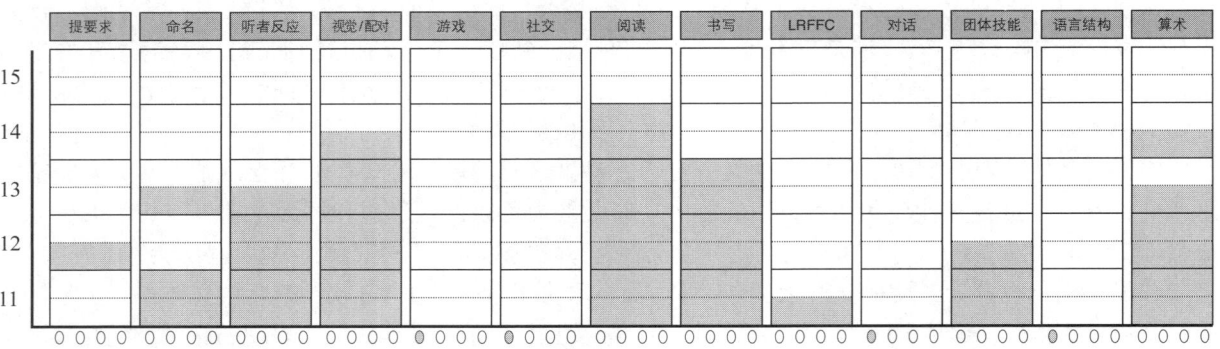

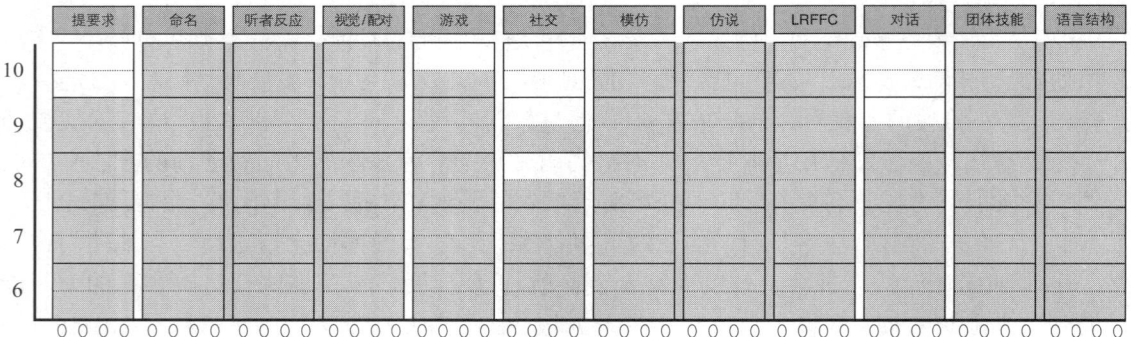

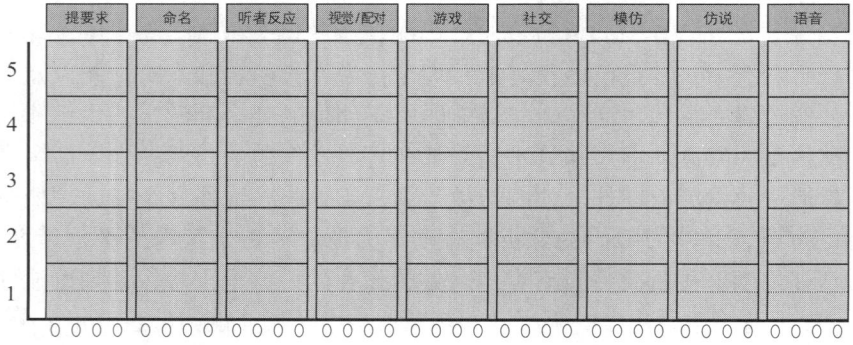

则会对设计雅各布日常干预计划的具体目标提供额外的有价值建议。

对于得分基本处于第三阶段孩子的特别考虑

这一章所讨论的各种 VB-MAPP 分数及其教育安排指南有助于为一个孩子选择确认他所需要的具体课程。然而因为每一个孩子都是独特的，所以极有必要考虑其他各种变数，诸如孩子的长处与短处、学习障碍、学习历史（如：掌握新的能力的速度）、教育环境以及现有资源等。同样重要的是确定要有懂得行为分析和斯金纳语言行为分析的合格专业人员定期检查这一计划。随着语言变得越来越复杂，斯金纳所提出的各种理论工具可用以避免或者解决许多潜在问题。例如，许多处于第三阶段的孩子很难掌握复杂的提要求和对话行为。这些语言能力之所以很难掌握是因为提要求和对话的前提（各种动机操作和复杂的语言刺激）变得越来越复杂了以及越来越容易产生各种有缺陷的技能。而因为提要求和对话是语言和社会互动的核心，所以上述问题又会进一步地影响社会行为的发展。

一个得分处于第三阶段的孩子已经掌握了一些重要的语言能力并且显示出了学习新内容的能力。然而，这一阶段的孩子往往为设计其教育计划的人提出了许多独特的难题，因为他们各种相对较高的能力可能会掩盖其严重的语言、社会和行为方面的缺陷。而为了帮助这些孩子继续进步，必须确认和改善这些缺陷。

教育形式

说到"强度"，人们往往指干预小时的数量、训练回合的数量、教育的形式和老师对学生的比例。处于第三阶段的孩子仍然需要强化干预，但这种强化干预与第一阶段和第二阶段孩子所需要的强化干预不完全相同。在个别回合训练和自然环境训练之间保持平衡仍然是非常重要的，因为这两种方法对孩子的学习都有独特的贡献并且在语言和社会发展中都扮演着重要的角色。一个仔细设计的干预计划仍有必要，但其重点逐渐地不再是 1∶1 或 1∶2 方式的桌面教育。这类教育方式目前可用于发展其学习能力、独立工作、泛化、对已知能力的扩展、以及其他与孩子发展相宜的任务，同时自

表 10-1　评估分数基本处于第三阶段早期之孩子的个别教育计划的样本目标

1. 雅各布能够每天至少 50 次自发地提出关于信息的要求并且使用至少 4 个不同的问题词（如：什么、哪里、谁、哪一个、可以做、将要和正在）。
2. 在得到某些关于物品的至少 4 个随便机轮换的语言问题的条件下（如："这是什么""你在哪里找到的""你能够用这干什么"），雅各布至少能够命名 25 个不同物品的各种具体方面。
3. 雅各布能够用至少 3 个不同的部件完成或者持续 25 种形式或者顺序。
4. 根据功能特性类别（LRFFC）的 WH 问题，雅各布能够从包含有 10 件物品的随机组合中选择正确的物品，并且能够对至少 100 个不同的物品而回应 500 个 WH 问题。
5. 雅各布在听过一个故事或书本中的一个小段后能够回答两个有关问题，并在听过 50 个不同的小段后都会如此答问。
6. 雅各布能够回答 500 个不同的对话性问题。
7. 雅各布能够与同伴进行合作性、创造性或体育性游戏活动达至少 10 分钟的时间。
8. 在没有辅助的情况下，雅各布能在一天中与同伴轮换并且分享强化物达至少达 10 次。
9. 雅各布能够自发地与一个同伴进行至少 4 次的语言交流并且平均每天有 15 次这样的语言交流（你来我往的互动和初步性的对话）。
10. 雅各布能够比较清晰地抄写 26 个大小写英语字母。
11. 雅各布能够阅读和作为听者来辨认至少 25 个书写文字。
12. 在从 1~10 的数目中，雅各布能够将数字与数量配对或者将数量与数字配对。
13. 雅各布能够坐在一个 5 人一组的集体中达到 20 分钟而没有问题行为，而且还能回答 10 个对话性问题。
14. 雅各布能够说 50 个不同的名词和动词的短语，而这些短语至少要包括 3 个字和两个修饰词（如：形容词、介词、代词和副词）。

然环境和集体教学的方法可用于发展其他重要的语言和社会能力。例如，许多为发展高级提要求语言所必需的动机因素是很难在正规的桌面教育的课程中所发现或创造的。而在其他各种诸如社会游戏、美工、集体活动、下课时、或社区内家庭里等环境中，上述前提条件却常常会出现，但其形成和建立却仍然要求细致的教育程序。一个屡见不鲜的错误假设是，只要把孩子安排在一个使用上述教育形式的环境中但却不实施为其发展和维系技能所必需的精细教育程序，孩子就会学会高级的提要求（以及对话和社会性）行为。

融合与社交

对得分处于第三阶段的孩子来说融合是其干预计划的一个重要方面，而且如果没有严重行为问题的话在孩子每天的教育中融合也应成为更大的部分。处于这一阶段的孩子有许多牢固而基本的语言能力，但他也许可以从同伴示范中获益以便进一步发展起社会、提要求和对话等能力。另外，这个孩子现在也更有可能得益于一个限制较少的教室环境中固有的那种教学模式和学习课程。读者可以从本书第七章有关过渡评估的讨论中得到更多关于孩子向限制较少教育环境过渡之准备程度的具体信息。

总结

VB-MAPP 的第三阶段涉及广泛而复杂的语言、学习和社交能力。普通发展孩子的语言到了30~48个月的时候会有迅速的成长。例如，会有对信息提出要求，对事件进行更为详细的描述，能够更加合理地运用形容词、介词、代词和副词，感兴趣于同伴互动和创造性游戏，更为独立并且开始学习知识。这一阶段的课程变得更为复杂，所以授课的方式也要有别于第一和第二阶段的教学方法。重点已经转移到在不同背景以不同方法来使用现有的词汇，例如将命名和听者辨别能力放到复杂的提要求、对话、功能特性类别之听者反应的联系当中进行运用，过渡到更少限制和更为自然的各种环境之中，以及更为注重诸如社会交往、独立自主、调节情绪、和解决问题等领域。虽然各种行为程序仍然重要，但是更大的挑战是在这一阶段要跟上教学课程的要求。以下安置方面的内容为的是在这些社交和语言行为的高级阶段对读者有所帮助。

解读第三阶段里程碑的分数和个别化教育计划的建议目标

以下提供的第三阶段的每一个里程碑都伴随有对已经达到这一具体里程碑之孩子的建议与考虑。解读评估的形式与第一第二阶段所用的形式是一样的。

提要求 — 第三阶段

提要求 11-M	能够用一个特殊疑问句或疑问词自发地提 5 个不同的关于信息的要求（如："你叫什么名字""我应该到哪里去"）

能够提关于信息的要求对孩子的语言技能发展有重要的意义。普通发展的孩子在 2~3 岁会经历一个"语言的爆发时期"。许多学者把这种语言的发展归因于孩子不断的提问题（e.g., Brown, Cazden, & Bellugi, 1969）。一旦孩子开始提问题以求得到各种信息，就有必要强化这种行为，并且以此为机会扩展回答使之超越原始问题的范围（Hart & Risley, 1975, 1995）。例如一个管道工上门来而孩子问道："那是谁？"则大人可以答道"他是一位管道工，到家里来修理下水道，"接着与孩子讨论管道工的工作，水是如何进入房子里来，下水道在什么地方会有堵塞，大人还可以展示水通过管道的过程，并与孩子一起看管道工的操作等。等管道工离开后，还有可能进行进一步的对话讨论。

这些语言扩展的机会是发展对话和其他相关行为的极佳活动，它们显示了一个简单的动机操作（对于工人上门的"好奇心"）如何能够导致更为高级的语言行为的发展。这些动机操作机会在孩子的自然环境中屡见不鲜，大人们要尽可能地抓住并利用这些机会以进一步发展孩子的语言能力。这个例子也说明了所谓的"语言教学单元"，其中一个特定的主题（如：一个管道工）可以为提要求、命名、对话以及听者技能的教学创造一个环境并提供一个相关的话题。如果对这个主题有动机力量在起作用，则有关程序会有更好的效果。类似的语言交流应该成为孩子教学计划的一个日常部分。同样重要的是注意观察如重复性语言（例如喋喋不休地谈论管道工）等新的障碍的出现。在 VB-MAPP 有关提要求之支持性能力的清单中，读者还可发现更多可用于发展提要求技能的各种活动。

提要求 12-M	能够在 5 个不同的环境中有礼貌地要求停止不喜欢的活动或者除去任何引起反感动机的条件（如："请别再推我""不啦，谢谢你""对不起，你能让一下吗"）

不同种类动机之间的一个区别在于想要什么东西或活动与不想要什么东西或活动（要求除去反感的东西或活动）。普通发展的儿童常常很快就会懂得了用说"不"来提要求的力量。这种要求往往会给家长带来麻烦，所以一般在教不太会提要求孩子学提要求的早期是不提倡将此作为目标的。相反，一般的建议是早期干预计划的初始目标应该是教孩子提出关于喜欢之物的要求，但到了一定的时候，学会要求除去不喜欢的活动就成了提要求能力中的一个重要部分。一旦孩子学会了这种技能，大人就应该对之进行仔细的观察，因为这种技能有其复杂性和"情绪"因素。例如，当一个孩子体验到引起反感动机的条件（如：另外一个孩子把玩具拿走了）时，负面行为的可能性较高而正面行为的可能性往往较低。良好的提要求能力是解决这种问题的一个方面，但除此以外还存在的情绪因素（如：生气）则往往更为复杂难以控制。

教孩子学会分享、合作、轮流机会、以及一般而言的宽容他人是他取得社会成功的一个重要部分。然而，如果一个孩子不会提出除去不喜欢之物的要求，他就很难减少服务于同样目的的负面行为。一旦孩子具备了提这一方面要求的初步能力，将此扩展与泛化到新的不喜欢之环境就变得非常重要了，就如控制情绪的其他方面（如：自我控制）也非常重要一样。另外，教孩子学会与除去不喜欢之物要求结伴出现的恰当形体姿势也会非常有用，例如用摇头或者摇手指来表示"不"。就像前面讨论过的正面动机的许多情况一样，大多数负面动机的条件也是在孩子生活于其中的自然环境中发生的，从而干预计划的重点也应放在自然环境之中。

提要求 13-M	能用 10 个不同的形容词、介词或副词提要求（如："我的蜡笔断了""别把它拿出去""快走"）

如果一个孩子能够命名某样东西、动作或者对此东西和动作的修饰词，那么在他有此动机的时候他就应该能够提出关于这些东西与动作等的要求（如：说"把我抱到树上去。"）。一旦一个孩子提要求的能力超越了名词与动词并且他开始用介词、形容词、代词和副词提要求，那么自然条件（具体的强化）就能够维系其提要求的行为。在提要求能力发展到这一阶段的时候，许多孩子所提的要求往往是为了社会性的互动（如："我们来玩打扮穿衣服吧。"），关注自己的对话行为（如："我要说个故事。"），要求别人参与各种活动（如：游戏、玩耍和帮助解决问题），以及更为复杂的关于信息的要求（如："什么时候""如何""为什么"）。这些种类的要求应该得到鼓励和间隙性的强化，从而发展起语言的持久性。

提要求 14-M	能够指出、说明或者解释如何做某件事或如何参与一个活动（如："你先涂胶水，然后再把它粘起来""我去拿一本书，你在这里坐好"）达 5 次

对于许多孩子来说，告诉别人做什么可以是一种非常有力的强化物。提要求具有这么一种独特有力的结果以致无需其他什么就可得以维系。如果说还有什么需要做的，那么重点也许是训练孩子变得更为独立以及为了使孩子不至于变得过分逞强而减少其某些提要求行为。因为在一个孩子成长过程中其动机会有变化，所以随着孩子长大，他所提的要求也应该不断变化。例如，当孩子的对话行为变得更为复杂以后，要求别人注意其对话的内容（即他所说的事情）变得更为重要。举例来说，当一个孩子告诉其家长自己与另外一个孩子的矛盾时，他可以提出关于同情、帮助、建议、指教等方面的要求，而重要的是大人要注意孩子问题的细节方面（如："我应该怎么办才好？"）。对孩子所提问题细加观察也很重要，以确定只有动机才是孩子所提要求的控制之源（要注意是否有死记硬背式的要求）。

提要求 15-M	要求他人注意自己的对话行为（如："听我说……""让我来告诉你……""当时发生的是……""我来说个故事……"）达 5 次

在这一阶段的孩子应该说展现了与普通发展的 4 岁孩子相仿的提要求能力。大多数 4 岁孩子已经有非常发达的提要求能力，但这并不意味着提要求训练已经就此结束。孩子和大人都常常难以表达他们的"需要和情感"。然而，如果一个孩子提要求的能力达到了这一程度，那他就有基础去发展其动机问题、各种情感、以及内心事件，凡此种种都将成为孩子进入少年和成人时期后的重要部分。

个别化教育计划中提要求第二阶段的建议目标（仅选择 1~2 个目标并根据个别孩子的情况作出适当调整）

- 每天在自然环境中，孩子能够至少用 4 个不同的问题词（如："什么""哪里""谁""哪一个""什么时候""为什么""如何""能够""做""将会"以及"是"）自发地提 50 个关于信息的要求。
- 孩子能够每天至少 10 次自发地要求别人注意他说的故事、用语言描述事件或者其他对话行为。
- 孩子能够每天至少 25 次自发地要求他人如何去做某事、把东西放一起、轮流机会、听从指挥、或者参与一项活动等。

命名—第三阶段

命名 11-M	面对用混乱秩序提出的 5 个物件，孩子能够命名它们的颜色、形状、和功能（共 15 个回合）（如："冰箱是什么颜色""情人节的形状是什么""你用球来做什么"）。（这里部分是命名部分是对话）

正确地回应含有以随机秩序提出的复杂的语言和非语言刺激之任务的能力，可以帮助孩子准备好面对在将来学习中会出现的许多语言的复杂性。日常的对话往往会谈到以各种不同方式提出的事情。在有些情况中人们所谈论事情的方式往往会突出客观世界的某些方面，而一个孩子必须学会同时注意语言和非语言的刺激以便作出正确的语言反应。将人们在当下环境中所说的许多话和他们所谈论的许多东西事件联系在一起构成了一种条件性辨别，其中一个刺激可以改变另外一刺激的效应。例如，当

大人为孩子读"好奇的乔治"的故事时也许会问:"乔治的帽子是什么颜色"孩子为了作出正确的回答,就必须注意乔治和他帽子的颜色并且命名这种颜色。如果语言刺激变成"乔治的帽子是什么形状"孩子就必须命名帽子的形状而不是其颜色。"颜色"和"形状"这两个词改变了孩子应该注意的帽子的侧重面。这两个词表现的是对话控制,而与帽子的实际形状和颜色相连的非语言刺激表现的是命名控制(如:"颜色"这个词及其相关的实际颜色控制"黑"以及"形状"这个词及其实际形状控制"圆")。从而,这种语言行为就部分是对话和部分是命名(即它受到双重控制),而这种现象在更为高级的语言互动中是经常出现的(Michael et al., 2011;Sundberg & Sundberg, 2011)。

这种部分命名部分对话的安排可能会变得非常复杂。例如一张画面中有 3 个不同的人物戴着 3 顶不同的帽子,并且他们手里还拿着形状与颜色都各不相同的盒子。像"颜色""形状""帽子""盒子""乔治""弗雷德"等这些词必须都要有其刺激控制,但对什么而言的刺激控制?这取决于在一本书中的某一页中孩子看的是什么。"颜色"这个词应该引起孩子注意所说之名词的颜色(而不是其形状)。"帽子"这个词应该引起孩子注意帽子(而不是上衣或盒子),而"乔治"这个词应该引起孩子注意乔治(而不是弗雷德)。这种语言和非语言刺激的结合很容易就可以导致对同一张画面的十多个正确的答案。而对这一技能的真正测试是看孩子能不能对用随机秩序提出的语言和非语言刺激的各种安排(如:"乔治的鞋是什么颜色""弗雷德的盒子是什么形状")作出回答。因为这些随机的条件与孩子在日常的社会和学习环境所要面临的条件更为接近,所以上述能力非常重要。

如果一个孩子在命名方面的得分处于这一阶段,那他会有许多机会在在众多的环境中特别是在自然环境中和与其年龄相宜的活动之中(亦即所谓的泛化和功能性应用)进行这种类型的辨别。例如在美工、游戏、外出玩和社会活动中,都会出现许多不断变化的非语言刺激,人们应该相应提供不断变化的语言刺激。这种活动有助于抵消孩子很有可能形成的鹦鹉学舌的语言习惯(许多处于这一语言发展阶段的孤独症孩子所往往具有的一大障碍)。曾经有人建议要使孩子在名词、动词、功能、形状和颜色的层次具备上述能力,然后再将其他的诸如形容词、介词、代词和副词之类的修饰语加进他的语言课程中去。但是,这些个别的命名(如:"在……中""在……上""大的""小的""快""慢")应该成为重点(也就是说,要通过正规的教育安排训练孩子在"大""小"等比较之间作出辨别)。读者在 VB-MAPP 有关命名之支持性能力清单的部分中还可看到适宜于得分处于这一阶段孩子的其他种种活动。

命名 12-M	能够命名 4 个不同的介词(如:"在……里面""在……外面""在……上面""在……下面")和 4 个代词(如:我、你、他、我的)

命名不同物体间空间关系(介词)的能力代表着非常复杂的非语言刺激控制,在普通发展的孩子中这种能力要在 3~4 岁时才会出现。用代词来取代名词也表现出一种复杂的刺激控制,要像介词那样等孩子到 3~4 岁时才会出现(对这些技能的听者辨别能力会在较早年龄出现)。正如对所有早期学会的语言能力那样,关键之点是要在许多日常活动中泛化和功能性地运用这些能力。一旦孩子掌握了某些方面的辨别,就要像上述命名之第三阶段第 11 里程碑中的做法那样把这些辨别放到更为复杂的辨别中去。例如,一旦一个孩子学会了命名"在……中"和" 在……外",就可以在像圈棚这样的视觉背景中向孩子提出有关的对话 – 命名问题如:"什么动物在围墙内""牛在哪里""哪一个动物在圈棚中""鸡在哪里"(请注意这些程序可以先用听者辨别和功能特性类别之听者反应的形式来实施。)

命名 13-M	能够命名 4 个不同的形容词,但不包括颜色和形状(如:快的、慢的、静的、轻的)

命名相对性的形容词要求的是,当对象的特性通过比较而呈现互不相同时孩子能够对此加以区

别。例如，一个"大卡车"之所以是大，只是相比较于一个较小的卡车而言才是如此。如果相比较于一辆更大的卡车，那辆本来为大的卡车就变成了小的卡车。对于小孩来说这些区别是很难的。而副词一般是从某一方面来修饰动作，所以也是较为复杂的。一般来说形容词和副词都依赖于孩子已有的名词和动词能力，所以大部分普通发展的孩子都是先发展起较好的名词和动词能力，然后才学会和恰当地运用形容词和副词。一旦一个孩子学会了各种形容词和副词，就应该将此融入包括不同语言和非语言背景的各种名词和动词的词组中去从而使得孩子能够泛化和恰当运用这些描述。除此之外，还要逐渐将各种不同的形容词和副词加到正规的教学课程中去并且将此融入于自然的环境中和更为复杂的任务之中。

命名 14-M	能够命名含有 4 个以上字的完整句子，共达 20 次

从最终意义上说，命名应该包括用连词、冠词和语言其他部分连接起来的各种名词词组和动词词组。当一个孩子开始表达出更长的语言形式（词组和句子）时，在日常语言行为中的自然条件就会帮助塑造更好的语义和语法结构（即自动强化的过程——听起来就像其他众人在塑造孩子的语义和语法能力过程中扮演着主要角色；参考 Palmer，1996）。在语言发展的这一时期，一个孩子平均每天应该能够学会 1~3 个新的命名，所以为孩子提供机会使他能够接触新颖的非语言刺激（如：阅读故事并看书和到社区中去等）是非常重要的。

命名 15-M	通过测试或从以前累积的已知命名词汇表说明孩子能够命名 100 个字（名词、动词和形容词等）

大多数普通发展的孩子在 4 岁时都会具有 1200~4000 个口头语言词汇量。其中有许多不同的词汇属于命名，但是通常一个 4 岁孩子表达出来的频率最高的当属对话。不过，许多对话的行为依赖于相应的命名。也就是说，孩子们谈论的是他们可以命名的事情。例如，假如一个孩子去参加了一个像文艺复兴游园那样新鲜活动并且看到了骑士比武表演，他学会了命名骑士、甲衣、宝剑和长矛等，他就更有可能告诉其他孩子他所看到的东西。因而，命名常常被看作为是语言发展的主要基础。然而正如斯金纳所分析的那样，一个完整的语言能力要求的是，作为一个命名而掌握的语言行为，在恰当的前提条件下也会成为说话者的提要求和对话的行为。将已经掌握的命名转化为对话和提要求条件的各种程序要持之以恒，但是随着孩子越来越快和越来越容易地掌握新的命名，其对话活动要逐渐成为干预的更为重要的部分。此外，命名技能可能包含着数以千计的关系，但是对话技能最终应包含着数以万计的联系。

个别化教育计划中命名第三阶段的建议目标（仅选择 1~2 个目标并且根据个别孩子的情况作出适当调整）。

- 孩子能够在正规的和自然的环境中命名 20 个不同的形容词（颜色和形状除外）和 10 个副词。
- 孩子能用含有 4 个以上字的完整句子命名，每天共达 20 次。
- 在得到关于每一件物体的 4 个随机安排的语言问题时（如："这是什么""你在哪里能够发现这种东西""你能用这做什么"），孩子能够命名物体的具体方面，至少达 25 个不同物体。
- 孩子能够命名 4 种出现自己身上的不同情绪。
- 孩子能够命名 5 种常见的社会情景。
- 孩子能够命名总数至少为 100 种的非语言刺激。（包括所有的名词、动词和形容词等）。

听者反应 — 第三阶段

听者反应 11-M	能够从一组 6 个相似的刺激物中根据颜色和形状来选择目标物品共达 4 种颜色和 4 种形状（如："找一找红色的车""找一找方的饼干"。）

从一组选择对象中区分各种颜色和选择的能力是一种常见于不同发展量表中的语言里程碑。不过，有许多不同的包括形状与颜色的语言和非语言能力（如：命名、提要求和对话），所以，不要因为一个孩子在大人指令下能够摸一种特殊的颜色或者形状就认为他是"理解颜色"和"理解形状"了。贯彻整个 VB-MAPP 评估的一个基本主题是，同一个字能够以各种语言或非语言操作行为的形式出现并且是在越来越复杂的安排中出现。一个孩子在一个层面上表现出一种能力并不保证该孩子学会了其他各种能力。例如，大人给一个孩子一组 3 种不同颜色的积木，孩子可能会摸红的那块积木，但是如果面对一个组合其中包括红的衬衣、红的车、蓝的衬衣、蓝的帽子、红的球和绿的衬衣，大人让孩子摸一下红的衬衣，孩子可能就会犯错误。很显然，这是一种更为困难的任务（其中包括两个成分），但是有些人却会因为听说孩子"理解颜色"和"理解形状"而又完不成上述任务而感到奇怪。对此错误的一种解释是大多数形容词修饰不同的名词而学生必须能够在不管什么具体物品（名词）的情况下抽象出（Skinner, 1957）一种特殊的属性（形容词）。形容词如果没有其修饰名词的功能就会没有（或者极少有）意义。如果把像颜色和形状这样的形容词当作单独的语言行为（而不是从一个名词中抽象出来）来教，那它就变得像名词而不是形容词了。

一旦一个孩子能够成功地从对象中抽象出颜色和形状（这通常是最容易的形容词）以后，就要为他提供多种机会对此进行泛化和恰当地使用。例如，在早上穿衣服的时候大人可以对孩子说："今天穿红的鞋子好不好？""你能把红的袜子拿过来吗？"增加新的形容词也应该成为干预的重点（如：坏的、脏的、有条纹的、傻的和吵闹的），但是应该把这些形容词与各种名词一起引入到训练中（多样本训练）。在听者能力的训练中也应该包括语言的其他部分，例如介词代词和副词。记住以下这点很重要：语言中这些其他的部分也应视为名词和动词的修饰语，从而也应该结合各种名词和动词一起来教。例如在教代词时，应该要求孩子将各种物品放在各种平面之上或者之下。在 VB-MAPP 有关听者辨别的支持性能力清单的部分中，读者还可找到训练各种听者能力的其他活动。

听者反应 12-M	能够听从包括 6 个不同介词的 2 个指令（如："站在椅子的后边"）和 4 个不同的代词（如："摸摸我的耳朵"）

如果一个孩子达到了这一里程碑，那他就是表现出能够注意多种复杂的刺激物并且做出多种反应的能力。有必要确认这些技能并不仅限于具体的物品、地点和人物等。例如，一个孩子学会了在听到指令后站在椅子的后面，但这可能主要与具体环境和椅子（刺激性控制的来源）有关，而不是与"在……后面"这个词有关。学习作为听者能力的"在……后面"这个概念包含着多重因素。如同其他许多的里程碑那样，它们仅仅是发展过程的标志，而不是其终点。一个人应该能够把任何物品放到任何其他物品的后边（如："把牛放在栏杆的后边"），或者在一个物品的后边做一个动作（如："在车库的后边拍球"）。此外，一个孩子还必须能够针对同样的物品和动作来辨别"在……后面"和其他与位置有关的词（如：在……旁边、在……前边、在……附近、离……很远）。而正是在这里，泛化、恰当使用、多样本训练、扩展和其他行为程序对于实现建立起与普通发展同伴相似之语言能力的目标来说是至关要紧的，而这些扩展的活动应该成为进一步发展孩子的听者能力的干预重点。

代词与介词一样也有其许多复杂性。如果一个孩子在听到"摸摸你的鼻子"或"摸摸我的鼻子"指令后能够摸摸一个人的鼻子或者摸摸自己的鼻子，这种能力代表着一个重要的里程碑，但同样也不能确保这个孩子就已经掌握了"你的"和"我的"概念。拥有并不是一个简单的概念，这一概念就像"在……后面"的介词一样要求较多的而不是一两个表现。有必要重述，泛化、功能性的使用和多样本训练等会有助于牢固地形成关于代词的听者技能。但是，即使是普通发展的孩子在4岁或其后很长时间中也还会继续在不同的代词面前感到困难。

听者技能 13-M	能够在根据4对相对性形容词（如："大的和小的""长的和短的"）组成的一组相似刺激物中选择物品，并且能够根据4对相对性副词（如："安静地和大声地""很快地和很慢地"）而做出动作

对于许多年幼的学生来说，相对性形容词和副词有其特殊的难度。一旦孩子达到了这一里程碑，上述各种方面的问题和建议现在都可适用于这种听者的能力。但是，有关这方面的修饰词还有其另外的复杂性。例如，一个物品之所以长，是相比于其他许多物品而言才算为长。一根吸管也许与另外一根较短的吸管相比而言是比较长的，但如将这根所谓的长吸管与另外一根更长的吸管比，前者就会变成短的吸管了。这种听者辨别能力包含着一种比较行为从而可以是非常有难度的。副词有着同样的问题。例如，顺利的行动是相对于其他行动的特点而言的。一个"顺利的旅程"是与一个"困难的旅程"相比较而言的。正如对名词和动词的修饰词那样，有必要确认修饰词代表着正确的刺激控制之源。否则，就会出现死记硬背式的反应。有关这些能力的持续干预的重点与上述第三阶段第12里程碑中的干预重点是一致的（如：泛化、功能和扩展）。

听者技能 14-M	能够执行10个不同的包含三个步骤的指令（如："拿你的外套、把它挂好、然后坐下"）

在许多关于3到5岁孩子的发展量表中通常可以看到，能够执行包含有三个成分的语言指令是一个发展的里程碑。因为所有三个指令在行为之前都已发出，而在一个行为之前却没有直接的和相关的个别语言刺激，所以这个技能并非容易。例如，如果一个大人说："去洗你的手，拿好你的外套，然后在门边等着，"在这里不仅是三个指令一起发出，而且在第一个指令后紧接着出现两个额外指令，所以一个孩子也许会倾向于随着最后听到的指令后先走到门边那里。而第二个指令"拿好你的外套"也许会不起效果，因为在孩子洗过手以后，上述语言刺激必然成为区别性刺激。但如果"拿好你的外套"在一两分钟之前就发生了，它怎么还能够是区别性刺激呢？孩子为了正确地反应，可能会需要有类似自我仿说之类中介性辅助（对自己重复指令）Esch，Mchoney，Kestner，Lalonde，& Asch，2013；Lowenkson，1998。在这一阶段的干预重点首先是要确认没有其他外在因素导致正确的行为反应（如：孩子在吃完点心后总会做出一套动作）。其次是如上所述的，要用泛化、功能性应用和多样本训练等方法来确认孩子是真正地掌握了正确的技能。

听者技能 15-M	通过测试或从积累起来的已知词汇量清单表明，孩子有1200个词汇的听者技能（名词、动词和形容词等）

一个孩子的听者词汇量是语言发展的通常标志。大多数的发展量表上所报告的词汇量有很大的不同（就像关于其他大多数能力所估计的具体数量一样），但是普通发展4岁儿童的听者词汇量范围

似乎是在 2000～4000 个。本书采用的是仅仅 1200 字的测量，部分原因是为了评估的方便，但另外也是因为在此阶段孩子所理解的许多词汇是抽象的和不易测量的（如：相信、确实、可能、希望和担心）。如果一个孩子达到了这一里程碑，那他应该是每天无需多少正规训练（一个回合的学习）就可以学会平均 2～4 个新的听力词汇。在正规的干预程序中，这一阶段的重点应放在发展与年龄相宜的材料中内容、有关功能特性类别听者反应的活动、功能性的应用听者能力和倾听同伴的内容。

个别化教育计划中听者技能第三阶段的建议目标（仅选择 1 到 2 个目标并且根据个别孩子的情况作出适当调整）。

- 作为听者，孩子能够至少辨别 100 个含有 4 个部分的非语言组合（如：主语 - 动词 - 形容词 - 名词；主语 - 动词 - 介词 - 名词）。
- 作为听者，孩子能够辨别 20 个不同的形容词（不包括颜色和形状）和 10 个副词。
- 作为听者，孩子能够辨别 5 种社会情景和 5 种情绪状态。
- 作为听者，孩子能够至少辨别总数为 1000 的不同词汇（包括所有的名词、动词和形容词等）。

视觉感知能力和样本配对（VP-MTS）— 第三阶段

VP-MTS 11-M	能够自发地参照他人的样本而完成自己美工活动的任何部分达 2 次（如：一个同伴将气球涂成红颜色，孩子能够模仿同伴而将自己的气球也涂成红颜色）

孩子们不断地在许多方面学习他人的行为和教诲。而扎实的配对能力是其中一个重要的方面。一个孩子能够从参照他人行为的结果中得到许多好处，而当他人能够做出高质量的产品（如：一张画得很好的牲口棚）时尤其是如此。孩子的这种配对能力有希望在将来使他也能独立地做出更高质量的东西来。在干预计划的这一阶段，重点应在于开始转向其他更为抽象的视觉感知能力和配对能力，如积木搭建、复杂的拼图、和各种在自然环境中与年龄相宜的配对活动。此外，其他各种视觉感知能力诸如涂色、画画、剪纸、和各种体育运动和户外游戏也能够进一步加强这些能力。在 VB-MAPP 支持性能力清单的有关部分中，读者还可以看到更多的能够帮助提升视觉感知和配对能力的各种活动。

VP-MTS 12-M	能在包含 3 个相同刺激物的 10 件物品之随意组合中，对不完全相同的物品泛化配对达 25 次（即在第一个回合中就能配对新的目标）

在配对技能发展过程中的上述能力代表着一个重要的里程碑。一旦一个孩子在第一个回合中就能够配对任何新的物件，那他就展现了所谓的"泛化了的技能"。而这种情况一般表明，那些使用图片和物体操作的正规配对训练已经不再有必要了。重点应该是继续向更为抽象的配对任务的方向推进。

VP-MTS 13-M	能够用至少 8 件不同的材料完成不同的积木搭建、镶嵌玩具、形状拼图、或各种类似的任务，共达 20 种

积木搭建和如镶嵌拼件那样的形状拼图其实是一种形式的样本配对，只不过其中包含着更为抽象的刺激物。这些任务帮助孩子超越了根据物品内容进行配对而达到根据抽象特征（如：形状、颜

色和图形）进行配对。这时候应该把重点放在图形和顺序上，例如将各种部件按照从头到尾、从部分到整体、从开始到最后的顺序放好以及其他各种顺序排列的任务。这一阶段另外一个适宜的重要能力，是学习对一个特殊类别中同类成分的物品做分类和组合，其中的例子可以包括动物、衣服、家具或者交通工具。刚刚开始的时候，可以通过示范帮孩子完成这一任务（如：将各类别中的一个成分放到一边），以后孩子可以在没有示范的情况下也能够对物品进行分类。

VP-MTS 14-M	能够在没有示范的情况下对5个不同类别中的5件物品进行分类（如：动物、衣服、家具）

在许多发展量表中都有根据类别对物品进行分类这一常见的里程碑。这一能力表明孩子不仅能够确认一件物品，而且能够确认这一物品所属的类别。在发展的过程中孩子们往往先是学会对强化物进行分类（如：将他们的玩具与其他东西作区分），但是在没有示范的情况下根据类别来进行分类是一种远为复杂的能力。而一旦孩子达到了这一里程碑，重点就要放在泛化和扩展，以及其他各种包括有顺序和图形的更为广泛的活动。

VP-MTS 15-M	能够完成包含有三个步骤的形状、顺序、或序列的排列任务，共达20个（如：五角星、三角形、心形、五角星、三角形……）

许多智商测试使用这些任务来帮助评估"认知能力"。这些任务所测试的是孩子是否能够从视觉上辨别复杂的特形并且根据这些特形的某一方面而表现出的相应行为。更为复杂的特型要求有更为复杂的视觉辨别能力。从而，这些任务可以对各个层次的智力表现做出区分。例如，一个包括ABCABC……的特型应该能够引发"ABC"；然而，对于大多数普通发展3到4岁以前的孩子来说这个条件性辨别都是非常困难的。所以，对一个语言有障碍孩子测试的结果可以帮助评估其与普通发展孩子相比而言的智力程度（这也是标准智商测试的价值之一）。对于一个达到这一里程碑的孩子来说，持久不断的注重于更为复杂的特型、设计、顺序等将会是非常有价值的，因为这些活动能够教孩子学更为细致的视觉辨别能力、而这些能力的许多方面将成为以后的语言和学习能力（如：算术、阅读、拼写和顺序对话性的故事）的关键成分。

个别化教育计划中视觉感知能力和样本配对能力第三阶段的建议目标（仅选择1～2个目标并且根据个别孩子的情况作出适当调整）。

- 孩子能够完成100个不同的积木搭建、镶嵌玩具、形状拼图或者相似的任务，而每一任务至少包括8个不同的成分。
- 孩子能够完成25个不同的至少包括3个不同成分的形状或者顺序。
- 孩子能够对图画或书本情景中或者自然环境中的参照物品用完全相同或者不完全相同的物品进行配对，共达300项。
- 孩子能够在没有样本的情况下将至少5件相关物品进行分类，并达10种不同的类别。
- 孩子能够完成或者连接25个其中包含至少3个部件的形状或者顺序。

独立游戏 — 第三阶段

游戏 11-M	能够自发地就 5 种情况（如：穿衣打扮、假装与毛绒动物开晚会、假装烹饪等）进行假装的或者想像的游戏

有些患有孤独症和其他发展性障碍的孩子在游戏能力的发展方面难以达到这一程度。在许多情况下，其障碍在于孩子不能超越具体的事件或者孩子不能从这种游戏中得到强化。而达到这一发展里程碑有许多好处，其中之一是孩子的创造能力和语言能力会得到提高。一般来说，进行假想性游戏的孩子是根据他们自己的编剧而表演和说话；无论孩子是假装为客人上菜或者与功夫人物进行格斗，他们在这些假想性游戏中往往都是念念有词，表现各种动作，并且变得非常富有想像力。这种能力对于他们成功地参加维系与同伴的社会游戏是非常有价值的。一个诸如假装开茶会这样的简单活动可以包括 VB-MAPP 其他各处所提及的许多不同能力，例如听者行为（如："请给我倒茶好吗"），提要求能力（如："请把糖递给我"），命名能力（如："你这茶真好"），模仿能力（如："我告诉你如何倒茶"），对话能力（如："你喝茶时要吃些什么吗"），如此等等。如果一个同伴加入了这种假想性游戏，社会互动就蕴含于其中了。

当孩子的游戏技能发展到这一阶段时，大人应该用各种道具和剧本来鼓励孩子进行与其年龄相宜的假想性游戏活动。假想性游戏也可以为日常性事件的"行为排演"作铺垫，类似例子包括各种社会情景或者孩子所惧怕的有些事件（如：看医生等）。在 VB-MAPP 有关独立游戏技能的支持性能力清单的部分中，读者们还可以看到更多的适宜处于这一阶段孩子的各种活动。

游戏 12-M	在 2 种活动中，能重复大动作的游戏行为从而获得更好的结果（如：将一个球扔进球篮里、用棒球棍击球、用踩脚来发射玩具火箭、荡秋千）

目前关于游戏发展之分析的一个主题是，孩子的行为及其结果为孩子提供了自动强化（而不是由大人提供的强化）。自动强化的一个方面的后果是它能非常有效地塑形行为，而其效果往往优于人为强化（Palmer，1996；Skinner，1957）。当孩子达到了目前的发展里程碑时，这个孩子表明他的游戏行为是据其结果而得到自动的塑形。在有些孩子那里的一个障碍是，将球击到远处或者成功地投篮入筐对他们来说并不具有强化意义，从而需要人为的强化来达到这种程度。学习阅读可以作为一个比喻。人为的强化和细致的教育是必不可少的，这样才能教会一个孩子掌握基本的阅读能力从而他最终能够在阅读趣味读物（如：《哈利·波特》）时得到自动的强化。在这一阶段的干预过程中，人为的强化对于新的活动来说仍然是必要的（正如在正常发展孩子那里的情况一样），同时也应该为孩子提供各种机会使他能够参与各种体育活动。正如在其他的独立游戏中（如：想像性的游戏），这些大动作和体育能力是社会游戏的自然成分之一（如：投球与接球、躲迷藏、跳绳）。

游戏 13-M	能够独立进行美术或手工类活动（如：作图、涂色、画画、剪纸、粘贴）达 5 分钟

孩子们先是学会集中精力于他们所喜欢的各种活动，其后很久他们才会集中精力于那些大人所要求的活动。美术手工活动提供了各种机会来教孩子学习新的能力，例如对任务的注意，独立，精细动作技能，和完成任务。在大多数托儿所和小学的早期计划中，美术手工活动都是重要组成部分。

如果一个孩子能够独立活动达 5 分钟，那就说明自动强化已经在起作用。人为强化仍然有其重要性，而对新的活动也可使用各种辅助。但是，当大人强化孩子进行美术手工活动的行为时，最好是像强化其活动成果那样，也强化其注重任务之行为（如："你这样涂色很不错"）。如同在所有学习中一样，活动的变化与泛化一直是非常重要的。在英特网上，有许多很好的关于美术手工活动程序的书和无数的相关建议和材料的清单。美术手工活动也可与其他的集体、语言、和学习活动相结合。已经完成的美术手工项目，也可为当天晚后的对话活动提供机会。

游戏 14-M	能够无需大人帮助或强化而独立进行连续性游戏活动达 10 分钟（如：玩神奇画板、玩穿衣打扮）

如果一个孩子达到了这一发展里程碑，那他是表现出了一系列重要的能力并且已经掌握了随着他的发展对其极为有利的一种技能。要让大人对孩子提供不停的关注实际上是不可能的，当有兄弟姐妹或者其他同学在场时尤其是如此。而一个孩子不能发展出独立游戏与休闲能力常常又与其负面的(追求关注)行为有直接关系。为了进一步地发展这种独立性，非常重要的是遵照循序渐进的原则，同时为孩子提供可用于独立游戏的玩具。一个孩子并不可能突然开始独立地游戏达 10 分钟，独立游戏在开始时可能是只有 10 秒钟，然后随着时间的推移而逐渐增加。同样重要的是确保独立游戏的各个里程碑要与社会游戏的各种里程碑平衡发展。

游戏 15-M	能够独立地在学知之前活动书本上画画或写字（如：点连线、配对游戏、迷宫、临摹字母和数字）达 5 分钟

为了进入更少限制的教育环境，独立能力是一个重要的成分。尽管这种能力在开始时是随着玩具游戏和有趣活动而发展起来的，但它最终还得与其他对孩子有价值的即与其年龄相宜的以及与其学习有关的活动相应发展。如果孩子开始显示出他乐于独立地完成学习材料，那他在一般教室中成功的机会就会有所增加。然而，与年龄相宜的独立游戏活动更为重要的好处具有社会性，它将帮助孩子与同伴一起进行社会游戏。

个别化教育计划中独立游戏能力第三阶段的建议目标（仅选择 1~2 个目标并且根据个别孩子的情况作出适当调整）。

- 能够独立进行美术活动或手工活动（如：作图、涂色、画画、剪纸、粘贴）达 15 分钟。
- 能够无需大人辅助或强化而独立进行连续性游戏活动达 15 分钟（如：玩神奇画板、玩穿衣打扮等）。
- 能够独立地在学龄前活动书本上画画或写字（如：点连线、配对游戏、迷宫、临摹字母和数字）达 10 分钟。

社会行为和社会游戏 — 第三阶段

社交 11-M	自发地与一个同伴合作从而达到一个具体的目标达 5 次（如：一个孩子拿一个小桶而另外一个孩子往里面倒水）

孩子们常常会发展起与其他孩子进行社会交往的联系，因为他们发现在许多情况中他们需要别

的孩子（就如俗话所说"三个臭皮匠凑成一个诸葛亮"）。达到上述里程碑意味着这孩子开始感受到与其他孩子合作的好处了。但是，目前的里程碑与其他里程碑一样都只是通往一个更大目标之途径的标志。要使一个孩子在社会合作方面建立起坚固的能力，还有许多工作要做。社会合作并不仅仅是一套能力或一批行为，而是包含着许许多多社会关联的不同组合。除了需要由两人一起来实现一个可欲目标以外，还有包括合作这一关键成分在内的其他各种能力和活动，例如轮换、分享、解决问题、游戏、团体活动、体育、领导技能、延迟享受、和在社会游戏中避免负面行为。也许有必要用角色扮演来正式训练各种社会能力，但是一旦孩子掌握了这些基本能力后，就应该给孩子提供有大人指导的各种机会使其能将这些能力应用到与同伴的交往中去。

在普通发展的孩子那里，要学会这些有效的合作性和社会性能力往往需要好多年的时间。而一旦一个孩子达到了目前的里程碑，干预重点就应该是为其提供日常机会使他能够泛化和扩展这些社会性行为。在 VB-MAPP 有关社会行为和社会游戏的支持性能力之清单的部分之中，读者们还可以看到更多的适宜处于这一阶段孩子的各种活动。此外，还有一些计划可以用于对孤独症和其他发展性障碍孩子进行关于合作性的社会行为以及其他支持性的社会游戏行为方面的教育。（如：Attwood，1998；Baker，2003；Bellini，2006；Krempa & McKinnon，2005；Leaf & McEachin，1999；Taubman et al.，2011；Taylor & Jasper，2001；Weiss & Harris，2001；Wolfberg，1999）。

社交 12-M	自发性地使用疑问句向同伴提要求达 5 次（如："你到哪里去""那是什么""你现在扮演谁呢"）

为了向一个同伴提出关于信息方面的要求，必须有一个强烈的动机以求向同伴获得某种具体的语言信息。确认这一动机是提问题的控制原因非常重要（也就是说，这个孩子确实想得到对于一个具体问题的答案）。而一旦孩子开始向同伴表现出这种类型的要求，自然结果往往就足以维系和扩展提要求的行为。也就是说，从同伴那里得到诸如玩具在哪里或怎么个玩法等具体语言信息会自然地强化孩子提问题的行为并且导致他问其他的问题。这时的干预重点应该是鼓励孩子将提问题行为扩展到一系列的有可能导向其他各种问题的动因对象（如："谁""什么""哪里""什么时候""哪一个""为什么""怎么""可以吗""要""将"）。而能将之泛化到各种新的情景、新的同伴、新的场所、新的社会环境，也是发展起提出关于信息要求的牢固技能的重要成分。

这种类型的要求还具有其他一个方面的特征，也在社会交往的发展过程中起着重要作用。"交谈"的一个重要成分是提出关于信息方面的要求。例如，一个孩子可能会问另外一个孩子"你有什么电子游戏"，第二个孩子可能会从对话的角度回答道："马里奥"，这种回答会创造一个新的提有关信息之要求的动机从而引发出："哪一版的马里奥"而这个问题又会引出"第三版马里奥"，如此等等。交谈也可能包括许多其他形式的语言和非语言行为（仿说、命名、听者辨别、对功能特性类别的听者反应、目光接触和手势等），不过提要求和对话构成了大多数交谈的基石。这样，这一时期的重要任务是注重教育孩子从对话的方面去回应来自同伴的问题，并且这种回应听起来最好是自然的或是其同伴所常用的那种。流畅性训练方法有助于孩子成功学会这种特别的技能。一个孩子对其同伴的语言陈述要能迅速地反应。孩子们往往是忙个不停所以可能不会等着目标孩子慢慢地回答。

社交 13-M	用对话形式回答来自同伴的 5 个不同的问题或陈述（如：用语言来回答"你想玩什么"）

与同伴的对话行为是一个主要的社会语言里程碑。在这似乎简单的任务里汇集着许多重要的技

能。想一想关于孤独症的两个最关键的诊断标准是语言滞后和社交障碍。在语言能力的领域中，对话技能往往是孤独症孩子（以及患有其他发展性障碍孩子）的最大挑战。许多孤独症孩子往往只能学会一些最肤浅的对话技能，而这些技能往往是死记硬背的、脱离背景的、或者在其他方面与其普通发展同伴的对话行为的形式有着极大的区别。对一个已经成功掌握了对话技能的孩子来说，过渡到由其同伴所提供的语言刺激涉及到了这一里程碑的第二个方面。同伴们所发出的语言刺激往往是无法预料的，或者说与大人们所提供的标准的语言任务有着天壤之别。此外，同伴们往往在不同的背景中使用不同的词汇、句法、语法和音调等来发出语言刺激。一旦一个孩子能够成功地用对话方式对这些语言刺激作出回应，他就可以说是在泛化过程中已经跨出了最艰难的一步。而这一阶段干预的重点应该是通过提供各种环境和机会让孩子用对话形式对同伴作出回应，从而使得所学到的技能可以继续地得以泛化和扩展。一个具有更为高级的提要求和对话能力的同伴往往可以成为孩子对话能力进一步发展的关键因素。

社交 14-M	在不需要大人辅助的情况下能够与同伴进行想像性的社会游戏活动达 5 分钟（如：打扮穿衣、模仿电视人物而动作、玩家家）

孩子们是具有想象力的，而同伴间的假扮性游戏是学习和娱乐的一个重要部分。不幸的是，许多语言滞后的孩子很难超越结构化的常规和具体性的活动。所以，大人应该鼓励创造性的活动（正如前叙述的那样），因为如果一个孩子已经达到了目前这一里程碑，那么与这种行为有联系的自然关联可以带出在正规结构化课程中难以教育的各种形式的语言性和社会性的互动。应该促成孩子与那些已经表现出这种游戏行为的同伴们之间的接触。即使目标孩子不是游戏的"发明者"或带头人，或者孩子在游戏过程中并没说什么，这一阶段的主要目标仍然可以是其简单地参与到游戏和活动之中。这种游戏常常导致孩子不需要大人教育也能学习，并且帮助孩子通过听看和模仿而发展其游戏和社会概念。随着孩子参与的增加，大人应强化其有个性的创造行为、语言行为、活动的延续和泛化（到其他同伴或者兄弟姐妹），或者其他蕴含有非照本宣科式的、创造性的和有想象力社会行为的目标。就如许多社会和游戏行为一样，最终的强化应该来自于活动本身以及同伴，而不是来自于大人。

社交 15-M	就一个主题能够与同伴进行 4 个回合的语言交流而且共达 5 个主题（如：孩子就如何在沙箱里挖小溪而来回地对话）

如果一个孩子能够与同伴就一个主题而进行语言交谈，这就清楚表明他能从与语言伙伴经常性的社会和学习方面的接触中有所收益。这一阶段的社会—语言行为包含着许多重要的能力，例如给予或接受信息与指点、维系谈话的主题、注意他人的兴趣、允许他人轮流得到机会、以及认可来自他人的语言行为及眼光接触。一旦一个孩子达到了社会交往的这一阶段，这就表明许多基础性的里程碑和个别性的任务已经成功地交汇融合。对这种社会行为的强化差不多完全来自同伴和其他自然发生的强化物。这种性质的强化和社会接触能够达到正规上课所不能够达到的发展和塑造亲社会行为的目的。不过，特别是在少年期间，孩子仍然可以得益于有些持续进行的社会技能训练（Attwood, 1998）。

个别化教育计划中社会行为和社会游戏第三阶段的建议目标（仅选择 1~2 个目标并且根据个别孩子的情况作出适当调整）。

- 孩子能够与同伴进行合作性的、建设性的或者体育性的游戏并且至少延续 15 分钟。

- 孩子能够用问题、指点、或说明等形式自发地向同伴提要求（如："那是什么""你的午饭在哪里""快点，来拿你的自行车"）并且平均每天达 20 次。
- 不用大人辅助，孩子能够与同伴轮流机会分享强化物并且每天至少达 10 次。
- 孩子能够自发地与同伴进行 4 个来回的语言交流并且每天平均达 10 次（你来我往的互动和初步的交谈）。
- 孩子能够用对话的形式回应来自同伴的问题并且每天至少达 20 次。
- 孩子每天至少能够有一次地用语言来描述同伴的活动或感情。
- 孩子能够与同伴一起进行 10 种与其年龄相宜的游戏。

阅读 — 第三阶段

阅读 11-M	当大人为孩子读故事时孩子能有 75% 的时间注意书本

当孩子开始对书籍和故事感兴趣时，有几种活动可以开始用于促进阅读。大人用手指书上的字可以教孩子明白故事来自于字而不是图画。将表情加入于文字之中并且将故事讲得生动化则可以增加孩子的兴趣。此外，当大人指着文字读书时要求孩子用仿说行为跟着读有助于使得文字转化为 SDs（区别刺激）。有些孩子会开始"假装读书"即看着图画与文字而讲故事。例如，一个孩子可能会看着《晚安》书并且讲起故事来，但是其故事与书里的文字并不对应。这些行为应该得到强化，而家长与其他大人应该尽可能经常地与孩子一起阅读。

接下来的步骤，通常是学习个别字母的名字与发音。对孩子来说，开始的一步往往是唱 ABC 的歌或者是完成 ABC 的形状拼图。在早期确认字母的过程中至少包含着八个不同的技能：① 对相同的字母进行配对（配对）；② 将大写的字母与小写的字母进行配对（配对）；③ 当听到一个字母的名字时选出该字母（听者辨别）；④ 当听到一个字母的发音时选出该字母（听者辨别）；⑤ 在看到一个印出的字母能说出其名字（命名）（这一过程也可以包括包括一个对话的成分，所以对"这是什么字母"与"这个字母怎么读"回答的功能是不一样的）；⑥ 在看到一个印出的字母时能提供其发音（命名）（同时也是对话的一部分）；⑦ 在听到关于一个字母发音时能提供其名字（对话）；⑧ 在听到一个字母名字时能提供与它相应的发音（对话）。最后，这孩子将要具备关于大写和小写字母的所有相关能力，不过通常情况是孩子先学会字母的名字然后学会发音。此外，有些孩子会开始认识全字（命名和听者辨别），而这些字往往或是与孩子的特别兴趣相联系（与个人的动机操作有关）或是与特别的语言刺激有经常的联系。在 VB-MAPP 有关阅读技能支持性能力之清单的章节中，读者们还可以看到更多的教育阅读的各种活动。

阅读 12-M	能够从 5 个字母的组合中选择正确的大写字母，而且共能选择 10 不同的字母（听者辨别）

从一组不同字母中选择一个特别字母的能力表现出的是较好的视觉辨别能力，因为在一个包括各种字母的组合中视觉刺激非常相似。这种能力在阅读中起着重要的作用，而干预的重点应该在于学习其他各种字母、泛化到其他字体与环境中去，以及在全字中发现字母、命名字母、并且进入到学习小写字母及其发音。字母游戏（如：将字母配对的游戏）能够帮助发展辨认字母的能力。一个孩子可以先开始辨认他自己的名字和其他重要人物或角色的名字（听者辨别）。在这一阶段，其他活动还可以包括开始将全字与相应图画配对，探索有节奏的字，和猜想一个字开始的字母是什么等。

大人还应该继续经常地为孩子读书，以及强化孩子的阅读努力。

阅读 13-M	能在听到指令后命名 10 个大写字母

随着孩子学着命名具体的字母，教他知道这些字母有其特定的发音（以及同样的字母可以发出不同的声音）也很重要。这也就是有关任务中对话部分的意义所在。例如，大人让孩子看 B 这个字母并问："你知道这个字母的名字吗？"孩子应能回答"b"。而当大人让孩子看同一字母并问："你知道用这个字母可以发什么音吗"，孩子应能回答"ba"。这时的基本任务，是树立起在"名字"和"发音"之间的对话性辨别和控制。上述各活动应该持之以恒而将其重点放在全字上面并在命名字母和注意全字之间左右移动。

阅读 14-M	能够读自己的名字

在许多发展量表上，这是一个常见的里程碑。另外，孩子应该能够从一个包括其他名字的组合中选出自己的名字，有的孩子在此阶段还能够拼写自己的名字。

阅读 15-M	能完成 5 个词语和一个数目为 5 的组合中相应图片或实物的配对,反之同理（如：能够将一个书写的鸟字与一张鸟的图片相配对）

在这一阶段，孩子应该知道英语拼音中的所有字母的名字及其中许多字母的发音。而干预的重点应该转移到完整的词语及阅读理解。理解的一个简单形式是将词语与图片相配对。可以在游戏的形式中完成这一任务，并且教育孩子这两者如何相对应。另外的理解活动可以包括给孩子看一个动作的字而让他完成那个动作（如：跳或拍手等）。还有许多常见于市场的阅读程序可帮助孩子和电脑软件可用于教育阅读（如：www.headsprout.com）。

个别化教育计划中阅读第三阶段的建议目标（仅选择 1～2 个目标并且根据个别孩子的情况作出适当调整）。

- 孩子能够命名和作为一个听者来确认所有 26 个大小写字母。
- 在大人的指令下，孩子能够至少提供 20 个有关字母所发之音，而且在大人提供以字母所发之音时，孩子能够至少选择 20 个有关字母。
- 孩子能够阅读和从听者角度来确认至少 25 个书写文字。
- 孩子能完成至少 25 个词语和相应图片的配对，反之同理。

书写 — 第三阶段

书写 11-M	在大人用书写工具和书写平面进行示范时，孩子能够模仿 5 个不同的书写动作

早期的书写能力，往往从看到一个书写文具的移动和一个留在书写平面（如：纸张、白板、神奇画板）上的字迹之间的应果关系的乐趣中开始（即自动性强化）。孩子胡乱涂写以后，在其学习书写中的一个早期里程碑就是形成控制书写文具以模仿特定形状的能力（如：圆圈、直线、横线和曲线）。示范、辅助和强化可以成为发展这种能力的有效教育手段。在这一阶段的干预目标是进一步地改善

孩子的精细动作及掌握书写文具的能力以便做出更为精细和具体的书写动作。涂色、描绘和照着画图等能为孩子提供极好的机会以自动地塑造其书写能力。在 VB-MAPP 有关书写能力的支持性能力之清单的章节中，读者们还可以看到更多的教导书写的各种活动。

书写 12-M	能独立地描摹 5 不同的几何图形（如：圆圈、方块、三角形、长方形、五角星）并且描线与原线间距离不大于 1/4 英寸

描摹形状的能力是通往学写字母和数字的重要步骤。在这一阶段，孩子应该能够表现出恰当的掌握和控制各种书写工具（如：蜡笔、铅笔、彩笔、粉笔、画刷或者神奇画板）的能力，并且可以帮助形成左右手的倾向性。辅助和强化可以被用来教育更为仔细的描摹，而各种与年龄相宜的能够保持孩子兴趣的娱乐性和趣味性的材料也不无用处。逐渐的慢慢的，孩子就应该接触描摹字母与数字，常常是从他自己的名字开始。必须注意，通常来说即使是普通发展的孩子也要在几年中有几千次的实践回合才能学会书写可辨认之字的能力。所以对一个得分处于这一阶段的孩子来说，要给予日复一日的机会使他进行书写活动。

书写 13-M	能够仿写 10 个字母或数字达到可以辨认的程度

一旦孩子达到这个里程碑，教育重点应该集中在让他能够容易地仿写大小写字母并且引入一些简单的完整单字。孩子还应该学习仿写数字，就如同在 VB-MAPP 有关早期算术的支持性能力之清单中所建议的那样。如何能够持之以恒地强调其他有关的画画和书写的活动，也会很有价值。例如，画一些诸如线条人物、房子、树木、球或者车辆等的简单图画也很有趣，而且可以帮助进一步发展精细动作技能、独立的游戏技能和玩耍技能。

书写 14-M	能够拼写而不是仿写自己的名字达到可以辨认的程度

许多量表中的一个通常可见的里程碑，是一个孩子在听到指令后写自己名字的能力。这一能力的重要性在于，它显示了综合于一个任务中的许多高级技能。这一任务不仅包含了书写和精细动作技能，同时也包括了按照顺序、有始有终、拼写能力、独立能力、和对话能力（也就是说，"书写你的名字"的语言辅助不仅引起说自己名字的行为，而且引起拼写自己名字的行为）。在这一阶段干预的重点应该是让孩子仿写他所喜欢的整个单字（如：孩子喜欢的角色的名字），以及进行各种与书写画画有关的游戏如联点成画、迷宫游戏和其他纸笔活动。此外，画画和涂色也非常有趣，其中包含着社会互动从而对孩子很有价值。

书写 15-M	仿写 26 个大小写字母达到可以辨认的程度

随着孩子的书写技能逐渐提高，下一步的重点就是让他写更小的字母并且要写在规定的书写线条以内。其他的活动可以包括听写字母和小小的单字以及（在得到小写字母时）书写大写字母，反之同理。如果一个孩子达到了这一里程碑，一般来说他就可以学习许多托儿所和幼儿园中通常使用的书写课程。

个别化教育计划中书写第三阶段的建议目标（仅选择 1~2 个目标并且根据个别孩子的情况作出适当调整）。

- 孩子能独立地描摹 6 个不同的几何图形并且描线与原线间距离不大于 1/4 英寸。
- 孩子能描摹 10 个大小不一的大小写字母并且描线与原线间距离不大于 1/8 英寸。
- 孩子能描摹 30 个小于 1 英寸的大小写字母并且描线与原线间距离不大于 1/8 英寸。
- 孩子能仿写从 1~20 的数字并且是可以辨认的。
- 孩子能仿写所有 26 个大写和小写的字母并且是可以辨认的。
- 孩子能书写而不是仿写自己的名字并且是可以辨认的。

对功能、特性和类别的听者反应（LRFFC）— 第三阶段

LRFFC 11-M	能够从一个含有 3 个相似刺激（如：相似的颜色、形状、或类别，但它们都是错误的选择）的 10 件物品的组合中选择正确的目标，共达 25 个不同的与特殊疑问句有关的功能特性类别听者反应之任务

如果一个孩子能够得到这一分数，那他已经显示出一种较强的关于功能特性类别的听者反应技能；从而作为干预的重点，可以从包含相似的刺激，复杂的背景，故事，顺序，社会事件，或新的场所等书本和图画中选用更为复杂的组合。图画书本和电脑屏幕可以提供丰富的视觉刺激来用于训练，这往往要比孩子自然环境中现存的视觉刺激更为丰富。不过，自然环境还是应该在关于功能特性类别的听者反应技能的训练活动中继续起着重要的作用，而训练的方式方法则应避免使得教育回合看似结构性的训练。语言的刺激应该是继续地增加其复杂性，其方法可以是包含越来越多的形容词从而要求孩子更为仔细地关注物品的属性。要求一个孩子去"找一个大的动物"其实是要求他关注组合中所有选项的大小和类别，同时又要进行一系列的辨别从而作出单一的选择（如：选择一个大象）。再说一遍，有必要确认孩子现有的能力中包含有较强的有关能力要素然后才有可能以此方式组合这些能力要素（也就是说，他至少可以对"大"和"小"做出听者反应，并能正确完成包括发出"动物"在内的功能特性类别的听者反应之任务）。在 VB-MAPP 有关功能特性类别听者反应支持性能力之清单的章节中，读者们还可以看到更多的用于增强功能特性类别听者反应技能的各种活动。

LRFFC 12-M	根据 2 个语言成分而从书上选择目标物品，这些语言成分可以是特性（如：颜色），功能（如：用于画画的）或者类别（如：衣服），总共能够选择 25 项功能特性类别听者反应之任务（如："你看到一个棕色的动物吗""你能找出有纽扣的衣服吗"）

目前用于功能特性类别听者反应之任务的语言刺激应该具有多种成分，其中包括名词、动词、形容词、介词、代词、副词、功能、特性、和类别的综合使用。关于功能特性类别之听者反应的训练可以帮助教育孩子去关注一个句子的各个部分（也就是要进行语言方面的条件性辨别而其中的一个字会改变下一个字的意义）。此外，目前所用的组合应该差不多是完全来自于情景、书本、电脑软件或者自然环境（唯一的例外是教新的复杂性辨别如轮序的特殊疑问句）。这种训练不仅能够增强孩子的听者能力，而且也为将来的对话技能的训练提供了一个基础，例如由此一个孩子能够在听过一个出于书本的故事而在没有书本的情况下也能谈论这个故事。在这一阶段的功能特性类别听者反应的训练中，如果把重点越来越多地从关于功能特性类别听者反应的活动移向关于对话的训练回合，将是非常恰当的并且对孩子有很大的价值。就一般而言，关于功能特性类别听者反应的活动可以用

于为孩子提供在将来的对话和社会互动中谈论的内容和东西。

| LRFFC 13-M | 根据 3 个语言成分（如：动词、形容词、介词、代词）而从书上的一页中或从自然环境中选择目标物品，总共能够选择 25 项以特殊疑问句为形式的功能特性类别听者反应之任务（如："哪一种水果是长在树上的"）。 |

达到这一阶段的孩子应该是较好的听者，能够成功地关注复杂的声音语言刺激，可以对一句话的成分作条件性辨别，并且根据这一信息而行动。对一个很快就要进入到其中充满着这些复杂成分的教育系统中的孩子来说，这些是非常有价值的高级技能。有关功能特性类别之听者反应的活动当然是很重要的，但要从将关于听者能力的正规训练活动作为重点逐渐地过渡到用功能特性类别之听者反应来达到更为强化的对话训练。某种类型的功能特性类别之听者反应活动会持续出现，但现在更为重要的是在这些事件和活动不复存在的情况下孩子仍然要能够谈论它们，而这也就是对话行为。关于功能特性类别之听者反应的训练回合可以成为通往发展起语言的条件性辩别和教育对话行为的重要步骤，而在这一阶段，这些训练教育应该是在孩子的自然环境中进行，而不是在桌面上来操作。例如，大人可以一边为孩子讲故事，一边看着书上的情景或电脑软件中的事件而向孩子提出以功能特性类别之听者反应为形式的关于这些情景和事件的特殊疑问句，这对语言的发展来说无疑是十分有价值的。

| LRFFC 14-M | 根据来自于一个主题的 4 个不同而又顺序的功能特性类别听者反应之问题（如："牛住在哪里""牛吃什么""谁为牛挤奶"）而从书中或自然环境中选择正确的目标物品，总共能围绕 25 主题选择物品 |

功能特性类别听者反应的形式可以用于教孩子一系列复杂的辨别和许多重要的语言技能。例如，可以用功能特性类别听者反应问题的形式来教否定的概念。"不是"是非常难学的，因为这个语言刺激必须扬弃一个已经建立起来的更强的语言刺激。以"哪一个不是动物"为例，在这一关于功能特性类别听者反应任务中的语言部分中包含着语言刺激"动物"，而在组合中则包含着一些动物的图片。孩子在接触这一任务时已经有了关于"动物"这个字和各种动物之照片的牢固联系。而"不是"这个字要求孩子完全忽视这一牢固联系并且形成一种完全相反的刺激与反应的联系，后者对孩子来说是与其直觉相悖的联系。这种复杂的条件性辩别要求有专门的训练，而这也说明了为什么大多数普通发展的孩子要到 4 岁左右才开始掌握泛化的否定概念。关于功能特性类别听者反应的训练有助于发展这一技能。其他诸如"不是的""不能的""不""不会的"等否定字，也应该逐渐地加以引入。

| LRFFC 15-M | 通过测试或从已知技能清单上确定，孩子能表现出 1000 个不同的关于功能特性类别的听者反应 |

如果一个孩子能够达到关于功能特性类别听者反应程序的这一阶段，那他就应可在较少限制的教育环境中应对这些任务了。

个别化教育计划中功能特性类别第三阶段的建议目标（仅选择 1~2 个目标并且根据个别孩子的情况作出适当调整）。

- 根据其中包括物品的功能特性类别听者反应的特殊疑问句，孩子能够从一个情景中或自然环境中选择正确的项目，共达 500 项。

- 根据其中包括4个成分如形容词、介词、名词、代词、动词并且涉及物品的功能、特性、类别的特殊疑问句,孩子能够从一个至少包含10个物品的组合中或一个情景中选择正确的项目,共达200项。
- 根据其中包括辅助性复数文字如"全部""两个""三个""双方"的一个指令,孩子能够从一个至少包含10个物品的组合中选择多项物品。
- 根据其中包括物品的功能特性类别的特殊疑问句,孩子能够从一个情景中、电脑屏幕上或自然环境中选择正确的项目,共达1000项。

对话 — 第三阶段

对话 11-M	自发地发出20个对话性的评论(这也可以是提要求的一个部分)(如:爸爸说"我去开车了",孩子自发地说:"我要乘车出去"。)

就本书所讨论的所有不同的语言成分而言,对话技能在培养孩子能够与普通发展同伴相应能力的过程中最具有挑战性。而在通往良好对话能力道路上的一个重要的里程碑,就是与孩子生活中自然发生事件相关的并且是无需其他成人行为辅助的自发性对话行为。当孩子达到这一里程碑时,因为这一技能所具有的功能性质,所以他通常可以比较迅速地开始掌握新的对话联系。具体说来,有效的对话行为往往可以在自然环境中得到强化。

这时,对这个孩子的干预重点应该是扩展其对话刺激和对话反应的复杂性。没有哪一种单独的方法可以实现这一目的;所以,我们推荐有助于对话能力发展的各种教育方法和活动(参看 VB-MAPP 有关对话的支持性能力之清单)。可以提高复杂程度的两个重要因素是教育孩子:① 回应包含多种成分的语言刺激;② 发出包含多种成分的语言行为。例如,一个包含多种成分的语言刺激可以是包括名词、动词、形容词等的特殊疑问句,例如"救火车是什么颜色的"严格地说,这句话包含着语言的条件性辨别(VCD),而其中的一个字会改变下一个字的意义,从而改变了正确的答案(Michael et al., 2011;Sundberg & Sundberg, 2011)。如果将此例子改为"谁开救火车"则"消防员"这一回答而不是"红"的回答就成为正确的回答。对于语言有障碍的孩子来说,这种层次的语言区辨往往是很困难的,既需要仔细的教育,又要合理地增加其复杂性。增加对话语言复杂性的另外一个因素在于建立起更为复杂的反应形式,即句子变得越来越长并且越来越具体。孩子们发出的语言行为应该开始包含名词、动词、形容词等等的综合。对话性刺激和对话性反应的各种组合最终可能会有成千上万。请记住,从幼儿园到高中的教育体系的一个重要成分,就是注重于对话能力的发展(尽管通常不这么来冠名)。

对话 12-M	通过测试或从已知对话能力清单上确定,孩子能表现出300个不同的对话性反应

一旦孩子的语言行为很清楚地是在语言刺激的控制之下,并且是在回合式教育形式之外和在没有大人辅助的情况下发生,干预的重点就应该转移到更为迅速地扩展其对话的内容。这种新的对话内容的源泉是无穷无尽的。孩子生活中的日常活动提供了无数的话题。书本、故事、视频和其他各种形式的娱乐也为语言刺激提供丰富的源泉,可以用来发展对话行为。重要的一环是大人要利用这些机会来辅助和扩展孩子的对话行为。有些情景教育的技术(Hart & Risley, 1975)也能有效地帮助孩子更多地谈论发生在他们天地中的事情和事件。总之,当语言干预计划发展到这一阶段,应该把更多的重点放在对话行为之上,其程度要超过掌握新的命名或听者辨别能力的比重。当然命名或听者辨别等语言成分也是重要的,但是一种主要包括命名或听者辨别的语言技能在社会和教学环境

中是有着非常大的局限的。尽管命名或听者辩别可以说是非常重要的基础，但是从功能上说如果老是边走边命名或在听到有关字词的时候就摸东西似乎非常古怪。在这一发展阶段中的孩子的语言大多数是谈论活动与东西，而不仅仅是命名它们或者从听者的角度来辨认它们。

对话 13-M	当大人从书本上读了一小段（15 个字以上）后，孩子能够回答 2 个问题，总共能够回应 25 小段（如："谁把房子吹倒了"）

关注地听故事并且回答有关问题的能力是在许多发展量表上都可看到的一个共同里程碑。因为这一任务包括了语言能力的几个重要方面，例如关注语言刺激、理解、回想、和扩展新的语言内容。此外如前所述，书本、电脑屏幕与故事是介绍新的语言内容的有效渠道。有必要再次强调，对话能力的发展是一个具有重要意义的任务，其中包含着许多不同的训练和家教成分。在 VB-MAPP 关于对话之支持性能力清单上的发展建议中，有两项值得特别的强调：刺激泛化与行为泛化。前面已经讨论过这两个方面的泛化，但还要强调观察其在患有语言障碍特别是孤独症孩子的发展是非常重要的。对话技能是非常有可能变成死记硬背性质的。即使是许多普通发展的个人也会有带毛病的对话技能，因为他们常常用同样的方法谈论同一的话题。对话行为必须是具有灵活性的并且是泛化了的。要在发展的每一个步骤中鼓励泛化。如果对话技能是非功能性的、僵硬的、不能泛化的和依赖于辅助的话，那么这种技能即使很大，对孩子来说其价值也会很小。要防止这种毛病的关键，就在于仔细地和不懈地训练刺激与行为的泛化。

对话 14-M	能够用 8 个以上的字来描绘 25 个不同的事件、视频、故事等（如："告诉我发生了什么……""大家都被大妖怪吓坏了全部都逃进了屋子里"）

在 3 岁到 4 岁之间，普通发展的儿童开始讲起关于他们看来是重要事件的较长故事。往往是你想让他们停下来都很难。通常的情况是，这种行为部分是要求得到关注；但其核心语言行为是一种对话性联系，从而是语言发展中的一个重要的里程碑。这种行为通常是在命名对象不存在的情况下发生的（如：一个发生的事件应已不复存在），同时也不依赖于仿说或者其他辅助。这种行为还包含了一个对发展来说是非常重要的基本社会因素。另外一个重要的里程碑是针对一个话题而准确地回答几个问题的能力。这些问题可能包含几个成分从而要求孩子仔细地关注每一个成分。这种能力为孩子将很快面临的许多学习教育提供了基础。在这一阶段，对话性活动多得不可胜数。一个孩子在每一天中应该进行成百上千的对话性互动。一个 3 岁半到 4 岁孩子所说的一个故事可能包含着数以百计的对话性联系。

对话 15-M	能就 10 个主题的每一个主题回答 4 个不同而顺序的特殊疑问句（如："谁带你去学校""你上哪个学校""你上学带什么东西"）

对话行为构成社会与学习行为的核心，并且在个人成长中的几乎所有方面都起着重要的作用。如果一个孩子达到了这一里程碑，那他就为受教于普通教育的各种方法作了较好的准备。对话的发展是一个持之以恒的活动，从而极为有别于提要求和命名的发展。尽管所有个人都会持续地掌握一些新的要求和命名，但是相对于一个特别的个人来说要求和命名总会有某种有限的数目，相比之下不同的对话联系有着潜在的数目。通常一个成人的对话能力包含着无数的对话性联系。仅仅读一份报纸就可以引申出数千个对话性行为。这样，一旦一个孩子已经形成基本的对话技能，

就有必要持续地为他提供新的内容，泛化机会，日渐复杂的刺激以及鼓励其日渐复杂的行为。再说一遍，这是从幼儿园到高中教育系统的主要重点，而早期对话训练可以为孩子提供就学于这一系统的必备技能。

个别化教育计划中对话第三阶段的建议目标（仅选择 1～2 个目标并且根据个别孩子的情况作出适当调整）。

- 孩子能就展示给他的约 50 个不同的物体正确地回答至少 4 个不同的问题。
- 孩子能够用至少 8 个字来描述 50 个不同的事件、视频和故事等。
- 孩子能够回答 250 个不同的是或不是的对话性问题。
- 孩子能够回答 1000 个不同的对话性问题。
- 大人从书本上读了 50 个不同的小段故事，孩子能够就每一个故事回答 3 个有关的问题。
- 孩子能就每一个主题回答 4 个不同的特殊疑问句（如：谁带你去学校？你上哪个学校？你上学带什么东西？），共达 25 个主题。
- 孩子能完成 25 个不同的语言顺序。
- 孩子能确认 25 个发生在过去的活动或将要发生的活动。
- 孩子能与他人进行至少 5 次不同的简短"对话"，而每一对话至少包括 3 次语言和非语言（听者辨别）的交流。

教室常规和集体能力 — 第三阶段

集体能力 11-M	仅在语言辅助下就能够使用厕所并且洗手

大小便能力是所有托儿所训练程序中的一个重要部分。一旦孩子能够独立地或仅需语言指示在厕所中大小便了，这一方面就不再需要十分注重了，从而腾出了更多的教学时间。除此之外，这一进展还增加了要求所有学生都有大小便能力的限制较少的机构（如：一个幼儿园教室）接受这个孩子从而使他能在此成功学习的可能性。在 VB-MAPP 有关教室常规和集体能力的支持性能力之清单的章节中，读者们还可以看到更多的用于增强教室常规和集体能力的各种活动。

集体能力 12-M	能在 3 个或 3 个以上孩子的小组中对 5 个不同的集体指令或问题作出反应，而不需要直接的辅助（如："全体起立""谁穿了红色的 T 恤"）

大部分教学系统都以集体指令为基础。对一个习惯于主要是个别指导的结构性教学环境的孩子来说，向集体教学环境的过渡可能是比较困难的。各种直接的辅助如老师叫孩子的名字，与孩子面对面地孩子的相坐、用回合式的教学语调、以及用清晰的区别性刺激让一个孩子完成特殊的任务，现在都没有了；而孩子则必须学会在此条件下做出反应。此外，集体教学形式中对行为的强化物也不同于以前了，因为现在老师很少使用可以吃的或玩的强化物了。到了一定的时候，孩子必须学会即使没人叫他注意他也会注意老师，或者即使没有得到具体的强化物他也能如此行为。还有，孩子也能在与同伴相处的集体环境中包括在以同伴为基础的自然环境中的社会交往和学习中多多受益。在融入限制较少的教育和社会环境中，集体反应能力是一个关键因素。一旦一个孩子能够在小组中安静坐好、没有问题行为、关注老师并且对各种"集体区别性刺激"做出反应，干预重点就可以转向更为独立的工作活动以及在集体教学的形式中学习新技能。

集体能力 13-M	能够在一个小组中独立工作 5 分钟，并能在全过程 50% 的时间内做规定的任务

许多托儿所和低年级教室中的一个共同教学成分是在工作桌上或小中心里独立参与小组工作。孩子们往往会领到一些有关语言或学习的纸张、工艺项目或者精细动作任务，其要求是完成任务不得有行为问题，并且在很少有大人辅助或者直接强化的情况保持工作。应该为孩子提供各种休闲和学习的活动以持续地提升其独立能力。独立工作并且没有问题行为是在一个限制较少的教学环境中取得成功的一个关键要素。

集体能力 14-M	能在一节包括 5 个或 5 个以上孩子的为时 15 分钟的小组教学形式中学会 2 个新的行为

对许多孩子来说，能在集体教学形式中学习新的语言和知识技能是一个重要的里程碑。处于这一阶段的托儿所和小学的许多课程包含着当天的主题或者以某种方式介绍每天的新材料。一旦孩子开始在这种集体教学形式下学习新的命名、听者辨别或者对话行为，他就能接触更多的学习、语言和社交的方式。如前所述，集体教学形式的一个重要方面是对大人或老师的具体指令或其他语言和非语言信息作出反应的区别刺激和动机操作是非常不一样的。这种形式可以帮助在自然环境中和在各种没有回合形式的教育环境中（如：进入社区、非正式日常活动、同伴相处、和教育性视频）促进孩子学习。当孩子变得更熟练地掌握这种集体能力后，大人就可系统地增加语言内容以包括更多常见于更高层次集体中的对话反应（如："谁能说说我们以前种的种子发生了什么变化"）。

集体能力 15-M	能坐在包括 5 个孩子的小组中上课达 20 分钟而没有捣乱性行为，并且回答 5 个对话性问题

到了这个程度，不管孩子自然年龄多大，对他的教学大部分都应以集体教学的形式进行。当然某些一比一教学和小组的活动也会对孩子有利，这就像一个普通发展的孩子有时需要个别辅导是一样的道理；但一个孩子的得分达到了这一程度，这就说明他能够在极少限制的亦即在将来更为有利的教学形式下学习。

个别化教育计划中教室常规和集体能力第三阶段的建议目标（仅选择 1~2 个目标并且根据个别孩子的情况作出适当调整）。

- 孩子能够在集体环境中独立工作达 15 分钟，并在此期间有 75% 的时间做规定的任务。
- 孩子能够在一个包括 5 个或更多孩子的小组中无需直接辅助而回应 10 个不同的集体指令或问题（如："全体起立！""谁穿了蓝色的 T 恤"）。
- 孩子每天能够在一个包括 5 个或更多孩子的小组中通过 25 分钟的集体教学形式而掌握一个新的行为。
- 孩子能坐在包括 5 个孩子的小组中上课达 20 分钟而没有破坏性行为，并且回答 10 个对话性问题。

语言结构 — 第三阶段

语言 11-M	能够结合 10 个词根名词与其复数后缀（如：dog 与 dogs）和结合 10 个词根名词与其所有格后缀（如：狗的颈圈与猫的颈圈）而发出名词之变形

　　名词和动词为语言结构提供了基础。对名词和动词，可以用几乎是不计其数的方法来加以修饰和综合。从而，一个孩子必须首先牢固地掌握名词和动词的有关技能，然后才能通过严格的教学而使他掌握各个修饰名词和动词的词汇（如：形容词、介词、代词、副词和词缀），或各个综合名词和动词的词汇（如：连词、选择词、冠词或者词缀）。词的变形是修饰各种词根的一种方法，而一个孩子能够正确地表达变形词就代表着语言发展一个重要里程碑。一个起变形作用的词缀向听者传送着关于词根（通常是名词或动词）的"语法信息"。

　　名词（和代词）有着两种代表变形的标志：数量和所有格。对像"狗"这样的名词的变形，可以是通过另外一个确定多少狗（数量）和确定其所有的方面或所有格的语言行为来实现。用一般人的话来说，就是有没有一只以上的狗在场呢，或者这只（些）狗"拥有"什么呢？以分析对复数的命名为例，这里存在着两个非语言的区别性刺激，即狗和狗的数量。关于"狗"的语言行为是由所见的动物种类所控制的，而关于复数的词缀（或"语法附加词"）是由超过一只的狗这一非语言区别性刺激所控制的。从而，这种语言行为代表的是复杂的命名，其中包含两个分别的前因和两个不同的行为（即每一个行为各自有其前因控制之根源）。复数性质和所有格性质的变形在所有的语言成分和听者能力（即仿说、提要求、命名、对话、听者辨别和对功能特性分类的听者反应）中都有存在。

　　一旦一个孩子成功地表达了至少有些正确的复数附加词和所有格附加词，就有必要确保这些语言得以泛化到各种非语言的刺激中去。举例来说，假如一个孩子能够命名动物和玩具的复数，他们应该为达到这一里程碑而得到肯定，而重要的是这孩子最终也要能够命名各种所存在名词之集合的复数（如：许多调羹、许多书、许多树）以及最终也要能够正确地使用不规则的名词复数（许多鹅、人民、双脚）。此外如前所述，教孩子用复数提要求、命名及听者辨别也是必不可少的。例如在对话中，作为语言刺激的复数"你两只脚上穿的是什么鞋"最终应能引出的是复数形式的鞋（"shoes"）而不是单数形式的鞋（"shoe"）。这一复数的例子表明了传统的结构语言学和斯金纳的语言行为分析是如何对语言滞后孩子的语言评估和干预分别地提出其关键的成分（即语言的形式与功能）。在 VB-MAPP 有关语言结构支持性能力之清单的章节中，读者们还可以看到更多的用于发展更为复杂的语法能力各个方面的相应活动。

语言 12-M	能够结合 10 个词根动词及其规则过去时词缀（如：played）和 10 个词根动词及其将来时词缀（如：will play）而发出动词之变形

　　有不同的方法可以用来来修饰动词，例如是加上一个说明动作应在哪里和如何发生的副词（如："快点藏起来"）。另外一个修饰动词的方法是通过有关变形来提供一个关于动作发生时间的标志。有三种基本的（或者"简单的"）时间标志：过去、现在和将来。在语言发展方面一个重要的里程碑，就是正确发出这些关于动词的时间标志。许多普通发展的孩子并不是通过正规训练，而是通过自动强化和自动塑形的过程来掌握这些动词变形以及许多其他的语法转换（Palmer，1996）。但是，语言滞后的孩子往往需要通过正规教学后才能正确地以时间标志来对动词进行变形。而一旦孩子能够通过目前这一里程碑，前面讨论名词变形时提出的有关问题在此也就具有其相关性。具体说来，应该

把重点放到在所有不同的语言成分和听者技能中实现对变形的泛化和功能性的使用。除此以外，动词又具有不规则的形式（如：run 和 ran，break 和 broken，stand 和 stood），而这往往要求有直接的教育。

语言 13-M	能够发出 10 个不同的其中包含至少 3 个词含 2 个修饰词（如：形容词、介词、代词）的名词短语（如："他是我的木偶""我要巧克力冰淇淋"）

　　名词词组是以一个名词为主并加上一群其他词而组成。这些其他词以许多方式中的某一种来修饰该名词。其中最常见的修饰语包括用描述名词的某一特性的词（形容词），描述该名词在与其他名词关系中的位置的词（介词），或者那些取代名词之地位的词（代词）。其他修饰词（如：限定词）可能用以限制一个名词，如冠词（如：a 和 the）和指示代词（如：这、那、这些和那些）。在许多语言中还有更多的修饰词和更为具体的分类体系（如：前限定词和后限定词），不过对此的描述并不在这本关于评估和安置体系之书的讨论范围之内。

　　正如前面所提到的，关于语言的一个通常衡量标准是发声表达的平均长度（MLU），而一般来说 MLU 的组成在于一个词组或者句子中的词素（"有一个具体意义或语法功能的发声表达"）的平均数量。相比而言，这一语言结构里程碑关注的是作为整体的词汇而非各个单一的词素以便确保在一个名词词组中适当地包含了各种主要的修饰词（形容词、介词等等）。任一名词词组实际上可能包括 5 到 10 个或者更多的单一词素。如果一个孩子的发声表达适当地包含了两个或更多的主要修饰词，干预的重点还是应该放在将此能力泛化和应用到其他各种语言技能户去（即提要求、命名、听者辨别）。另外还应有的一个重点是对发声表达加以扩展以便包括更多的修饰词并且最终将名词词组与一个动词词组连接起来（语言结构第三阶段第 15 里程碑）。

语言 14-M	能够发出 10 个不同的包含至少 3 个词和 2 个修饰词（如：副词、介词、代词）的动词词组（如："更重一点地推我""从台阶往上走"）

　　动词词组以一个动词为主并加上一组其他的词而组成。就如在名词词组中的那些其他词一样，动词词组中的那些词以许多方法中的一种来修饰最重要的动词。动词又可分为不及物动词（它们单独成词，并不需要修饰词，例如"笑"），及物动词（它们需要后接一个名词词组，例如，"他扔……"）以及连系动词（它们将一个主语与其相应描述连接在一起，例如，"这狗在叫"）。所有这些类型的动词都可包括一些修饰词（其作用在于告诉听者关于主要动作的更多信息），例如副词、介词、和代词。一旦孩子达到了这一里程碑，干预重点应是将此技能泛化、扩展、变形和应用到所有基本的语言成分和听者能力中去。而下一步的重点就在于将名词词组和动词词组连接起来从而组成语法上完整的句子。

语言 15-M	能够将名词词组和动词词组连接起来从而产生 10 个不同的句法正确而且其中包含至少 5 个词的从句或句子（如："这狗舔我脸"）

　　句子可以由单个的词汇、从句或者两个或更多个从句的联合而组成。一般来说，一个句子包含着一个名词和动词短语。如果一个孩子在所有的语言成分和听者能力都达到了这一里程碑，他一般就能就学于一个较少限制的教学环境，就如在一个普通教育的教室里所提供的那种环境。

　　个别化教育计划中语言结构第三阶段的建议目标（仅选择 1~2 个目标并且根据个别孩子的情况作出适当调整）。

- 孩子能够表现出其发声表达的平均长度（MLU）为 4 个单字，并且大部分句子中的语序是正确的。
- 孩子能够发出 50 个不同的其中包含至少 3 个单字和 2 个修饰字（如：形容词、介词、代词）的名词词组。
- 孩子能够发出 50 个不同的包含至少 3 个字和 2 个修饰词（如：副词、介词、代词）的动词词组。
- 孩子能够将名词词组和动词词组连接起来从而产生 10 个不同的句法正确而且其中包含至少 5 个字的从句或句子。

算术 — 第三阶段

算术 11-M	从听者的角度在一个包含 5 个不同数字的组合中确认 1～5 的数字

一个孩子理解数字的能力构成其算术能力的基础。因为对孩子们来说数字比字母具有更直接的重要性，所以他们往往先是能辨别数字，然后才能辨别字母。例如，1 颗小熊软糖与 2 颗小熊软糖的区别意义非凡，而 A 与 B 的区别则完全不一样。从一组其他数字中挑选一个特别数字的能力表明了孩子具有很好的视觉辨别能力，因为在一个都是数字的组合中所有刺激都看似一样。差不多在教孩子听者辨别的同时就可以教命名数字了，另外如在此时开始教 5 以上的数字也是合适的。其他一些在此早期阶段同样很重要的活动包括向不同字形、颜色、形状和风格的数字的泛化，将数字与数字配对，锻炼机械性地数数字和填空加入缺少的数字（如：1、2、＿）。许多数字性游戏和歌曲也很有价值，例如"1，2，3，我来抓你了！" "1 个土豆，2 个土豆……" "5 个小猴跳上床"等。在 VB-MAPP 有关算术的支持性能力之清单的章节中，读者们还可以看到更多的用于教算术方面的各种活动。

算术 12-M	命名 1～5 的数字

如果一个孩子能够非常一致地确认 1～5 的数字了（并且实现了泛化），干预重点应该移向大声地一一点数物品（如："多少"），对 6～10 数字的命名和听者辨别，并且能够机械性地数 10 以上的数字。此外，应该在为算术安排的时间中融入其他各种与算术相关的活动。这些活动包括简单的测量（如：大和小），简单的几何形状（如：圆圈、方块、三角形），空间意义（亦即介词），节奏（如：拍手、跺脚、拍手、跺脚），和类别（分类）。在 VB-MAPP 的其他章节中还包括了其他一些类似能力。

算术 13-M	能够从一大堆东西中把 1～5 的东西按数取物（如："给我 4 辆车""好再给我两辆车"）

能够用嘴一一点数物品是数字能力发展中的一个重要里程碑。这表示孩子已经能够将以前的机械性数数能力用于非常有功能的具体情景之中。能够从一大堆东西中数到一个特殊的数字有其重要的意义（否则的话，当东西不存在时孩子就会停止数数），就像计数也非常重要一样（这里强调的是最后的数字），这两者的结合表示着所唱之数和所计之数的真正一致性。在这一阶段，应该把越来越多的重点放在上述的算术其他各个方面。各种功能性的算术活动有助于孩子学会许多与算术相关的能力。例如将水倒入和倒出各种容器使之或满或空，或者将音量调高调低，可以进一步发展测量能力。节奏也可以变得越来越复杂，同时也可引入各种方位如第一个和最后一个，上面与下面，近与远，以及各种时间标志（昨天、今天、和明天）。

| 算术 14-M | 从听者的角度确认 8 个不同的包含衡量的比较（如："给我看多的或少的、大的或小的、长的或短的、满的或空的、响的或轻的"） |

许多比较的能力被视为是前数学能力，有些幼儿园里的算术课一开始就教这些概念。孩子们在成长过程中往往接受不同程度的有关教学从而在很不一样的年龄时期掌握这些能力。在算术教学的这一阶段，有必要持续地学习与数字有关的各个方面，如把一定数量的东西与一定的数字相配对以及反之同理（如：给孩子 6 个玩具车并要他选择一个与车的数量配对的书写数字）。在许多托儿所的算术书中常常可以看到与这些活动有关的独立工作作业纸及各种相应活动。

| 算术 15-M | 能够在从 1～5 的数字中正确地将一个书写数字与一定的数量和一定的数量与一个书写数字相配对（如：将 3 的数字与一张画有 3 辆卡车的图画相配对） |

如果孩子达到了这一里程碑以及表明其具有在包含算术第三阶段第 13 里程碑中的前算术技能，一般来说他就可以开始学做简单的加法了。对这一阶段孩子来说是相宜的其他与算术有关的能力还可包括时间概念（如：早上、晚上、昨天、今天和明天），钱币概念（1 分钱币、5 分钱币、10 分钱币），顺序的规模和位置（如：从小到大的排列，第一个和最后一个）和使用衡量工具（如：秤和尺）。市场上有许多材料可以用来发展这些早期算术能力，而如果一个孩子达到了这一阶段，他很可能可以受益于许多普通教育机构所提供的标准课程了。

个别化教育计划中算术第三阶段的建议目标（仅选择 1～2 个目标并且根据个别孩子的情况作出适当调整）。

- 孩子能够机械性地数到 30 的数字。
- 孩子能够命名并且从听者的角度确认从 1～10 的数字。
- 孩子能够表现出一一点数到 10 为止。
- 孩子能够在从 1～10 的数字中将一个书写数字与一定的数量和一定的数量与一个书写数字相配对。
- 孩子能够对与 10 个不同的算术概念有关的听者任务作出正确的反应，这些算术概念包括多和少，大和小，长和短，第一和最后，或者近和远等。

结　论

在过去的 50 年时间里，应用行为分析对患有孤独症和其他发展性残障人士的干预已经产生了显著的影响。本书指出，如果系统地运用斯金纳关于语言行为的理论分析，并且以普通发展的里程碑为评估和干预程序的基础，进一步的发展是完全可能的。VB-MAPP 综合了不同领域有关研究从而提出一套可测试和可量化的评估来确认孩子的学习、语言、和社会需要。而评估的结果与 VB-MAPP 的安置计划一起，有助于指导发展出一个个别化干预计划并且能够允许孩子充分地实现其潜能。

参考文献

Andresen, J. T. (1990). Skinner and Chomsky thirty years later. *Historiographia Linguis- tica, 17,* 145-165.

Attwood, T. (1998). *Asperger's Syndrome: A guide for parents and professionals.* Philadelphia: Jessica Kingsley Publishers.

Axe, J. B. (2008). Conditional discrimination in the intraverbal relation: A review and recommendations for future research. *The Analysis of Verbal Behavior, 24,* 159-174.

Baker, J. S. (2003). *Social skills training for children and adolescents with Asperger Syndrome and social communication problems.* Shawnee Mission, KS: Autism Asperger Publishing.

Barbera, M. L. (2007). *The verbal behavior approach.* London: Jessica Kingsley Publishers.

Barnes, C. S., Mellor, J. R., & Rehfeldt, R. A. (2014). Implementing the *Verbal behavior milestones assessment and placement program (VB-MAPP):* Teaching assessment techniques. *The Analysis of Verbal Behavior.* doi: 10. 1007/s40616-013-0004-5.

Barry, A. K. (1998). *English grammar: Language as human behavior.* Upper Saddle River, NJ: Prentice-Hall.

Bellini, S. (2006). *Building social relationships.* Shawnee Mission, KS: Autism Asperger Publishing.

Bijou, S. W., & Baer, D. M. (1961). *Child development I: A systematic and empirical theory.* Englewood Cliffs, NJ: Prentice-Hall.

Bijou, S. W., & Baer, D. M. (1965). *Child development II: Universal stage of infancy.* Englewood Cliffs, NJ: Prentice-Hall.

Bijou, S. W., & Baer, D. M. (1967). *Child development III: Readings in the experi- mental analysis.* Englewood Cliffs, NJ: Prentice-Hall.

Bijou, S. W., & Ghezzi, P. M. (1999). The behavioral interference theory of autistic behavior in young children (pp. 33-43). In P. M. Ghezzi, W. L. Williams, & J. E. Carr (Eds.), *Autism: Behavior analytic perspec- tives.* Reno, NV: Context Press.

Bijou, S. W., & Sturges, P. T. (1959). Positive reinforcers for experimental studies with children-consumables and manipulatives. *Child Development, 30,* 151-170.

Brady, N. C., Saunders, K. J., & Spradlin, J. E. (1994). A conceptual analysis of request teaching procedures for individuals with severely limited verbal repertoires. *The Analysis of Verbal Behavior, 12,* 43-54.

Brazelton, T. B., & Sparrow, J. D. (2006). *Touch- points.* Cambridge, MA: Da CapoBooks.

Brown, R., Cazden, C., & Bellugi, U. (1969). The child's grammar from I to III. In J. P. Hill (Ed.), *The 1967 symposium on child psychology* (pp. 28-73). Minneapolis, MN: University of Minnesota Press.

Carbone, V. J. (2013). The establishing operation and teaching verbal behavior. *The Analysis of Verbal Behavior, 29,* 45-49.

Carbone, V. J. (August, 2008). *Teaching eye contact as a language pragmatic skill to children with autism.* State College, PA: National Autism Conference.

Carbone, V. J., Morgenstern, B., Zecchin-Tirri, G., & Kolberg, L. (2008). The role of the reflexive conditioned motivating operation (CMO-R) during discrete trial instruction of children with autism. *Journal of Early and Intensive Behavioral Intervention, 4,* 658-680.

Carbone, V. J., O'Brien, L., Sweeney-Kerwin, E. J., & Albert, K. M. (2013). Teaching eye contact to children with autism: A conceptual analysis and single case study. *Education and Treament of Children, 36,* 139-159.

Carr, E. G., & Durand, V. M. (1985). Reducing behavior problems through functional communication training. *Journal of Applied Behavior Analysis, 18,* 111-126.

Catania, A. C. (1972). Chomsky's formal analysis of natural languages: A behavioral translation. *Behaviorism, 1,* 1-15.

Catania, A. C. (1998). *Learning* (4th ed.). Upper Saddle River, NJ: Prentice-Hall.

Charlop-Christy, M., Carpenter, M. L., Le, L., LeBlanc, L. A., & Kellet, K. (2002). Using the picture exchange communication system (PECS) with children with autism: Assessment of PECS acquisition, speech, social-communicative behavior, and prob- lem behavior. *Journal of Applied Behavior Analysis, 35,* 213-231.

Cooper, J. O., Heron, T. E., & Heward, W. L. (2007). Applied behavior analysis (2nd ed.). Upper Saddle River, NJ: Merrill/Prentice-Hall.

Drash, P. W., & Tutor, R. M. (2004). An analy- sis of autism as a contingency-shaped dis- order of verbal behavior. *The Analysis of Verbal Behavior, 20*, 5-23.

Drash, P. W., High, R. L., & Tutor, R. M. (1999). Using mand training to establish an echoic repertoire in young children with autism. *The Analysis of Verbal Behavior, 16*, 29-44.

Endicott, K., & Higbee, T. S. (2007). Contriv- ing motivating operations to evoke mands for information in preschoolers with autism. *Research in Autism Spectrum Disorders, 1*, 210-217.

Ferster, C. B., & Skinner, B. F. (1957). *Schedules of reinforcement*. New York: Appleton-Century-Crofts.

Foxx, R. M. (1982). Decreasing behaviors of persons with severe retardation and autism. Champlaign, IL: Research Press.

Frost, L., & Bondy, A. (2002). *The picture ex- change communication system (PECS)training manual* (2nd ed.)Newark, DE: Pyramid Products, Inc.

Fuller, P. (1949). Operant conditioning of a vegetative organism. *American Journal of Psychology*, 62, 587-590.

Grannan, L., & Rehfeldt, R. A.(2012). Emergent intraverbal responses via tact and match-to-sample instruction. *Journal of Applied Behavior Analysiis*, 45, 601-605.

Greer, R. D., & Ross, D. E. (2007). *Verbal behavior analysis*. Boston: Allyn and Bacon.

Guess, D., & Baer, D. M. (1973). An analysis of individual differences in generalization between receptive and productive language in retarded children. *Journal of Applied Behavior Analysis, 8*, 411-420.

Guess, D., Sailor, W. S., & Baer, D. M. (1976). *A functional speech and language program for the severely retarded*. Lawrence, KS: H & H Enterprises.

Gunby, K. V., Carr, J. E., & LeBlanc, L. A. (2010). Teaching abduction-prevention skills to children with autism. *Journal of Applied Behavior Analysis*, 43, 107-112.

Hall, G. A., & Sundberg, M. L. (1987). Teach- ing mands by manipulating conditioned establishing operations. *The Analysis of Verbal Behavior, 5*, 41-53.

Halle, J. W., Marshall, A. M., & Spradlin, J. E. (1979). Time delay: A technique to increase language use and facilitate gener- alization in retarded children. *Journal of Applied Behavior Analysis, 8*, 411-420.

Hart B., & Risley T. R. (1975). Incidental teaching of language in the preschool. *Journal of Applied Behavior Analysis, 8*, 411-420.

Hart, B., & Risley, T. R.(1995). *Meaningful differences in the everyday experience of young American children*. Baltimore, MD: Brookes.

Hedge, H. M. (2010). Laguage and grammar: A behavioral analysis . *The Journal of Speech-Language Pathology and Applied Behavior Analysis*, 5, 90-213.

Ingvarsson, E. T., & Duy, D. L.(2011). Further evaluation of prompting tactics for establishing intraverbal responding in children with autism. *The Analysis of Verbal Behavior, 27*, 75-93.

Iwata, B.A., Dorsey, M. F., Slifer, K. J., Bauman, K. E., & Richman, G. S. (1994). Toward a functional analysis of self-injury. *Journal of Applied Behavior Analysis, 27*, 197-209. (Reprinted from *Analysis and In-2, 3-20*, 1982.)

Kaitlin G., Causin, K. G., Albert, K. M., Carbone, V. J., & Sweeney-Kerwin, E. J. (2013). The role of joint control in teaching listener responding to children with autism and other developmental disabilities. *Research in Autism Spectrum Disorders, 7*, 997-1011.

Kent, L. (1974). *Language acquisition program for the retarded or multiply impaired*. Champaign, IL: Research Press.

Koegel, R. L., & Koegel, L. K. (1995). *Teach- ing children with autism: Strategies for initiating positive interactions and improving learning opportunities*. Baltimore: Brooks.

Krantz, P. J., & McClannahan, L. E. (1993). Teaching children with autism to initiate with peers: The effects of script fading. *The Journal of Applied Behavior Analysis, 26*, 121-132.

Krempa, J., & McKinnon, K. (2005). *Social skills solutions*. New York: DRL Books.

Lamarre, J., & Holland, J. G. (1985). The func- tional independence of mands and tacts. *Journal of the Experimental Analysis of Behavior, 43*, 5-19.

Leaf, R., & McEachin, J. (1998). *A work in progress*. New York: DRL Books.

Leaf, R., Taubman, M., & McEachin, J. (2008). *It's time for school*. New York: DRL Books.

Lechago, S. A., Carr, J. E., Grow, J. R., Love, J. R., & Almason, S. M.(2010). Mands for information generalize across establishing operations. *Journal of Applied Behavior Analysis, 43*, 381-395.

Lee, V. L. (1981). Prepositional phrases spoken and heard. *Journal of the Experimental Analysis of Behavior, 35*, 227-242.

Lepper, T. A., Petursdottir, A. I., & Esch, B. A.(2013). Effects of operant discrimination training on the vocalizations of nonverbal children with autism. *Journal of Applied Behavior Analysis, 46*, 656-661.

Lorah, E., Tincani, M., Dodge, J., Gilroy, S., Hickey, A., & Hantula, D.(2013). Evaluating picture exchange and the iPad as a speech generating device to teach communication to young children with autism. *Journal of Developmental and Physical Disabilities, 25*, 637-649.

Lovaas, O. I. (1977). *The autistic child: Language development through behavior modification*. New York: Irvington.

Lovaas, O. I. (2003). *Teaching individuals with developmental delays*. Austin, TX: Pro-ed.

Lowenkron, B.(1998). Some logical functions of joint control. *Journal of the Experimental Analysis of Behavior, 69*, 327-354.

Malott, R. W., & Trojan, E. A. (2008). *Principles of behavior* (6th ed.). Upper Saddle River, NJ: Prentice Hall.

Martin, G., & Pear, J. (2003). *Behavior modification: What is it and how to do it* (7th ed.). Upper Saddle River, NJ: Prentice-Hall.

Maurice, C., Green, G., & Luce, S.C. (1996). *Behavior interventions for young children with autism*. Austin, TX: Pro-ed.

Meyerson, L., Michael, J., Mowrer, O. H., Osgood, C. E., & Staats, A. W. (1963). Learning, behavior and rehabilitation. In L. Loftquist (Ed.), *Psychological research in rehabilitation*. Washington: American Psychological Association.

Michael, J. (1982a). Distinguishing between discriminative and motivational functions of stimuli. *Journal of the Experimenta Analysis of Verbal Behavior, 1*, 1-4.

Michael, J (1982b). Skinner's elementary verbal relations: Some new categories. *The Analysis of Verbal Behavior, 1*, 1-4.

Michael, J. (1984). Verbal behavior. *Journal of the Experimental Analysis of Behavior, 42*, 363-376.

Michael, J. (1988). Establishing operations and the mand. *The Analysis of Verbal Behavior, 6*, 3-9.

Michael, J. (2004). *Concepts and principles of behavior analysis* (rev. ed.). (2nd ed.). Kalamazoo, MI: Association for Behavior Analysis.

Michael, J. (2007). Motivating operations. In J. O. Cooper, T. E. Heron, & W. L. Heward, (Eds.). *Applied behavior analysis* (2nd ed.) (pp. 374-391). Upper Saddle River, NJ: Merrill/Prentice Hall.

Michael, J., Palmer, D. C., & Sundberg, M. L.(2011). The multiple control of verbal behavior. *The Analysis of Verbal Behavior, 27*, 3-22.

Miguel, C. F.(2013). Jack Michael's motivation. *The Analysis of Verbal Behavior, 29*, 3-11.

Miltenberger, R. (2004). *Behavior modification: Principles and procedures* (3rd ed.). Belmont, CA: Wadsworth/Thomson Learning.

Morris, E. K., Smith, N. G., & Altus, D. E. (2005). B. F. Skinner's contributions to applied behavior analysis. *The Behavior Analyst, 28*, 99-131.

Neef, N. A., & Peterson, S. M. (2007). Functional behavior assessment. In J. O. Cooper, T. E. Heron, & W. L. Heward (Eds.), *Applied behavior analysis* (2nd ed.) (pp. 499-524). Upper Saddle River, NJ: Merrill/Prentice Hall.

Novak, G. (1996). *Developmental psychology: Dynamical systems and behavior analysis*. Reno, NV: Context Press.

Oah, S., & Dickinson, A. M. (1989). A review of empirical studies of verbal behavior. *The Analysis of Verbal Behavior, 7*, 53-68.

Palmer, D. C. (1996). Achieving parity: The role of automatic reinforcement. *Journal of The Experimental Analysis of Behavior, 65*, 289-290.

Partington, J. W., & Sundberg, M. L. (1998).*The assessment of basic language and learning skills (The ABLLS)*. Pleasant Hill, CA: Behavior Analysts, Inc.

Peterson, N. (1978). *An introduction to verbal behavior*. Grand Rapids, MI: Behavior Associates, Inc.

Petursdottir, A. I., & Carr, J. E.(2011). A review of recommendations for sequencing receptive and expressive language instruction. *Journal of Applied Behavior Analysis, 46,* 859-876.

Sautter, R. A., & LeBlanc, L. A. (2006).Empirical applications of Skinner's analy- sis of verbal behavior with humans. *The Analysis of Verbal Behavior, 22,* 35-48.

Schlinger, H. D., Jr. (1995). *A behavior analytic view of child development.* New York: Plenum Press.

Schlinger, H. D., Jr. (2008). The long good- bye: Why B.F. Skinner's *Verbal Behavior* is alive and well on the 50th anniversary of its publication. The Psychological Record, 58, 329-337.

Schramm, R. (2006). *Educate toward recovery: Turning the tables on autism.* Germany: Knospe-ABA.

Shafer, E. (1993). Teaching topography-based and stimulus selection-based verbal behavior to developmentally disabled individuals: Some considerations. *The Analysis of Verbal Behavior, 11,* 117-133.

Sidman, M., & Tailby, W. (1982). Conditional discrimination vs. matching-to-sample: An expansion of the testing paradigm. *Journal of the Experimental Analysis of Behavior, 37,* 5-22.

Sigafoos, J., Doss, S., & Reichle, J. (1989). Deve- loping mand and tact repertoires with persons with severe developmental dis- abilities with graphic symbols. *Research in Developmental Disabilities, 11,* 165-176.

Skinner, B. F. (1953). *Science and human behavior.* New York: Free Press.

Skinner, B. F. (1957). *Verbal behavior.* New York: Appleton-Century-Crofts.

Spradlin, J. E. (1963). Assessment of speech and language of retarded children: The Parsons language sample. *Journal of Speech and Hearing Disorders Mono- graph, 10,* 8-31.

Spradlin, J. E., Cotter, V. W., & Baxley, N. (1973). Establishing a conditional dis- crimination without training: A study of transfer with retarded adolescents. *Amer- ican Journal of Mental Deficiency, 77,* 556-566.

Staats, A. W., Staats, C. K., Schutz, R. E., & Wolf, M. (1962). The conditioning of reinforcers. *Journal of the Experimental Analysis of Behavior, 5,* 33-40.

Stokes, T. F., & Baer, D. M. (1977). An implicit technology of generalization. *Journal of Applied Behavior Analysis, 10,* 349-367.

Sundberg, C. T., Hall, G., & Elia, J, (2014, May). Assessing outcomes of intensive ABA/verbal behavior therapy for children with autism using the VB-MAPP. Paper presented at the 40th Annual Convention of the Association for Behavior Analysis International. Chicago, IL.

Sundberg, C. T., & Sundberg, M. L.(1990). Comparing topography-based verbal behavior with stimulus selection-based verbal behavior. *The Analysis of Verbal Behavior, 8,* 31-41.

Sundberg, M. L. (1980). *Developing a verbal repertoire using sign language and Skinner's analysis of verbal behavior.* Unpublished doctoral dissertation, Western Michigan University.

Sundberg, M. L. (1983). Language. In J. L. Matson, & S. E. Breuning (Eds.), *Assessing the mentally retarded* (pp. 285-310). New York: Grune & Stratton.

Sundberg, M. L. (1987). *Teaching language to the developmentally disabled.* Prince George, BC: College of New Caledonia Press.

Sundberg, M. L. (1990). *Teaching verbal behavior to the developmentally disabled.* Pleasant Hill, CA: Behavior Analysts, Inc.

Sundberg, M. L. (1993a). The application of establishing operations. *The Behavior Analyst, 16,* 211-214.

Sundberg, M. L. (1993b). Selecting a response form for nonverbal persons: Facilitated communication, pointing systems, or sign language? *The Analysis of Verbal Behavior,11,* 99-116.

Sundberg, M. L. (2004). A behavioral analysis of motivation and its relation to mand training. In L. W. Williams (Ed.), *Develop- mental disabilities: Etiology, assessment, intervention, and integration* (pp. 199-220). Reno NV: Context Press.

Sundberg, M. L. (2007). Verbal behavior. In J. O. Cooper, T. E. Heron, & W. L. Heward (Eds.), *Applied behavior analysis* (2nd ed.) (pp. 526-547). Upper Saddle River, NJ: Merrill/ Prentice Hall.

Sundberg, M. L.(2013). Thirty points about motivation form Skinner's book Verbal behavior. *The Analysis of Verbal Behavior, 27,* 13-40.

Sundberg, M. L., Loeb, M., Hale, L., & Eigenheer, P. (2002). Contriving establishing operations to teach mands for information. *The Analysis of Verbal Behavior, 18,* 14-28.

Sundberg, M. L., & Michael, J. (2001). The benefits of Skinner's analysis of verbal behavior for children with autism. *Behavior Modification, 25,* 698-724.

Sundberg, M. L., Michael, J., Partington, J. W., & Sundberg, C. A. (1996). The role of automatic reinforcement in early language acquisition. *The Analysis of Verbal Behavior, 13,* 21-37.

Sundberg, M. L., Ray, D. A., Braam, S. E., Stafford, M. W., Reuber, T. M., & Braam, C. A. (1979). A manual for the use of B. F. Skinner's analysis of verbal behavior for language assessment and programming. *Western Michigan University Behavioral Monograph #9,* Kalamazoo, MI.

Sundberg, M. L., & Partington, J. W. (1998). *Teaching language to children with autism or other developmental disabilities.* Concord, CA: AVB Press.

Sundberg M. L., & Partington, J. W. (1999). The need for both discrete trial training and natural environment training for children with autism. In P. M. Ghezzi, W. L. Williams, & J. E. Carr (Eds.), *Autism: Behavior analytic perspectives* (139-156). Reno, NV: Context Press.

Sundberg, M. L., San Juan, B., Dawdy, M., & Arguelles, M. (1990). The acquisition of tacts, mands, and intraverbals by individuals with traumatic brain injury. *The Analysis of Verbal Behavior, 8,* 83-99.

Sundberg, M. L., & Sundberg, C. A.(2011). Intraverbal behavior and verbal conditional discriminations in typically developing children and children with autism. *The Analysis of Verbal Behavior, 27,* 23-43.

Sweeney-Kerwin, E. J., Carbone, V. J., O'Brien, L., Zecchin, G., & Janecky, M. N. (2007). Transferring control of the mand to motivating operations in children with autism. *The Analysis of Verbal Behavior, 23,* 89-102.

Taubman, M., Leaf, R., & McEachin, J. (2011). *Crafting connections: Contemporary applied behavior analysis for enriching the social lives of persons with autism spectrum disorder.* New York: DRL Books.

Taylor, B. A., & Jasper, S. (2001). Teaching programs to increase peer interactions. In C. Maurice, G. Green, & R. M. Foxx (Eds.), *Making a difference* (pp. 97-162). Austin, TX: Pro Ed.

Tincani, M. (2004). Comparing picture exchange communication system (PECS)and sign language training for children with autism. *Focus on Autism and Other Developmental Disabilities, 19,* 162-173.

Touchette, P. E. (1971). Transfer of stimulus control: Measuring the moment of transfer. *Journal of the Experimental Analysis of Behavior, 15,* 347-354.

Twyman, J S. (1996). The functional independence of impure mands and tacts of abstract stimulus properties. *The Analysis of Verbal Behavior, 13,* 1-19.

Vandbakk, M., Arntzen, E., Gisnaas, A., Antonsen, V., & Gundhus, T. (2012). Effect of training different classes of verbal behavior to decrease aberrant verbal behavior. *The Analysis of Verbal Behavior, 28,* 137-144.

Vargas, J. S. (2009). *Behavior analysis for effective teaching.* New York: Routledge/ Taylor & Francis Group.

Vaughan, M. E., & Michael, J. L. (1982). Automatic reinforcement: An important but ignored concept. *Behaviorism, 10,* 217-227.

Watkins, C. L., Pack-Teixteira, L., & Howard, J. S. (1989). Teaching intraverbal behavior to severely retarded children. *The Analysis of Verbal Behavior, 7,* 69-81.

Watts, A. C., Wilder, D. A., Gregory, M. K., Leon, Y., & Ditzian, K. (2013). The effects of rules on differential reinforcement of other behavior. *Journal of Applied Behavior Analysis, 46,* 680-684.

Weiss, M. J., & Harris, S. L. (2001). Teaching social skills to people with autism. *Behavior Modification, 25,* 785-802.

Wolf, M. M., Risley T. R., & Mees H. (1964). Applications of operant conditioning procedures to the behavior problems of an autistic child. *Behavior Research and Therapy, 1,* 305-312.

Wolfberg, P. J. (1999). *Play and imaginative behavior in children with autism.* New York: Teachers College Press.

Yoon, S., & Bennett, G. M. (2000). Effects of a stimulus-stimulus pairing procedure on conditioning vocal sounds as reinforcers. *The Analysis of Verbal Behavior, 17,* 75-88.